老人社會工作

——權能激發取向

Empowerment-Oriented Social Work Practice
with the Elderly

Enid O. Cox ・ Ruth J. Parsons ◎著

趙善如・趙仁愛◎譯

主編序

　　在台灣社會工作專業的存在已有三十多年歷史，然而，近幾年來台灣社會快速發展與社會問題不斷增多下，社會工作才受到重視與需要。目前可說是台灣社會工作專業發展真正的契機。

　　一個專業要能夠培養真正可以勝任工作的專業人才，專業的地位與權威，才會受社會所認可（sanction）。因此，學校的教育人才、教學方法與教材，對社會工作在專業的發展上都具有關鍵性影響。我們在學校任教，對教學教材與參考書不足深感困擾。環顧國內社會工作界，社會工作各專業科目的專業書籍實在不多。因此，在一個偶然相聚的機會中，揚智文化葉總經理願意出版社工叢書，以配合當前社會及專業的需要。

　　從去年開始，在出版社的協助下，我們選購了國外一系列評價較高的社會工作書籍，由社工領域中學有專長且具實務經驗的社工菁英來翻譯，另由我們邀請國內各大學中教授社會工作專業科目之教師撰寫書籍。湊巧的，今年正逢社會工作師法的通過，我們希望規劃出版之各專書，有助於實務工作者證照考試，以及學校課程的教授與學習。最重要的，也期望藉著這些書籍的撰寫與翻譯，使專業教育不再受限於教材之不足，並能強化社會工作專業人員的能力，使我國本土的社會工作與社會福利服務實務能有最佳的發展。

最後我們要感謝許多社會工作界的同道，願意花時間和我們
一起進行此一繁重的工作，並提供意見給我們，希望此一社工叢
書能讓大家滿意。

曾華源、郭靜晃　謹識

此書紀念*Myra Torgerson Gish*，感謝她長久以來的支持與信任，並獻給*Barbara Joseph*、*June Dunn*以及*Virginia Fraser*，感謝他們在爭取社會正義的過程中，所給予的長期支持與啟發。

Enid O. Cox

此書獻給*George*、*Marci*以及*Kassa*，感謝他們的耐心與支持。

Ruth J. Parsons

原　序

　　一九九〇年代對那些服務美國老人的社會工作實務者而言，是一個充滿挑戰的年代，因為他們必須藉由用來權能激發自己與案主全然投入自我照顧與參與社會的方法，來重新檢視他們的實務方法。《老人社會工作——權能激發取向》（*Empowerment-Oriented Social Work Practice with the Elderly*）一書，藉著提供一種結合個人策略（直接服務或臨床處遇）與政治策略（間接服務或社會行動）的實務模型來協助這些實務者。權能激發取向方法鼓勵案主在處理他們個人、人際與政治的問題層面時，應主動參與。所以，權能激發取向的實務者在老人面臨晚年生活的掙扎時，應該鼓勵他們充分地參與，並且與他們一起解決問題。

　　本書提供一個哲理性架構，以便能很快地和許多現存的實務模型整合起來，以及作為權能激發取向實務應用於所有系統與任何服務情況的指導方針。雖然，許多老人社會工作者在工作上採用權能激發取向策略，不過幾乎沒有人有一套如本書所提出的權能激發取向實務模型之健全概念。此模型不僅清楚說明這些策略，同時從它有助於權能激發過程與產生新策略的角度，協助社會工作系的學生與實務者，仔細重新檢視他們的工作。

　　許多針對老人與其家庭的服務方案，應會很樂意見到權能激發取向方法的引進。不過，那些致力於權能激發取向實務模型的

老人社會工作者，可能必須發展出一套認可基準，以便在所服務的機構中使用權能激發取向的策略。雖然在大多數的環境中，權能激發取向的策略適用於個人，不過用在小團體來加速社會行動時，通常會受到抗拒或被禁止。因此，採用權能激發取向的社會工作者必須和抱持著相同價值觀與實務取向的同僚合作。因為，在不同機構服務的實務者所形成的網路，能對所有工作者的努力提供重要的支持。

本書的架構

本書分成三篇。第一篇的「權能激發取向實務的理論架構」有三章，介紹影響老人工作的現今議題，討論老化過程與老人無力感的潛在性，以及描述權能激發取向實務模型。

第一章簡介九○年代老人社會工作者所面臨的議題與問題，以及討論老年人口的多樣化、社會大眾對他們的刻板印象，與他們的優勢。第二章概述老化過程，以及陳述造成晚年生活無力感的政治、社會與經濟因素。第三章勾勒權能激發取向實務模型，包括其基本哲理與整體目標，以及重要的實務組成，如評估與處遇策略。

第二篇的「權能激發取向的處遇與不同層面的實務工作」有三章，詳述權能激發取向應用於不同實務層面的狀況：社會政策、服務輸送，以及團體工作與個案工作。

第四章提供使案主參與政策制定過程的實用策略。第五章是針對影響社會與健康照顧服務輸送的議題，並且辨識出在服務提供與接收的過程中常見的問題，以及提出策略來協助案主發展、改變與控制這些服務。第六章探討權能激發取向實務應用在個案

與小團體的情形。

　　第三篇的「權能激發取向處遇：實務案例」共六章，主要描述權能激發取向策略應用在特定的問題領域或實務環境。這些都是現今老人學領域中極受關注與關心的事。

　　第七章討論的權能激發取向策略，是用來協助老人發展晚年生存所需的知識與技巧。這些處遇的重點在教育、溝通、同儕諮商、協調與辯護，因為這些技巧對老年人的生存與助人的能力很重要，並且許多社區服務機構需要具備這些技巧的志工。第八章探討一些有助於提出收入不足與健康照顧不適當問題的有效策略。教育、自助與共同行動是重點所在。第九章和第十章著重在照顧者與被照顧者的問題與相關的事宜上，其焦點放在創造溫馨氣氛所需的知識與優勢，以降低照顧者與被照顧者的無力感。第十一章描述護理之家的權能激發取向實務。由於機構生活之無權能激發的本質，因此了解護理之家的權能激發取向實務是非常重要的。第十二章對那些面臨住宅與居家服務抉擇與問題的老人，提供有用的處遇。這方面的教育性策略是重要的，因為老人住宅的選擇性愈來愈多樣化，而且居家照顧也需要監督。

感謝

　　感謝那些協助本書發展觀點並且將這些觀點付諸實行的同事、朋友、學生、實務者以及案主。特別要感謝科羅拉多州老人社會工作者協會提供案例，並對權能激發取向實務的投入，以及感謝 Marta Arnold、Jean Bogar、Bob Brown、Matthew Burroughs、Pat Corwin、Ramona Garcia、Martin Howell、Vicki Jordan、Judy Leonardelli、Kris Mason、Donna Oneisan、

Mary-Margaret Schomp、Kathy Tessmer 及 Lori Tomlinson，對本書的貢獻與特別的協助。感謝 Barbara Stewart 提供有關被照顧者處遇的資料，以及 Mile-High United Way 提供有關調停的資料。同時感謝 Neysa Folmer 在本書撰寫過程中，所給予的支持與協助。

Enid O. Cox
Ruth J. Parsons

譯　序

　　翻譯是件辛苦的工作，因爲它需要時間與全心投入。但同時，它也是一件快樂的事，因爲藉此可獲得新知，並且可以有機會與他人分享。

　　《老人社會工作 —— 權能激發取向》一書，譯者認爲對從事實務工作的人而言，是一本值得閱讀的書。書中除了詳細的說明目前美國老人社會工作所面臨的挑戰、完整的介紹權能激發取向的模型與處遇活動之外，更進一步舉出實例來驗證權能激發取向的工作方法在實務工作中的可行性。當然，在應用權能激發取向的處遇方法來處理老人生活中的問題時，會遇到一些困難與瓶頸。不過，兩位作者都做了詳盡的分析與提出具有建設性的建議。因此，譯者希望能有更多的人一起閱讀此書，更希望有更多的人願意嘗試權能激發取向的處遇策略，一起與老人工作，使老人有能力、有機會來掌控他們自己的生活。

　　非常感謝揚智文化公司及東海大學曾華源教授給予這個機會，使得我們兩姐妹能夠一起工作、一起學習。在翻譯過程中，謝謝家人給予的協助，讓我能更專心的工作。也謝謝大學同學高醫醫社系助理教授黃志中在翻譯過程中給予一些名詞解釋上的協助。

趙善如

目　錄

第一篇

權能激發取向實務的理論架構

第一章

∙∙

我們的老化社會：
社會工作實務的挑戰

◆人口統計的影響

◆政策涵義與方針

◆老年人口群的優勢與貢獻

◆社會工作實務與老人

◆結　論

◆參考書目

在八○年代期間，人們對老人的社會工作愈來愈感興趣，而這份興趣到了九○年代依然持續成長。這其中一重大原因是，美國社會的老人人口日益增加。本章將會簡短地討論一些美國社會老化的特徵，並指出一些逐漸浮出檯面的重大且相關的社會政策議題，以及描述老人社會工作者將面臨的挑戰。

本書不會對老化過程或老化人口的人口統計特徵做完整的論述，因為老人學概論、社會政策書籍、公共政策報告與熱門的書刊，就會清楚地說明人口統計趨勢，以及提供有關老化過程的最新知識（如參考Atchley, 1991; Bass, Kutza, & Torres-Gil, 1990; Kart, 1990; Spencer, 1989）。不過，為了了解老人社會工作者所面臨的挑戰，本章一開始仍會簡短地討論，一些與社會工作有直接關連的人口統計因素。另外，還會陳述一些與被挑選出來的問題範圍有關的描述性資料，如住宅與居家服務。這些都會列在後來的章節裡討論，作為探討實務處遇的背景知識。

人口統計的影響

現在居住在美國，年齡在65歲或65歲以上的人口數，超過31,559,000人，其中年齡超過85歲的人有3,254,000位。年紀超過65歲的人佔總人口數的12%強，預計這部分的人口在西元2050年時，會增加到68,500,000，佔總人口數的22.9%（U.S. Census Bureau, 1990）。

傳統的健康與社會工作專業所關心的是，在老人人口群內所發生的改變。老人愈活愈久的趨勢，已使得一些老人學學者把老人人口依年齡層分成數個類別。Atchley（1991）提出下列的分

類：年輕老人（the young-old）（65歲到75歲）、中年老人（the middle-old）（75歲到84歲），以及老老人（the old-old）（85歲或以上）。預估到西元2000年，老人人口中年輕老人會佔一半多一點，中年老人大約佔35%，而老老人佔15%。以這些分類的觀點來思考老人時，對未來的發展有以下幾點的暗示：

1. 75歲或75歲以上的人口數成長，強烈地暗示著對健康及社會服務需求的增加。
2. 在美國，因為考慮健康與社會照顧使用的資格問題，包括社會安全，一項重新定義何謂「老年」的活動，將關注的焦點轉移到老老人與中年老人的身上。這種轉變傳達一項需求：把年輕老人重新整合到生產勞動線上。
3. 年輕老人持續的工作與新的工作機會、退休的準備以及照顧的責任等相關的議題，愈來愈引起人們濃厚的興趣。

這些趨勢警示，美國老人的問題以及他們潛在的貢獻，會變成日益複雜的議題。舉例來說，幾歲才算是「老年」？

　　Lesnoff-Caravaglia（1988）認為，很難在「老年」的年齡、生理及心理上達到一個共識，因為每個人的老化現象都不盡相同。這種老化的多樣化，使得對老化的標準期望難以建立。因此，社會工作者所面臨的挑戰是，要發展出更具個別化的服務，以便能處理老人人口中不同團體的需求。

　　對社會福利服務而言，其他重要的人口統計趨勢還包括：

　　單身或喪偶的老年女性人口的增加。西元2000年，老人人口中男女比例預計是65：100；而在老老人人口中男女比例是38：100（Atchley, 1991）。

　　在老人人口中少數民族的比例增加。黑人老人人口所佔比例

增加，白人老人人口所佔的比例減少，而其他種族則維持不變。不過，其中亞洲族群的比例卻在成長（Atchley, 1991）。

老人的正式教育程度提高。到西元2009年時，將有五分之一的老人是大學或學院畢業（Atchley, 1991）。

有些特定的老人人口有較多的收入可供利用。根據老人的收入統計數據得知，65歲及65歲以上的老人，他們的財富是增加的。這是個眾所皆知的事實。不過，1990年的人口調查報告指出，事實上65歲到74歲有15.3%的人，75歲到84歲有24.1%的人，從88歲或以上有28.9%的人，不是貧戶，就是接近貧戶（低於貧窮程度之124%）（U.S. Census Bureau, 1990）。因此，在以此趨勢討論老人滿足本身需求的能力時，要特別考量一些情境：在美國境內缺乏足夠的健康照顧、年金及其他收入來源的不可靠與不穩定、通貨膨脹的影響，以及在老人人口群中，他們的收入與健康情況存在著很大的差異。

老人的健康情況改善。這個趨勢在年輕老人的身上特別地顯著。

老人人口工作勞動率增加。這個趨勢引起各方的關注，因為可能限制老人接受來自社會安全制度與其他相關政策的收入與支持。例如，因為老人持續工作，而影響獲得補助與使用服務的資格。

社會工作者不僅要了解這些正在改變中的人口動力與其涵義，而且必須設計服務方案，來處理老人與社會整體在改變中所衍生而來的需求。

政策涵義與方針

人口統計的變化，再加上社會大眾對老人人口群印象的改變，已經引發了一些行動和爭議。在過去這三十年中，對老人印象的轉變已影響了大眾與政策制定者的認知。在六〇與七〇年代，學者、倡導者與媒體把老人描述為一群貧窮、多病與需要他人協助的人。然而在八〇年代，他們對老人的印象已轉變成是富有的，而且使用著其他較年輕的社會份子也需要的資源（Longman, 1987; Moody, 1988）。由美國退休者協會（American Association of Retired Persons, AARP）、全國老人會（National Council of Senior Citizens, NCSC）、老年女性聯盟（Older Women's League, OWL），以及銀髮豹（Gray Panthers）所推動的行動，已經讓社會大眾認為老人是有組織且目標清楚的人口群（Binstock, 1990）。*並且，對這種行動的憤恨，已導致老人被定位成資源過度使用者，並被貼上「貪婪的老油條」（greedy geezers）的標籤（Atchley, 1991）。所以，社會大眾對這群快速成長人口群的生活型態與需求之認知觀點，已影響美國人對社會福利政策的看法。

健康照顧的議題

社會安全與醫療照顧所需的經費加起來，已快接近國家預算

---

* 在 332 頁列有頭字語。

的30%（Binstock, 1990）。這個事實使我們對社會中的老人產生莫大的興趣。老人人口的成長數字，特別是中年老人及老老人，已經大大地增加了對健康照顧與社會服務的需要。此需求增加的時間，正好是國家健康照顧花費正直線上升、健康照顧品質受到質疑，且許多各年齡層的美國人無法負擔適當健康照顧的時候（Callahan, 1987）。很不幸的，主要由於老人是健康照顧系統中大多數的使用者，因此老人時常被視為是健康照顧危機的罪魁禍首。Binstock陳述：

> 從老人的弱點，以及可能也是所有人的弱點來看，或許老人所承受最嚴重的代罪羔羊是有關健康照顧事宜。對健康照顧花費直線上升的廣泛關注，已從負責設定照顧費用的健康照顧提供者、供應者、行政人員和保險公司，慢慢轉移到健康照顧的目標群——老年病人（1990, p.79）。

福利的議題

在收入方面，老人被謠傳過度使用社會福利資源的事，也是出了名的。許多人認為，社會安全的使用資格是依終身所繳的保險費而定。不過，一些經濟因素如國家赤字，已迫使人們重新看待聯邦支出。在資源稀少且經濟衰退的情況之下，有些公共政策制定者已將社會安全定位成是一種社會福利移轉方案，所以服務的提供是基於需求，而不是因為繳了保險費。這個觀點引發了公平性的議題。對有些人來說，社會安全移轉表示基金會大量地消耗掉，這樣還不如把錢用在其他年齡層的人口群身上，或是拿來平衡聯邦預算。不過，根據蓋洛普民意調查的結果顯示，人們依

然不贊同用「縮減社會安全、醫療照顧保險等服務方案的使用資格來降低赤字」(*Gallup Report*, 1987, p.25)。

老人使用社會福利資源增加的現象，已經引起一些政策上及哲理上的反應。這些反應如下：

1. 「代間公平運動」的發展（development of the Intergenerational Equity Movement）(Hewitt & Howe, 1988; Longman, 1987; Pollack, 1988)。要求將老人現在所使用的社會福利資源，重新分配給較年輕的人口群。
2. 對老年人口中「多樣化」(diversity) 的學術研究及社會注意日趨增加（Atchley, 1991; Axinn, 1989; Bass, Kutza, & Torres-Gil, 1990; Crystal & Shea, 1990; Pollack, 1988)。這種現象促使對老人個別性的需求或對特定次團體的探索，並且傾向支持一些政策分析家提出的意見，以作為資源提供的基礎。
3. 發展出一種強調「生產力」(productivity) 勝過重新分配的政治主題，以做為在九〇年代以及未來，思考社會政策與老人問題的方針（Karger & Stoesz, 1990; Moody, 1990)。

這些與老人有關的社會政策觀點上的改變，對投身於權能激發取向（empowerment-oriented）實務的社會工作者而言，有重要的涵義。權能激發取向實務的任務是，要確保老人在影響他們生活的社會政策之形成與執行過程中，能扮演他們自己想要擔任的角色。因此，了解並藉以找出有效的方法來影響現今政策的方向，是非常重要的。老年人口不斷變化的特徵，包括人數與資源，對未來的社會政策與社會工作實務而言，都是具有決定性的

變項。

老年人口群的優勢與貢獻

　　老人人口統計學上的趨勢，再加上社會大眾擔心這些趨勢對社會福利政策所造成的現有與潛在的影響，在在顯示出老年人口群在美國的經濟與社會生活上，所扮演的重要角色。人口統計特徵，如壽命增長、年輕老人的健康情況良好，以及老人經濟狀況較佳，預示老年人口群的未來是美好的。將老人視為社會資源潛在消耗者的政治觀點，則是忽略了這個年齡層現在及未來所具有的優勢，以及對社會有貢獻的這個事實。

　　統計數據通常無法辨識出老年人口群的優勢。歷史文獻也不會描述老人對經濟的貢獻，如身為勞動者、納稅者、消費者，以及子女與他人的金錢提供者；也不會描述老人對家庭的貢獻，如照顧親屬、子女、孫子及配偶；也不會描述老人對社區的貢獻，如身為志工，提供即時的服務；也不會描述老人透過政治參與對整個社會的貢獻（包括老年倡導團體對代間議題的強力支持）。

　　即使在外面參加的活動，隨著年齡的增長而減少，不過調查顯示，成人的休閒活動都有一個主旨，而這主旨一輩子都不會變，雖然完成這些活動的方法隨著年齡愈大會有所改變（Hooyman & Kiyak, 1988）。另外，組織性參與的形式以及活動的層次與類型，依性別與社經地位的差別而有所不同。

　　在65歲以及65歲以上的人口中，有10%的人是正式的志工，而美國人一般來說只有23%是正式的志工。若志工的定義不那麼嚴謹，那有37%的老人都有參與志工的行列（Hooyman &

Kiyak, 1988）。介於65歲到74歲之間，68%的人提供非正式的協助給朋友與親戚，如跑跑腿、做做家事或看顧小孩（Herzog & House, 1991）。有數個志工組織完全由老人所組成，如退休老人志工方案（Retired Senior Volunteer Program, RSVP）。RSVP有七百多個計畫，遍佈於學校、醫院、日間照顧中心以及護理之家，並且督導三十多萬個老人志工（Hooyman & Kiyak, 1988）。又如祖父母收養方案（Foster Grandparents Program），此方案將老人與殘障兒童配對；又如老人同伴方案（Senior Companion Program），提供老人對老人的協助；又如由退休經理人所組成的退休經理人的國際經理人服務團體（International Executive Service Corps of Retired Executives），他們志願提供他們的技巧。以上所提只是一些眾所皆知的全國性方案而已。估計有40%的老人志工參與當地的計畫、宗教組織、醫院和學校（Herzog & House, 1991）。

有許多關於老人的迷思，助長了對老人的刻板印象以及負面印象。以下就列舉一些作為說明（Harrigan & Farmer, 1992）：

1. 老人身體不好。
2. 老人活動力弱。
3. 老人無法做體能活動。
4. 老人嗜睡且老是心情不好。
5. 老人是無趣的。
6. 老人對性不感興趣。
7. 老人墨守成規且不易改變。
8. 老人腦筋不清楚。
9. 老人學習力差，記憶力不好。

10. 老人無法思考和解決問題。

11. 老人脫離社會，因代溝被冷落，而且喜歡一個人。

12. 老人不能且不想工作。*

雖然大多數的人私底下都有這些想法，或曾聽別人提過，不過那只是迷思罷了。也就是說，這些想法雖然為大家所接受，不過卻不是真的。

事實真相是，老人的生理狀況差異很大，有些族群就比其他的族群容易生病。認為人老就無趣的想法，源自於年輕取向的文化價值觀，而不是一種事實。許多人終其一生都很活躍。只有10-20%的老人有沮喪的傾向。事實上，老人睡得比年輕人少。人的性能力一輩子都會很活躍，除非因藥物治療或慢性病的因素。老人不僅是解決問題的高手，而且適應力很強。短暫的記憶力喪失對老人來說是很普遍的，不過腦筋不清楚的情況只佔65歲以上老人的5%（Harrigan & Farmer, 1992）。一般來說，老人不會因為喪失了許多具有社會價值的正式角色後，就脫離社會或與社會脫節。許多研究提供了有關老化的事實真相，而這些真相對老人社會工作者來說是非常重要的（如參考Antonucci & Akiyama, 1991; Beaver & Miller, 1992; Hancock, 1990; Harrigan & Farmer, 1992; Henig, 1981; Salthouse, 1991）。

對權能激發取向的社會工作者而言，老人的優勢與能力是特別重要的。因為，他們的工作主旨就是要將老人的知識與技術轉

---

* 節錄自"Myths and Facts of Aging" by M. P. Harrigan and R. L. Farmer, in *Gerontological Social Work* by R. L. Schneider and N. P. Kropf (Eds.). Copyright ©1992 by Nelson-Hall Publishers. Reprinted by permission.

換成生存技能,並改善晚年生活。Lowy(1988)就提出,一般而言教育性的策略對社會福利處遇,已變得愈來愈重要。

社會工作實務與老人

社會工作雖然是一門專業,不過一直到五○年代晚期,才開始重視老年人口群(Lowy, 1979)。透過公共服務部門、經濟機會法案(Economic Opportunity Act)(1964)以及美國老人法案(Older Americans Act)(1965),於六○年代為老人增加了新的資源。身為公共福利部門的代理人,社會工作者能夠提供保護性的個案工作服務給那些領取公共老年年金的老人。由經濟機會法案支助的社區行動機構,提供了社區社會工作活動的機會,包括以老人為目標人口群的社區組織與經濟自足的方案。美國老人法案允許社會個案工作、社會團體活動,以及教育和組織性的活動。在七○年代早期,對心理健康系統施壓,使得相關單位更用心去設計能滿足老人需求的方案。

經費縮減

在八○年代人群服務經費大幅度的刪減時,也刪掉了老人大多數的公共社會服務的經費來源。而與此同時,大量增加老年人口醫療服務的經費,特別是透過醫療照顧保險與政府對低收入戶的醫療補助。結果是,提供給老人的大部分服務都醫療化。因為公共社會服務部門所提供的工作職位有限,而老人對社會與情緒方面協助的需求卻有增無減,因而迫使社會工作專業人員到以醫

療為主的環境尋找工作，如老人健康診所、醫院和居家健康照顧機構。

　　社會取向方案的經費遭刪減，伴隨而來的是大量使用志工，以及使用只需付給基本薪資但卻未受過訓練的半專業人員，來填補服務的缺口。個案管理取代專業的個案工作服務，而且個案管理通常到最後變成只提供諮詢與轉介服務。雖然全國社會工作者協會嘗試用定義社會個案工作的相同方式來定義個案管理，不過這個定義不能廣泛為大家所接受。此外，健康專業人員（health professionals）也在許多環境費了許多心力，把個案管理的概念醫療化。

　　今日的社會工作專業人士發現，他們必須清楚地表示，專業社會工作對老年化社會的需求能有什麼貢獻，並且必須發展資源及環境使貢獻能達成。一個強而有力的開始，就是建立或重新建立社會工作在老人學領域的角色。

　　社會工作者在護理之家、醫院、居家健康照顧機構，以及其他醫療模式環境中，提供處遇服務給老人，其重點是在生病和失能老人的社會和情緒上的需求。在協助老人尋找及獲得長期照顧服務、居住、收入和其他所需的資源時，社會工作角色的重要性，在這許多環境裡也是很明顯的（Monk, 1990）。不過，處於這些環境的社會工作者時常發現自己受限於醫療模式的影響，而將焦點放在疾病，而不重視人群生活的社會／情緒／政治面。此外，不適當的工作人員，以及在協助家庭發展支持與自助網絡等相關處遇上缺乏他人的認同，時常是阻礙工作進行的因素。

　　在非醫療的老人環境中，如老人中心、合法的服務中心、就業方案以及志工計畫等等，專業社會工作者必須以有限的資源和未受過訓練的員工，企圖完成能夠解決問題的方案。實務者發現

他們自己在沒有足夠的薪資、合格的工作人員以及完備的服務系統下，努力滿足案主的需求（Monk, 1990）。

前景

　　什麼是社會工作實務的未來？根據 Peterson（1990）的報告，大約有 26% 的實務社會工作者是服務老人人口群。全國老人機構（National Institute on Aging）（1987）估計，到西元 2020 年時會需要 60,000 到 70,000 名受過專業訓練的社會工作者。Monk（1990）指出，這個估計是根據體弱老人（老老人）的增加數目，並沒有將逐漸浮出檯面的年輕老人的要求考慮進去，包括提早退休者。不可否認，未來對社會工作者需求的預估，會隨著需求與資源之間複雜與快速變遷的關係而定。

　　人口統計資料急劇的改變、老年人口群的多樣化、老人的優勢與豐富的資源，以及因老老人人口增加所引發的健康服務與健康相關的社會服務需求的增加，在在都對社會工作專業提出一個很大的挑戰。因此，為了協助正飽受煎熬的失能老人與其家人，增進更多的知識與技巧是需要的。老人的社會工作服務必須嘗試恢復預防性且以社會為主的處遇。此外，這些社會工作服務必須創造出，能促使老人與其家人權能激發的方案與處遇策略。為了配合權能激發方法，老人社會工作者必須以一種能夠促進與老人發展伙伴關係的方法，來對社會政策與服務的發展有所貢獻。因為，這層伙伴關係能夠支持老年人將其優勢與潛力做最大最完全的發展，以便在美國社會建構一股重要、多產而且整合過的力量。

　　在這過程中，社會工作者一項決定性的工作是，評估人們在

經歷老化時所遭遇到的任務、挑戰與問題。第二章的焦點是普遍的挑戰。即使，所有的老年人口在性別、年齡、種族背景以及社會階級（包括收入與資源層面）的多樣化是一項事實，不過晚年生活都會經歷一些普遍的負面經驗，如生理、心理及經濟能力的衰退。如果能進一步了解這些問題，以及其所引發的無力感，將能促使權能激發取向的社會工作者，發展更有效的處遇來對抗或預防無力感的經驗。

結　論

因為老人人口數持續性的成長，使得美國社會對這部分的人口群愈來愈感興趣。而這人口群的多樣化與複雜性，使得一般化變得困難，並且考驗社會工作者創造適合不同次團體的處遇的能耐。

老年人口群中特定的趨勢包括，老年女性、老年的少數民族以及年齡在85歲或85歲以上的人數增加，並且教育程度愈來愈高，可用的收入增多，年輕老人的健康狀況有改善的傾向。

老年人口群人口統計資料持續的改變，加上經濟問題，已導致社會大眾對老人印象有了轉變——從窮困、多病、無助到有錢、資源的貪婪者。另外，愈來愈多對醫療照顧花費的關注，是將焦點放在老人人口群上，而不是在健康照顧系統。再者，針對老人的聯邦社會福利經費比例持續的增加，是被視為老人貪心的結果，而不是因為老人人數增加所造成的。這樣偏頗的觀點使得許多研究和政策分析，將老人視為潛在的政治問題來研究。

把老人視為資源消耗者的想法，是沒有將老人對社會有形及

無形的貢獻考慮進去。如志工行為的貢獻（正式及非正式），就沒有含有使用者或接受者的成分。對老化與老人的迷思，增加了對老人的負面刻板印象及年齡歧視。而這些大部分有關老人的共同迷思，已由研究證實是錯誤的。

　　社會工作者提供給老人的服務，已反應了社會對老年人口群印象的轉變——從嬰兒化的接受照顧到重視改善工作機會與開始自足方案。經費來源的刪減，不但減少了老人可用的服務，而且也引起對老人志工主義的重視。個案管理是社會工作實務於九〇年代的主題，但是它對許多牽涉到老化過程的社會及情緒議題是有害的。有限的資源迫使社會工作者，在尋找提供服務的方法時要有創意。提供服務給老人時，權能激發是一必要的元素。

參考書目

Antonucci, T., & Akiyama, H. (1991). Social relationships and aging well. *Generations, 15*(1), pp. 39–44.

Atchley, R. C. (1991). *Social forces and aging* (7th ed.). Belmont, CA: Wadsworth.

Axinn, J. (1989). Women and aging: Issues of adequacy and equity. In D. Garner & S. Mercer (Eds.), *Women as they age: Challenge, opportunity, and triumph.* New York: Hawthorne.

Bass, S. A., Kutza, E. A., & Torres-Gil, F. M. (Eds.). (1990). *Diversity in aging: Challenge facing planners and policy makers in the 1990s.* Glenview, IL: Scott, Foresman.

Beaver, M. L., & Miller, D. A. (1992). *Clinical social work practice with the elderly* (2nd ed.). Pacific Grove, CA: Brooks/Cole.

Binstock, R. (1990). The politics and economics of aging and diversity. In S. A. Bass, E. A. Kutza, & F. M. Torres-Gil (Eds.), *Diversity in aging.* Glenview, IL: Scott, Foresman.

Callahan, D. (1987). *Setting limits: Medical goals for an aging society.* New York: Simon & Schuster.

Crystal, S., & Shea, D. (1990). Cumulative advantage, cumulative disadvantage, and inequality among elderly people. *The Gerontologist, 30*(4), pp. 437–443.

Gallup Report. (1987). August–November, *263*, pp. 25–27.

Hancock, B. L. (1990). *Social work with older people* (2nd ed.). Englewood Cliffs, NJ: Prentice-Hall.

Harrigan, M. P., & Farmer, R. L. (1992). The myths and facts of aging. In R. L. Schneirder & N. P. Kript (Eds.), *Gerontological social work.* Chicago: Nelson-Hall.

Henig, R. M. (1981). *The myth of senility.* New York: Anchor.

Herzog, A. R., & House, J. S. (1991). Productive activities and aging well. *Generations, 1*(3), pp. 10–13.

Hewitt, P. S. & Howe, N. (1988). Future of generational politics. *Generations, 7*(3), pp. 10–13.

Hooyman, N. R., & Kiyak, H. A. (1988). *Social gerontology.* Boston: Allyn and Bacon.

Karger, H. I., & Stoesz, D. (1990). *American social welfare policy: A structural approach.* White Plains, NY: Longman.

Kart, C. S. (1990). *Realities of aging: An introduction to gerontology.* Boston: Allyn and Bacon.

Lesnoff-Caravaglia, G. (1988). Aging in a technological society. In G. Lesnoff-Caravaglia (Ed.), *Aging in a technological society.* New York: Human Sciences Press.

Longman, P. (1987). *Born to pay: The new politics of aging in America.* Boston: Houghton Mifflin.

Lowy, L. (1979). *Social work with the elderly.* New York: Harper & Row.

Lowy, L. (1988). Human service professionals: Their role in education for older people. *Generations, 15*(2), pp. 31–37.

Monk, A. (1990). *Handbook of gerontological services* (2nd ed.). New York: Columbia University Press.

Moody, H. R. (1988). *Abundance of life: Human development policies for an aging society.* New York: Columbia University Press.

Moody, H. R. (1990). The politics of entitlement and the politics of productivity. In S. A. Bass, E. A. Kutza, & F. M. Torres-Gil (Eds.), *Diversity in aging.* Glenview, IL: Scott, Foresman.

National Institute on Aging. (1987). *Personnel for health needs of the elderly: Through 2020.* Washington, DC: U.S. Government Printing Office.

Peterson, D. A. (1990). Personnel to serve the aging in the field of social work: Implications for educating professionals. *Social Work, 35,* pp. 412–418.

Pollack, R. (1988). Serving intergenerational needs. *Generations, 7*(3), pp. 14–18.

Salthouse, T. A. (1991). Cognitive facets of aging well. *Generations, 15*(1), pp. 35–38.

Spencer, G. (1989). Projections of the population of the United States, by age, sex and race: 1988 to 2080. *Current Population Report Series, 1018,* p. 25.

U.S. Census Bureau. (1990). *Current population reports* (No. 1057, March, p. 25). Washington, DC: U.S. Government Printing Office.

第二章

• •

了解老人的無力感

◆簡　介
◆晚年生活經驗與無力感
◆結　論
◆參考書目

本章將討論存在於人類之中的無力感，並且特別思索引起老人無力感的特殊環境本質，同時，檢視引起老人無力感的共同經歷——如生理、心理、支持及資源的衰減。

簡　介

本書所介紹的權能激發取向實務，有兩個極相關的基本假設：

1. 每個人都有潛能，即使處於艱困的環境之中。
2. 每個人都可能身處於不同程度的無力感狀態。

權能激發取向的社會工作實務有一項基本教義，此教義即是：經歷過急劇改變及逆境的老人，能夠對抗個人的或政治上的無力感。老人和年輕人一樣，在生活中努力追求有效性。他們想要成為自己環境的創造者與管理者——這是非常有可能的。他們自然不想也不願意從政治、經濟與社會的舞台上消失。

老人失去效能，不是因為喪失能力，而是因為老人與他們環境系統之間互動力量的差異。健康問題、喪失重要的支持系統，以及被迫脫離主要的社會機構，時常限制老人的選擇，致使他們的決策力降低，然後慢慢地失去掌控權及公民權。我們相信這樣的過程是可以預防或大幅度調整的。

本書介紹的模型是，強調老人社會工作實務工作中的權能激發，並且提出處遇策略，協助老人維護更多自主權的過程發展更順利。有時每個人都會深感無力，以及經歷不同層次的政治壓迫。不過，處於危險情境的人口，如老年人，最能深刻體會這種

無力感。無力感（powerlessness）的定義是，缺乏途徑取得解決個人問題的資源、知識與技巧，包括有效參與社會改變的能力。

在 Solomon（1976）有關權能激發的重要書籍中，她認爲無力感的產生至少有三個來源：(1)受壓迫人口他們本身的心態；(2)受壓迫的被害人與加害他們的大環境系統之間的互動；(3)更大環境的結構——也就是社會系統結構的安排沒有回應受壓迫的被害人，反而延續壓迫性的社會系統結構安排。這些因素不僅彼此相關且彼此助長。無力感的內在心態，會因嘗試解決問題，卻因無法達成的經驗而強化，而且社會大眾對無力感團體的外在觀點，也會因無力感團體成員本身內在心態的強化而增強。因此，無力感的產生是，當「一個人覺得或預期他的行動不能獲得想要的結果；雖然他過得不是自己想要過的生活，不過他無能爲力」（Maze, 1987, p.1）。

在人的一生當中，達成希望改變的力量差異性，可能來自階級結構與社會地位的差異。而社會地位的差異是來自性別、種族、宗教、年齡、性偏好、生理與心理能力，或這些特徵的結合（舉例來說，最後的類別還包括有色人種的老年女性）（Staples, 1990）。

權能激發

Staples（1990）將權能激發定義爲：「(1)得到力量；(2)發展力量，奪取力量；(3)助長力量；(4)給予力量」（p.29）。在 Torre（1985）的權能激發文獻的綜合資料裡，她認定「權能激發是個過程。透過這個過程，人們變得夠強壯而足以去參與影響他們生活的事件與機構，以及在這些事件與機構的控制下進行分享，並

且努力改變他們」，而有時，「權能激發要求人們獲得特殊的技巧、知識及足夠的力量，去影響他們自己的生活與那些他們所關心的人的生活」（p.61）。

在 Kieffer（1981）研究權能激發過程的研究中，他辨識下列為權能激發的必要條件：

1. 提高主動參與社會的個人心態或自我意識。
2. 針對界定個人環境的社會與政治系統做批判性分析的能力。
3. 發展行動策略與培植資源以達到個人目標的能力。
4. 以有效能的方式與他人一起協力界定及達成集體目標的能力。

權能激發不僅是一種讓人們變得參與的過程，同時也是參與的結果。「總而言之，權能激發協助人們確保或收回對自己命運的掌控——它強調人們自我運作的能力」（Akins, 1985, p.10）。

權能激發取向的實務

權能激發取向的社會工作實務是一種模型，透過此模型，社會工作者能協助老人使用他們的優勢、能力及才能，以便動員他們的資源來解決問題，最後達到權能激發的境界。權能激發取向的實務認為，老人時常因為各種不同的原因而經歷實質力量的喪失。權能激發取向實務的定義與過程會在第三章以及本書其他部分詳細說明。本章接下來的內容，著重在許多老人與其家人所經歷過的生命變化——這種變化通常為老人的晚年生活帶來極大的挑戰。這些挑戰不僅刺激各種不同的個人反應，也會導致無力

感。

晚年生活經驗與無力感

　　要了解老人可能體會的無力感，必須了解存在於所有團體間無力感的情形。如本章一開始所提，無力感有內在與外在動力，而且是由一種互動的過程所引起。

造成無力感的互動過程

　　一般而言，無力感被視為個體與其環境之間持續互動的結果。無力感包括自責的心態、普遍不信任的感覺、與影響社會所需的資源之間有疏離感、被褫奪公權、經濟拮据的經驗，以及在社會政治掙扎中的無助感（Kieffer, 1984）。

　　個人層次的政治意識、滿足晚年生活需求的具體個人經驗，以及參與直接環境的改變與掌控，是屬於個人權能激發程度的層面。在我們的社會中，許多團體察覺他們自己在政經系統、宗教系統、社會福利機構裡，甚至他們的社區、同儕網路及家庭中沒有力量。這種缺乏力量的感覺可能源自各種不同的因素，包括經濟沒有保障、對政治領域沒有經驗、缺乏獲得資訊的途徑、沒有財務的支持、缺乏抽象或批判性的思考訓練，以及生理或情緒上的壓力（Conway, 1979; Sennett & Cobb, 1972）。

　　支持團體的式微造成無力感的產生。Nisbet（1953）辨識，社會中初級團體的式微（如家庭和社區）是造成人際間疏離、害怕與分離感受的原因之一，並且最後會減少人們達成共同目標的

能力。妄自菲薄促使老人無力感持續的存在。Solomon（1976）主張，無力感有部分是來自身為一個被烙印團體（stigmatized group）的成員身分。因為，這樣團體的成員時常將社會對他們的負面刻板印象內化，然後放到他們的自我形象中。結果，這種團體的成員較無法認為自己有能力，且有權力或力量去改變他們的生活。

　　如第一章提及的，老人的財務資源、健康情況、支持網絡的品質，以及他們對危機與生活中其他事件的反應，有著很大的不同。不過，許多老人所經歷過的某些重要改變與挑戰，卻與無力感有著很大的關連。這些共同的經驗包括，經濟無保障的危險、生理與心理的壓力，以及支持團體的式微。老人在面對這些挑戰時，通常都是在自己或家人還沒準備好的情況下。他們與家人可能會因相似的問題，或是因為缺乏能改善他們環境的知識，與缺乏取得資源的途徑而被隔離。對許多的老人及其家人而言，無力感通常就是這些原因的結果。

　　雖然，那些擁有實質資源的老人，他們的情況會好些，不過大部分的人在晚年時，都會面臨一些重要的失落（losses）。老人所經歷的失落，包括個人的失落，如生理與心理健康的改變，以及重要他人的死亡或是凋零。此外，大部分的老人都會經歷某個程度的社會失落。而這方面的失落，以政治經濟系統的觀點來看，會比較容易了解。這些社會失落包括退休（對許多人來說，這是一種財務收入的減少，以及獨立與角色的重大喪失），以及其他有意義的生活角色的喪失。那些一輩子生活在貧窮或有限財務資源之中的老人，以及那些因為少數民族的身分、女性的身分或階級相關的因素而承受歧視的老人，更容易受到晚年生活挑戰的威脅。

暫且不論每個人所處的環境可能各不相同。不過，某些失落對老人而言，是比一般人還來的普遍。而且，社會傾向將老人歸為一個團體，然後以負面的刻板印象來歧視他們。圖2.1說明外在失落、相關於這些外在失落經驗的內在失落感覺、無力感的內化，以及社會大眾對老化與老人看法等相關要素之間的關係。

個人的失落

許多老人的共同經驗構成了個人的失落，其中包括生理與心理的衰退，以及支持系統的喪失。

生理衰退

某些程度的生理衰退是老化過程的本質。由於身體輸送氧氣與養分的功能衰退，因此體力就會降低。身體在80歲左右，所能接受的氧氣只有40歲時的一半（Atchley, 1991）。直到70歲，肌力會維持相當平穩，不過最大的工作輸出，在40歲之後就會慢慢減少（Shock & Norris, 1970）。體力的衰退，並不會影響低層次到中等層次的工作。不過若生病或受傷時，則勢必要花較長的時間才能康復。

老化也可能導致身高減少、移動性降低（因為關節炎與結合組織退化的結果），以及身體協調性降低。其他生理老化的徵兆還包括皺紋、老人斑、白頭髮和大腹便便——在美國，這些特徵一般都被認為是不好的。

老人人口群中健康狀況所呈現出的差異性顯示，身體不好不一定和老化有關連。不過，老人的確忍受較多的慢性病痛，包括心臟病、關節炎、高血壓、糖尿病、身體承受傷害力較低（尤其是背部和脊椎）、哮喘，以及聽力與視力的損害。大概有86%超

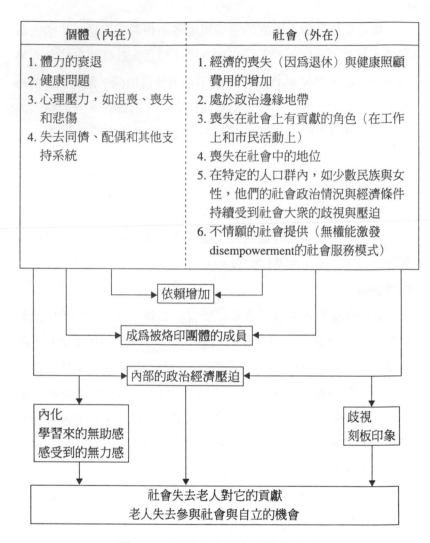

個體（內在）	社會（外在）
1. 體力的衰退 2. 健康問題 3. 心理壓力，如沮喪、喪失和悲傷 4. 失去同儕、配偶和其他支持系統	1. 經濟的喪失（因為退休）與健康照顧費用的增加 2. 處於政治邊緣地帶 3. 喪失在社會上有貢獻的角色（在工作上和市民活動上） 4. 喪失在社會中的地位 5. 在特定的人口群內，如少數民族與女性，他們的社會政治情況與經濟條件持續受到社會大眾的歧視與壓迫 6. 不情願的社會提供（無權能激發disempowerment的社會服務模式）

依賴增加

成為被烙印團體的成員

內部的政治經濟壓迫

內化
學習來的無助感
感受到的無力感

歧視
刻板印象

社會失去老人對它的貢獻
老人失去參與社會與自立的機會

圖2.1　造成老人權力喪失的因素

過65歲的人忍受一種或以上這種慢性病痛，而有大約一半的人因此他們的活動受到限制（AARP, 1991; Atchley, 1985）。85歲及85歲以上的老人超過25%需要他人協助，才能行使日常生活中一些工具性的活動（Atchley, 1991）。研究也顯示，社經地位較低

的老人，發生慢性病痛的機率較一般人來得高（Cohen & Brody, 1981）。

健康損害所引起的社會結果（social consequences）可能會強化無力感。Atchley（1991）指出兩種類型的社會結果：「(1)由於其他人的健康損害認知，而對老人提出社會性限制；以及(2)健康損害本身所引起的功能性的限制」（p.79）。他指出，別人的認知是會限制就業與參與社會活動的機會，以及影響自我的看法。

心理衰退

另一個個人性的失落是心理的無能，而這也是造成無力感的潛在來源。雖然，口語能力與長期記憶不太會受到一般老化的影響，不過少許短暫的記憶力喪失、學習速度的減緩、反應時間變慢，以及某些程度的輕微健忘，是上了年紀的人的共同特徵（Veith & Borson, 1986）。

生理因素和一些心理疾病是有關連的。中樞神經系統退化的變化與阿茲海默氏型癡呆之間的關連，是很有根據的（Veith & Borson, 1986）。阿茲海默氏症是最普通的神經病，影響大約四百萬人。65歲以上的人約10%有這種病。年齡超過85歲的比例升高到47.2%，而這是美國人口中成長最快速的一部分（Coons, 1991）。老年人口群中其他的心理失常，還有非阿茲海默氏型的癡呆、沮喪，以及晚年妄想症。根據過去數十年的研究記載，約有15%到25%的老人有某些精神錯亂的嚴重症狀（AARP, 1991）。大體上，老年人的沮喪的情況比年輕人更普遍（Hooyman & Kiyak, 1988）。老年人的沮喪可能不是生理的因素，而是可能與老化的社會層面有關，如角色的喪失。

以一般的社會功能觀點來看，受年紀因素影響，而心理功能喪失的人，只佔70歲以下人口的一小部分（Atchley, 1985）。雖

然，有些心理改變的確和老化過程相關連，不過發生率、嚴重性以及這些改變的結果，在老年人口群中也是因人而異。因此，一視同仁的做法是行不通的。不過，即使是輕微的記憶喪失也可能是老人失落感的來源之一，以及是對老人自我印象的一種挑戰，最後發展成無力感的來源之一。

支持系統的喪失

支持系統一詞是指涉給予與接受協助的關係。給予者與接受者認為這層關係是維持接受者心理、社會與生理完整的重要因素（Lopara, 1975）。支持系統可以是正式或非正式：非正式的支持是由家人或朋友提供；正式的支持是由社會服務系統或其他社會機構提供。

對老人來說，所愛的人去世是支持喪失的常見原因。基本上，老化過程會伴隨著朋友、同伴、配偶與家人的死亡。對一些老人而言，寵物的死亡也是一重大失落。不過，死亡並不是支持團體力量失去的唯一形式。當無能（disability）影響支持系統網絡中的成員時，收入、個人協助及情緒支持也可能喪失。

很明顯地，老人的主要支持系統是家人。非正式支持的喪失，不論是因為死亡或搬離熟悉的地方，都會增加老人與外界的隔離，以及更依賴正式的支持系統。依賴正式支持系統的議題，會稍後再做更詳盡的討論，因為它與老人的政治性的經濟較有直接的關連。

失落中的社會與政治因素

Minkler 與 Estes（1984, 1991）主張，美國社會中老人的主要問題，是被社會所建構的。根據 Maze（1987）所言，這些問題

是美國階級社會的產物，因為在這個階級社會裡，「某些個體與團體比其他人更有力量去影響社會問題的定義，與指定政策處遇來處理這些問題」（p.1）。Phillipson（1982, p.38）描述老人變成社會的邊緣人或「較沒用及必要人口」的過程是，老人的技巧對職場已不是那麼必要，而使得他們在資本主義系統下，很容易就失去工作。年輕人需要工作、老年員工的知識與技巧過時、老年員工身體不好與領有高薪，都可能造成老人在職場上處於邊緣地帶。

退休

　　雖然，強制性的退休對大多數的職位來說是違法的，不過退休已逐漸變成一種為眾人所接受的制度。根據 Kingston（1990），

> 60歲和60歲以上的男性，勞動參與率從1950年的45.5%降到1987年的16.3%。而與此同時，男性55歲到64歲的勞動參與率，則從86.9%降到67.6%。65歲和65歲以上的女性，勞動參與率維持相當的穩定，不過女性55歲到64歲的勞動參與率，卻從1950年的27.0%提高到1987年的42.7%。（pp.271-272）

年金、社會安全與其他形式的晚年收入的可用性，被認為對以上的勞動參與率趨勢有重要的影響。其他與政治性經濟有關的因素，也會影響老人的工作趨勢，如老人間的階級差異、勞動市場的縮減、快速變遷的科技、年齡歧視，以及有些工作者不良的健康情形。

　　許多老人因老年就業社會政策的混合訊息而進退兩難。提早退休方案不斷鼓勵老人從勞動市場退去；與此同時，也明白表示

需要重新檢視退休制度，因為老人於退休之後還有二十年到三十年的日子需要收入。即使收入統計數據（請參照第一章）顯示，老年人口群中許多團體的晚年收入已大大的改善，不過晚年生活所需的收入依然不確定。其實，晚年生活的收入需求是不容易確定的，因為牽涉到壽命與通貨膨脹的不確定性，以及私人退休計畫、社會安全、其他國民退休金與其他收入來源的充足與穩定性。此外，可能增加的醫療費也無法預估。關於這一點，事實發現，因應大部分長期照顧需求的社會服務是不存在的。

退休的社會意義，也對許多退休者的晚年生活添加了一項挑戰。社會強烈的工作道德，已被大多數的美國老人給內化了。工作通常是個人自豪與身分的一項來源。很明顯地，一個人一生工作愈長，退休會更困難。雖然，有些人期待逃離職場，而且他們不會經歷社會性的失落；不過，退休幾乎總會造成有意義的關係與收入的喪失。

角色喪失

一個人從50歲到64歲間，所扮演的角色數目大致上維持不變，不過過了65歲之後就慢慢減少（Atchley, 1991）。最常因年齡關係而喪失的角色是工作角色，不過在社區組織、鄰里協會、教會，甚至在家裡的角色也可能喪失。家人通常以相反的親子關係對待老年成員，尤其當老人發生某些程度的無能及財務依賴時，彷彿老年成員已不再是個能自給自足的參與者，而是個需要照顧的人。就像角色理論所言，如果角色是自尊與成長的一項重大來源，那麼角色的喪失對老年人而言，的確會是一項重大的失落。

年齡歧視

當人們老化時，會遇到的另一種現象是年齡歧視，而這種歧

視是有文獻根據的。工作歧視強烈地影響到老年女性，以及需要工作來維持最低生活水準的低收入老人。Wineman（1990）聲言，雖然在1967年通過了年齡歧視法案（Age Discrimination Act, ADA），「不過有關老人的工作能力表現、可察覺的健康情形，以及因他們就業會增加成本的刻板印象，即使在法案執行之後，依然影響著人們長達十五年之久」（p.396）。雖然透過教育雇主，情況已改善不少，不過許多老人依然因年齡歧視，而在晚年努力維持或找尋工作時深覺受阻。

還有其他型態的歧視，有些與老人其他的刻板印象有很強烈的關連。Hancock（1990）提出，有些刻板印象可以對老人歧視處遇提供支持。這些刻板印象為：相信老人是無能且身體不好、老人變老時必然會脫離社會（脫離理論的殘見）、老化會伴隨著腦筋不清楚，以及老人無法學習新知識與技巧。不顯著的歧視行為形式通常會干擾人的情緒，就像公開的年齡歧視一樣。譬如當一位老人在逛街或在一家餐廳等候點餐時，服務生詢問一位較年輕的同伴，這位老人想要什麼。

依賴

在美國社會裡，獨立很受重視，依賴卻很受貶抑（Clark & Anderson, 1967; Karger & Stoesz, 1990; Morris, 1979; Rokeach, 1973）。在一個個人主義掛帥的文化裡，「依賴」沒有生存的空間，而且依賴隱含缺乏選擇的能力（Quinn, 1984; Simmel, 1977）。然而，在稍早所描述的各種失落的結果下，許多老人發覺自己走到生命的某一點時，會面臨某種程度的依賴。

這個社會對依賴所持的負面形象，把老人歸類成一個「低人一等」的團體。老人自己將這負面形象內化後，可能導致低自尊心、失落感、沮喪，然後發展出一種學習而來的無助感。Maze

（1987）提出，老人變得無力時是當「老人不再表現出是個能夠影響環境的代理人，而是開始被動地接受自己只是環境中的一個物體或結果時」（p.1）。老人對老化過程缺乏了解，加上一般人對老人的社會地位缺乏批判性的思考，也已強化了老人自我菲薄的現象。

在收入與個人照顧需求上不獨立的老人，還面臨著促成無權能激發的最後一個潛在來源，那就是老人從健康與社會服務中獲取正式支持的需求。下面會對此點做深入的探討。

社會政策、健康與社會服務

美國的社會政策以及回應此政策的健康和社會服務，已被描述成造成社會控制，以及使必須依賴它們的老人產生無助感和無力感的罪魁禍首（Abramovitz, 1986; Estes & Lee, 1985; Galper, 1975, 1980; Minkler & Estes, 1991; Phillipson, 1982）。

老人通常都會有第一次發現自己面臨需要協助的時候。社會服務的提供如醫療照顧保險、國民年金，以及其他要求財產調查的協助形式，雖是可利用，不過供應有限且意含貶抑。不情願、麻煩且有敵意的社會福利系統，使得開口求助難上加難。為了取得使用服務的資格，通常迫使老人與公務人員接觸。而這些公務人員因為年度的資源有限，以及心理上或許對依賴持有負面的心態，所以急切地拒絕老人的要求。不過，如果協助被提供時，服務的品質又很難保證。再者，接受者的身分通常是含糊的，因為資格條件時常修改，而且與其他經費相關的方案也會改變。

在八○年代，社會政策的改變使所有的團體更難獲得協助，其中包括老人。而社會與健康服務的民營化——從政府贊助轉移

到私部門提供——已經引發一些哲理與政策的改變，包括：

1. 資源或是服務的狀態，是從一種社會或政治的權利，轉變成一種慈善捐獻（Estes, 1989）。

2. 服務的費用超出許多潛在案主可負擔的範圍（Abramovitz, 1986）。

3. 政府監督權力至少在某種程度上減少了，因而引發更多品質保證的困難（Starr, 1989）。

4. 從集中化的提供者，轉變到多數且相互競爭的團體，使得服務更難掌控，並且導致服務的可用性產生快速的改變。因為，有些機構開開關關或是有時轉變成營利機構，而限制了最需要者取得資源的途徑（Karger & Stoesz, 1990）。

簡而言之，那些必須從正式的支持服務尋求協助的老人，通常必須忍受屈辱與挫敗的經驗。接下來幾章會更詳細描述老人所遭遇到的問題，以及討論設計用來對抗這些問題的權能激發取向處遇。

結　論

實務者必須同時了解老人真正與感受到的失落，以及必須知道兩者如何彼此強化。社會工作者所面臨的挑戰是，要增進老人的優勢，提供處遇，協助老人避免無權能激發情形的發生，或協助老人變得有能力替自己的生活做決定。概略地了解老人所處環境與政治性經濟之間的關係，以及晚年生活改變與美國社會主要價值觀之間的關係，對實務工作者是重要的。因為這些關係能使

實務者辨識無力感，和所採取的行動。另外，明瞭老人人口群中無力感現象的複雜性，對應用權能激發取向的實務模型是必要的工作。第三章會對此模型作一介紹。

由於老化過程同時涵蓋內在與外在，而且老人生活中效能的喪失，會加劇無力感的產生。所以，權能激發取向的實務要能增加個人的效能感、增進分析個人情況所需的知識與技巧、擬定行動方案，以及採取行動來達成集體共同的目標。

老化的個人與社會動力之間的互動，造成老人的無力感。個人的失落包括生理與心理的衰退，以及支持系統的喪失。社會因素則包括退休、角色喪失、年齡歧視和依賴。另外，現今的社會政策以及社會服務的設計，易於給老人加上污名，以及使老人變得沒有能力。所以，權能激發取向的方法是，尋求策略來對抗存在於老年人口群中已被內化的無力感。

參考書目

AARP (American Association of Retired Persons). (1991). *Aging America* (DHHS Publication No. FCOA 91-28001). Washington, DC: U.S. Government Printing Office.

Abramovitz, M. (1986). The privatization of the welfare state: A review. *Social Work, 31*(4), pp. 257–262.

Akins, R. E. (1985). Empowerment: Mastering independence of the older adult. *Aging Network News, 11* (5), p. 10–12.

Atchley, R. C. (1985). *Social forces and aging* (4th ed.). Belmont, CA: Wadsworth.

Atchley, R. C. (1991). *Social forces and aging* (6th ed.). Belmont, CA: Wadsworth.

Clark, M., & Anderson, B. (1967). *Culture and aging.* Springfield, IL: Charles C. Thomas.

Cohen, J. B., & Brody, J. A. (1981). The epidemiologic importance of psychosocial factors in longevity. *American Journal of Epidemiology, 14,* pp. 451–461.

Conway, M. (1979). *Rise gonna rise.* New York: Anchor Books.

Coons, D. H. (1991). *Specialized dementia care units.* Baltimore: Johns Hopkins University Press.

Estes, C. L. (1989). The future of gerontology: Golden purpose or tarnished promise? *The Connection, A* (2), pp. 8–9.

Estes, C. L., & Lee, P. R. (1985). Social, political and economic background of long-term care policy. In C. Harrington, R. Neueiner, & C. Estes (Eds.), *Long-term care of the elderly.* Beverly Hills, CA: Sage.

Galper, J. H. (1975). *The politics of social service.* Englewood Cliffs, NJ: Prentice-Hall.

Galper, J. H. (1980). *Social work practice: A radical perspective.* Englewood Cliffs, NJ: Prentice-Hall.

Hancock, B. L. (1990). *Social work with older people.* Englewood Cliffs, NJ: Prentice-Hall.

Hooyman, N. R., & Kiyak, H. A. (1988). *Social gerontology.* Boston: Allyn and Bacon.

Karger, H. J., & Stoesz, D. (1990). *American social welfare policy: A structural approach.* New York: Longman.

Kieffer, C. H. (1981). *The emergence of empowerment.* Unpublished doctoral dissertation, University of Michigan, Ann Arbor.

Kieffer, C. H. (1984). Citizen empowerment: A developmental perspective. *Prevention in Human Services, 3* (2/3), pp. 9–35.

Kingston, E. R. (1990). Public income security programs for the elderly. In A. Monk (Ed.), *Handbook of gerontological services* (2nd ed.). New York: Columbia University Press.

Lopata, H. (1975). Support systems in elderly urbanites: Chicago of the 1970's. *The Gerontologist, 15*(35), pp. 370–374.

Maze, T. (1987). Empowerment: Reflections on theory and practice. *Aging Network News, 9*(5), p. 1.

Minkler, M., & Estes, C. (Eds.). (1984). *Readings in the political economy of aging.* Farmingdale, NY: Baywood.

Minkler, M., & Estes, C. (Eds.). (1991). *Critical perspectives on aging: The political and moral economy of growing old.* Farmingdale, NY: Baywood.

Morris, R. M. (1979). *Social policy of the American welfare state* (2nd ed.). New York: Longman.

Nisbet, R. (1953). *Community and power.* New York: Oxford University Press.

Phillipson, C. (1982). *Capitalism and the construction of old age.* London: MacMillan.

Quinn, W. H. (1984). Autonomy, interdependence and developmental delay in older generations of the family. In W. H. Quinn & G. Hughston (Eds.), *Independent aging.* Rockville, MD: Aspen.

Rokeach, M. (1973). *The nature of human values.* New York: Free Press.

Sennett, R., & Cobb, J. (1972). *The hidden injuries of class.* Garden City, NY: Vintage.

Shock, N. W., & Norris, A. H. (1970). Neuromuscular coordination as a factor in age changes in muscular exercise. In D. Brunner & E. Jokl (Eds.), *Physical activity and aging*. New York: S. Karger.

Simmel, G. (1977). The metropolis and mental life. In R. L. Warren (Ed.), *Perspectives on the American community* (3rd ed.). Chicago: Rand McNally.

Solomon, B. (1976). *Black empowerment: Social work in oppressed communities*. New York: Columbia University Press.

Staples, L. H. (1990). Powerful ideas about empowerment. *Administration in Social Work, 14*(2), pp. 29–42.

Starr, P. (1989). The meaning of privatization. In S. B. Kamerman & A. I. Kahn (Eds.), *Privatization and the welfare state*. Princeton, NJ: Princeton University Press.

Torre, D. (1985). *Empowerment: Structured conceptualization and instrument development*. Unpublished doctoral dissertation, Cornell University, Ithaca, NY.

Veith, R. C., & Borson, S. (1986). Does age made a difference? *Generations, 10*(3), pp. 9–13.

Wineman, J. (1990). Services to older and retired workers. In A. Monk (Ed.), *Handbook of gerontological services* (2nd ed.). New York: Columbia University Press.

第三章

權能激發取向的實務模型

◆了解權能激發

◆權能激發取向實務模型的元素

◆四個層次的處遇

◆結　論

◆參考書目

本章將敘述權能激發取向實務模型中不可或缺的元素。社會工作實務的一般元素，因權能激發的原則而做了一些修正。在這個實務模型中，以問題解決的四個層次，進行評估及處遇的概念化。權能激發取向的實務工作要求工作人員注意案主問題的各個層次，而意識提升、教育與行動，是連接這些不同層次的主要活動。

了解權能激發

權能激發取向處遇的案例

接下來的個案，敘述權能激發取向的實務工作，並且作為這整章的參考。個案中的老人是住在一個有著十萬人口左右的城市裡。權能激發取向的社會工作者受僱於一家多功能的機構，而此機構在全市擁有好幾處的活動場所（老人中心）。這些老人中心提供餐飲方案、教育方案，以及小團體和大型組織開會的場所，如美國退休者協會（AARP）和全國退休聯邦員工協進會（National Association of Retired Federal Employees, NARFE）。許多社區的服務機構，如訪視護理服務及社區心理健康中心，也使用這些老人中心來舉辦服務活動。這個機構同時也提供支持與開會場所給全市老人組織協會（Citywide Council of Senior Organizations, CCSO）。通常，當當地的政治決策涉及到老年市民的需求時，全市老人組織協會就會變得很活躍。此外，在有限的範圍內，它也提出涉及州與聯邦層級的議題。全市老人組織協會

的成員，與當地全國性的老人組織分會（如AARP、NCSC、OWL等）的會員之間，是重疊的。也因這樣的情形，使得全市老人組織協會，可以透過活躍於兩組織間的會員，向這些全國性的組織提出建議。

-»

案例：B太太

　　B太太是個79歲的寡婦，退休之前是訪視護理方案的護理長。B太太有個兒子，他住在別州。當工作者和B太太接觸時，她已近失明，無法閱讀或開車。她變得很沮喪，而且當朋友邀她一起用晚餐或參與其他活動時，她也不願意。B太太的一位朋友打電話給工作者，請求工作者拜訪她，並了解她變得如此退縮的原因。B太太同意工作者來訪。B太太解釋，她不再是「有用的」，她不想成為朋友的「負擔」。

　　工作者的處遇　最初幾次的訪視，主要是處理B太太無法閱讀與開車的狀況。在工作者的建議下，她查詢了數種盲人服務，然後逐漸學會了點字法。工作者還從健康照顧及社會服務的角度，與B太太討論許多其他老人正經歷的議題與問題。工作者也誘導B太太說出，她對一些健康照顧方案與機構活動的改進建議。工作者強調，B太太的專業知識正是老人行動團體所需要的，而且對老人中心所舉辦的健康教育方案有幫助。之後，B太太開始志願負責特定的任務；當她前往協助別人時，也願意接受他人的交通接送。她先前的朋友有些也是志工，因此她開始較常外出參加社交活動。慢慢地，她在政治上變得很活躍，並且成為全市老人組織協會的一員與顧問。

案例：F先生

F先生是位72歲、已退休的業務人員，住在一棟老人大廈裡。他有位88歲的姐姐，而且F先生負責照顧她已好幾年了。他幫她做家事、煮飯、購物、陪她散步，並且幫她管理財務。因為，住宅與都市發展部（Housing and Urban Development, HUD）的規定要求，這棟大廈的老人住戶必須是能夠獨立生活的。因此，為了姐姐的失能，F先生與大樓管理委員會已經發生過好幾次的爭論。工作者會接觸這個個案，是因為醫院的社會工作者打電話來尋求協助，並且解釋F先生因疝氣住院接受治療，但很快就能出院。不過，他現在很關心他姐姐的狀況，因為他暫時無法照顧她。

工作者的處遇　最初幾次的訪視，是希望透過志工方案與當地管家方案，為F先生的姐姐提供暫時性的協助，並且為F先生取得暫時性的訪視護理服務。由於F先生是許多公寓住戶的好朋友，所以正式支持系統不足之處，就由他的朋友來代理。F先生仍然關心有關繼續居住的規定——能夠獨立生活的狀態，以及有老人需要健康照顧服務，但卻缺乏他們負擔得起的服務之情形。工作者邀請他參加CCSO會議與一個小團體的會議，與會者都是老年男性照顧者。工作者亦將F先生介紹給B太太，然後F先生開始為B太太提供交通服務，接送B太太參與許多有關健康照顧與預防健康教育的會議。在CCSO的會議中，B太太發起討論有關大廈要求住戶獨立生活的規定。所以，CCSO把這個議題列入它的重要事項之中，開始與大廈管理委員會進行磋商，並且與負責這項規定的HUD當局通信。F先生很高興這樣的努力，並且發傳單給全市的大廈以尋求支持。另外，當他的姐姐所需要的照

顧超出他的能力範圍時，B太太幫助他們取得所有可用的協助。並且，當問題出現時，也協助他們有效地與服務提供者進行溝通。

案例：G太太

G太太是位美籍的拉丁美洲人，年約65歲左右。她的身體健康情形還可以，不過因為心臟不太好，所以不能從事費力的活動。G太太是位寡婦，和她9歲的孫女安娜一起住在一間小房子裡，左右鄰居大多是貧戶。她收入的主要來源是補充安全所得（Supplemental Security Income, SSI）以及老年年金，每月共四百三十美元。G太太也會收到食物券。G太太的女兒（安娜的媽媽）還有其他三個小孩。她每月會收到來自失依兒童補助（Aid to Dependent Children, ADC）方案給她四個小孩的津貼。而她每月會給G太太一些錢，貼補安娜的生活費。社會服務部門已經知道安娜住在她祖母家。G太太於是向法律協助單位尋求協助，因為她怕社會服務部門會把安娜帶走。一位法律協助單位的代表打電話給機構，請機構協助G太太。根據法律協助單位的律師陳述，在拉丁美洲的家庭裡，當祖父母可能需要協助時，讓一個小孩和單身的祖父母同住是件很稀鬆平常的事，不過社會服務部門會把這些小孩帶走，並且將這些家庭評斷為「不適合」。在有些個案裡，有父母還因而被控疏忽。法律協助單位的代表同意與社會工作者、G太太一起合作，試著使這情況有令人滿意的解決。

工作者的處遇 G太太與工作者第一次會面時，討論她的恐懼。她害怕公共救助部門會把她的孫女從她家中帶走。她也害怕公共救助部門會控告她女兒詐欺，因為她一直接受ADC對她四個小孩的補助，可是這期間有一個是與G太太同住。工作者連絡

一位社會服務部門的工作者，這位工作者也是案主倡導者（client advocate）。然後，在法律協助單位與一些拉丁美洲協會的幫助下，G太太於是能夠和社會服務部門達成適當的安排。G太太全程參與這協調過程，包括與三位拉丁美洲組織的會員談話，以及在機構代表的集會中演說。這個解決模式可作為其他面對相同問題者的參考。工作者鼓勵G太太參加她家附近老人活動中心所舉辦的演講，不久又鼓勵她成為那個地區的CCSO代表。之後，G太太成為一位拉丁美洲活動的倡導者。一開始，她的焦點放在和老人有關的議題上，然後逐漸擴大。數年之後，她帶頭推選一些拉丁美洲人成為學校委員會的代表。因為G太太的孫子是一支小型拉丁美洲熱門樂團的團長，因此在一些場合中，G太太說服她的孫子，給她對夜總會的聽眾講話的機會。如此一來，她就可以說服聽眾聯名簽署，或參加某些市民活動。身為CCSO的一員，G太太和B太太、F先生及E太太也因而彼此熟識。

案例：E太太

E太太是位71歲的退休教師。她和78歲的先生同住，並且負起照顧他的責任。E太太的先生是位退休的鋼鐵工人，患有日漸加劇的癡呆。他曾被診斷出患有阿茲海默氏症。E太太在他先生病情加重之前，曾參與美以美教會的活動，以及AARP方案。E太太有兩個小孩，其中一個住在城市裡，是三個青少年的媽。E先生逐漸惡化的情況，造成E太太及她女兒壓力增加與生活慌亂。近來，E先生有獨自離家、且一連失蹤好幾個小時的情況發生。E太太和她女兒討論過將E先生安置在護理之家的構想，不過E太太遲遲下不了決定。E太太的女兒打電話給工作者，因為她覺得和老人專家討論這件事，E太太可能從中獲益，以利她做

決定。

　　工作者的處遇　Ｅ太太最初與工作者的會談，是討論她對她先生及她自己本身情況所感受到的罪惡感、憤怒與絕望。最後，她決定將Ｅ先生安置在一所護理之家。這個決定不僅困難及傷感，而且使得她的財務情況吃緊。此外，她對Ｅ先生在護理之家所受到的照顧有很多不同的看法。於是，工作者替Ｅ太太安排加入一個處於相似處境的照顧者團體。不久，Ｅ太太對社會行動愈來愈感興趣，然後也開始定期參加CCSO會議。

案例：Ｂ太太、Ｆ先生、Ｇ太太與Ｅ太太之間的互動

　　五年之後，每個人都參與了權能激發取向的團體與活動。彼此變得很熟稔，而且透過參與活動及對社會行動的共同關心，來發展他們之間的友誼。Ｆ先生與Ｅ太太提供交通服務。Ｂ太太、Ｇ太太與Ｅ太太都是能言善道的發言人，並且由於他們代表不同的族群，所以能與政府官員和其他決策者進行有效的溝通。這四位老人當彼此有健康問題、家庭危機與其他的個人問題時，也會相互扶持。

　　工作者的處遇　工作者非常支持這些老人參與跟他們個人、人際間以及政治層面相關的活動。這種支持包括有關資源資訊的分享、協助每個人開始從事問題評估與問題解決的過程，以及提出問題來挑戰每個人，使他們對問題的共同本質進行批判性的思考。工作者也提供資源間重要的連結，包括政府機構和人民團體，並且促進案主之間、每個人與其他處於相似情況者之間關係的發展。另外，透過和所有的案主保持聯繫，以及鼓勵他們與服務提供者，以批判性的方式分析他們的經驗，工作者與每個案主形成一種伙伴關係去完成任務，如蒐集資料、腦力激盪出策略、

找出發展支持系統的方法、解決交通問題，以及發展其他資源。此外，工作者提供資訊與諮詢給CCSO和小團體的領導人，努力與其他實行權能激發取向實務機構的社會工作者發展網絡，以及當機構與CCSO需要協助時，給予全力的支持。

工作者能夠提出問題，來鼓勵案主與不同種族及經濟背景的老人，一起探索他們問題的共通層面。工作者亦能增強老人察覺其環境的能力，以了解自己與其他受壓迫人口在環境方面的共同特性。有一個策略特別有效，那就是提供與他們本身相似的例子，如接受公共救助（ADC）的女性及年輕的身心障礙者。總而言之，工作者藉著與一大群追求共同目標的案主建立伙伴關係，來扮演主動的角色。

→→

在這些案例中，工作者的促進、連結、支持與鼓勵，能夠提供案主機會來解決共同問題的活動與態度。如第二章所提，無力感來自個人的失落、對無力感的認知與環境的限制，以及來自這三種因素的互動過程，而此互動過程會產生過多的無力感或混合的無力感（Maze, 1987）。根據Gutiérrez（1989）所言，權能激發取向的實務結合了個人、人際間與機構性的元素。Gutiérrez同時也主張，將焦點放在任何一種元素上是沒有效率的做法，因為權能激發必須同時包含這三種元素。

權能激發過程

既然權能激發是一種過程，可以使人變得夠堅強去參與、分享與影響他們自己的生活。因此，它就不能被視為已達到的一種

結束狀態或停滯期，而應該是個人挑戰或改變他們生活情境的個人、人際或政治面的行動參與。權能激發取向的實務不是一種社會服務輸送，因為它不是由一位「被權能激發的社會工作者」賦予或給予「無力的老人」權力。相反地，權能激發取向的實務是指，案主與工作者建立伙伴關係，然後一起參與評估工作，並且代表案主團體與社會大眾，一起界定問題及解決問題。沒有人能夠賦予他人權能；工作者也只能促進一些教育案主的活動、助長參與過程，以及使案主與工作者變得更具權能激發的實力，以便採取行動。

為了增進對權能激發過程及其構成要素的了解，根據筆者自己本身以及 Gutiérrez（1990）、Kieffer（1984）和 Torre（1985）的想法，做了以下相關文獻的整理摘要。權能激發過程包括四個重要的構成要素：

態度、價值觀與信念

透過權能激發過程，所發展出來的心理態度，是由自我效能（人一生中事件的產生與規則）、提升自我行動的自我知覺、自我價值的信念，與個人內在自我控制等所組成。以權能激發的心理觀點來看，這種態度組合常常就是唯一的組成，而完成這樣的組合是社會服務處遇中主要的目標。然而，達成此目標最簡單的方法，是與其他權能激發的構成要素進行互動。

共同經驗的確認

透過權能激發過程，個人了解到個人的經驗不是獨特的，而是有共通性的。經驗的共同性觀點降低自我譴責、加強尋找自我失敗以外的其他原因，以及產生一種命運共同體的感受與意識的提升。Schaef（1981）主張，協助受壓迫及遭貶抑團體的第一步，便是提供他們機會，把自己的故事講給那些處於類似情境的

人聽，以及讓其他人聽到並確認這些故事。共同的感受和團體意識，便會從彼此的確認中發展出來。雖然，面對面的團體互動是達成共同性確認最理想的媒介，不過也可透過一對一或網絡策略，如電話傳達和簡訊，甚至可以透過媒體和文獻來達成。

批判性思考所需的知識和技巧

藉由權能激發的過程，個人變得能夠仔細思考問題的內在與外在層面。他們能夠辨識鉅視層次（macro-level）的結構及其影響，並且能夠探索他們獲得價值觀、信念與態度的方式及其如何影響問題。要能夠權能激發，必須學習批判性的思考、獲得取得資訊與採取行動所需的技巧、採取行動，以及重新評估。把問題放置在社會政治環境的過程，會降低自我譴責，以及在某些程度下，可協助個人看出他們的問題根源是來自大社會環境。透過意識的提升，個人會慢慢地了解，他們的問題與許多其他人的很相似，然後開始去認同共同的經驗。而此認同的感受，可以協助他們了解彼此是一體的，並且採取行動。

行動

透過權能激發的過程，個人能夠發展行動策略，培育必要的資源、知識與技巧，影響內外在的結構。在心理層面上，他們學習承擔行為的責任。在行為層面上，他們願意而且能夠和其他人一起行動，以達成共同的目標與社會改變。

這四個構成要素是權能激發過程中不可或缺的，彼此之間的關係不是直線的，也沒有哪一個最好，應該優先應用。不過，因為大多數提供給老人的服務，只有透過醫療取向的方案才可取得，而且在大多數的情況下，是採一對一的方式進行，所以使得共同性確認的要素可能是最難捉摸的。一開始，這些案例中沒有

一位案主想到，他們問題的原因或解決之道是存在他們所處的大環境之中。可是，互動的經驗增加了他們的問題解決能力範圍，包括獲得知識、新技巧和行動。

　　權能激發過程大部分通常有特定的範疇。也就是說，一個人一生中，在某一個領域的參與過程，可能轉移到其他的領域，也可能不會。舉例來說，一個老人在努力改變他的健康照顧範域時，可能會參與權能激發的這四個構成要素，但是在住宅範域時卻沒有。一個組織如CCSO，是可以鼓勵老人對其晚年生活生存做一番完整的檢視，並且協助他們連結問題解決的不同領域。

界定權能激發取向的實務

　　當社會服務工作者和案主一起參與權能激發過程時，有些協助的行為和態度是與傳統的社會工作實務不一樣。工作者和案主之間的關係是不同的；傳統的專業／非專業的關係不再被使用，因為許多人支持合作與彼此相互的責任。在與工作者的關係中，案主必須經歷一種個人的權力感，並且必須主動參與改變過程。所以很明顯地，權能激發不是對（to）某人做某事，而是一種必須涉及共同努力的過程。案主變成主動的協助者，不僅幫助自己，也幫助他人。

原則和策略

　　下面列出權能激發取向實務的原則和策略（Cox, 1991; Gutiérrez, 1989, 1990; Maze, 1987; Parsons, 1991）：

　　1. 助人的關係建立在合作、信任與共享的權力上。
　　2. 利用集體行動。

3. 接受案主對問題的界定。

4. 辨識及信賴案主的優勢。

5. 提升案主對階級與權力議題的意識。

6. 教導明確的技巧。

7. 利用互助和自助的網絡或團體。

8. 在權能激發取向的關係中，經歷一種個人權力的感覺。

9. 使資源流通或為案主倡導。

這些原則與本書所介紹的實務模型之間有很大的關連。

或許權能激發取向實務中最有趣的層面，是其焦點不完全放在問題解決的個人或環境層面，而是這兩者之間的關連性與互動。如第二章所述，使老人經歷無力感的環境可能來自生理衰退、經濟壓力、支持網絡的喪失，以及伴隨老化過程中角色改變所產生的社會地位的失落。不幸地，社會政策及回應政策的社會服務，通常加劇無力感。因此，晚年所帶來的挑戰，需要用獲得的新知識以及精通新技巧來應戰。故，事件的組合反應出問題的兩面——個人的與環境的。

權能激發取向實務模型的元素

本書所介紹的實務模型不僅取材自社會工作文獻，也自其他學科的文獻。在七〇和八〇年代之間，社會工作領域發展了許多實務模型，Johnson（1989）摘錄了二十七個，而這只是所有模型中的一小部分。除此之外，還有一大系列的社會工作實務的處遇策略，如短期的治療模式、自助教育、互助團體、調停、倡

導，以及仲介活動。

　　處遇策略與實務模型之間的差別總是不能被畫分得很清楚。不過，處遇策略是社會工作者用來協助案主的一項行動或技巧。而社會工作實務模型則必須包括價值基礎、處遇認可與理論基礎等元素，來決定實務指導方針，以引導工作者與案主的關係、問題的界定與評估、目標的設定，以及處遇策略與技巧的選擇（請參照圖3.1）。權能激發取向的實務模型會以這些元素的觀點來呈現。如同所有的模型，權能激發取向的實務模型能符合社會工作者個別所需的實際情形。

　　對權能激發取向實務模型的發展特別有助益的社會工作實務模型，包括Germain 與 Gitterman（1980）的社會工作實務的生活模型、Compton 與 Galaway（1989）的問題解決模型、Maluccio（1981）的能力取向模型、Galper（1980）的基變社會工作模型、Schwartz（1974）的調停模型，以及 Middleman 與 Goldberg（1974）的結構性社會工作實務。

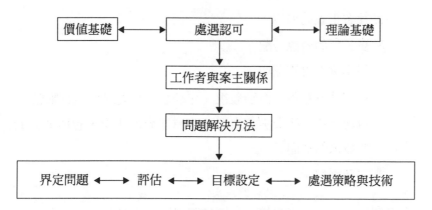

圖3.1　實務模型的組成元素

價值基礎

引導權能激發取向模型的價值觀，如同所有的社會工作實務模型，是結合了全國社會工作協會倫理守則（National Association of Social Work's Code of Ethics）的基本價值觀。其中對權能激發取向實務特別重要的，是列在倫理守則中的數個承諾。第一個是案主和工作者一起有效地參與，創造出一個和人群需求相容的環境，而這與社會工作承諾是用來提升社會正義是一致的。倫理守則中所強調的自決的專業承諾，對權能激發取向實務也是極為重要（Compton & Galaway, 1989），就如同自我實現的價值觀一樣。如果老人能夠儘量地參與規劃與掌控他們的生活，就能替他們自己創造機會，好好的利用尚未開發的能力，使自己在晚年時能充分發揮潛能。

引導權能激發取向實務的重要價值觀如下：

1. 人群需求的充分實現。
2. 社會正義的倡導。
3. 更公平的資源分配。
4. 對環境保護的關切。
5. 消除種族歧視、性別歧視、年齡歧視及對同性戀的厭惡。
6. 自決（儘可能參與對自己生命有影響的決定，包括個人的與政治的層面）。
7. 自我實現。

在案例中，可以看到大部分的價值觀已被融入到實務工作中。

處遇認可

　　認可權能激發取向實務的依據，是取自前一節所討論的價值觀，而且這些價值觀也是社會工作者應有的權利的根據。如此，社會工作者才能與案主一起工作，達成協助案主解決問題與改善他們生活情形的目標。

　　認可權能激發取向實務的其他來源，包括法律、規則與組織規章、個人價值觀，以及案主要求。不過這些來源通常不會認可相同的行動，因此它們彼此之間可能會有直接的衝突發生。舉例來說，老年案主對於他們健康照顧權利的信念，可能和某一特定機構或社會政策供給的規定相衝突。在機構中工作的權能激發取向社會工作者，通常關心他們機構認可的目標，或是關心那些機構規則與規定不認可的某項資源或活動。例如，許多居家健康照顧機構，限制訪視老年案主的次數。此外，機構也可能不允許工作者鼓勵案主在解決他們的問題時，從事政治層面的活動。

　　組織環境中對處遇的認可程度，依處遇憑藉基礎的不同而有差異，如圖 3.2 所示。對實務者來說，重要的是要去評估組織對他們任何活動的支持程度。權能激發取向的工作者和他們的案主通常發現，他們是在挑戰機構的規則與規定，因為這些規則與規

成文的規則-- 行政上的指導方針-- 行政上的-- 已被接受的--工作者個人
與規定　　　（成文的）　　　　　自由裁量　非正式行為　的決定
強◀━━━━━━━━━━━━━━━━━━━━━━━━▶弱

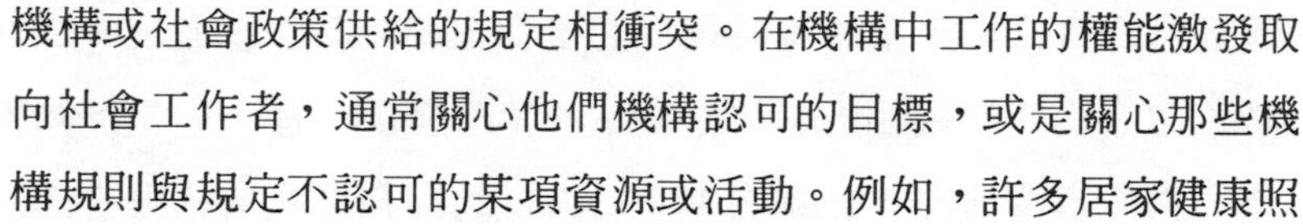

圖3.2　組織認可基礎的相對力量

定不提倡權能激發取向實務的目標（例如，對抗年齡歧視或創造
更公平的資源分配）。司空見慣的是，機構通常將其規章建立在
短視的目標，強調成本效率，而與案主主體的需求、社會工作價
值觀及權能激發的原則發生衝突。因此，權能激發取向工作者的
立場，必須是以權能激發取向實務的全盤價值觀為依據。第四章
會針對服務輸送系統本身來提出處遇。

　　一般社會大眾對價值觀的認可或接受度，反應在議題的重要
性上。圖3.3顯示不同的社會認可基礎的相對力量。假使有一項
議題或一種案主的需求，只被案主一人或一個小團體所察覺，那
工作者和案主可操縱的認可基礎是非常薄弱的。假使有一個較大
的團體，如老年女性聯盟，贊成某一特定的需求，那麼較強的社
會認可就會出現。權能激發取向的工作者和其案主會發現，探測
他們想要提出的議題的認可基礎，和策略發展一樣，同是批判性
思考的一重要層面。在案例中，CCSO的存在給在機構服務的工
作者，提供另一個替代性管道，來發展策略性處遇。一般而言，
多功能的老人中心會較單一功能的機構有較寬廣的認可基礎。另
外，與社區組織維持良好的關係，對權能激發取向實務來說，是
一大助力。

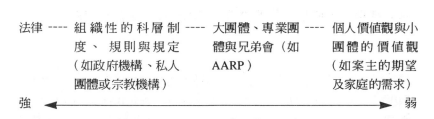

法律 ---- 組織性的科層制 ---- 大團體、專業團 ---- 個人價值觀與小
　　　　度、 規則與規定　　體與兄弟會（如　　團體的價值觀
　　　　（如政府機構、私人　 AARP）　　　　　（如案主的期望
　　　　團體或宗教機構）　　　　　　　　　　及家庭的需求）
強 ◄──► 弱

圖3.3　社會認可基礎的相對力量

理論基礎

　　社會的與一般的系統理論，以及發展性理論，為許多現今的社會工作實務模型提供基礎（Compton & Galaway, 1989; Germain & Gitterman, 1980; Pincus & Minahan, 1973）。權能激發取向的實務模型善用這兩種理論基礎：與發展性理論持相同的論點，認為老化是一種必經的發展過程；系統理論提供權能激發取向的實務模型依據，以了解老人在現代資本主義社會裡的地位與角色。權能激發取向的實務也根植在政治經濟的觀點裡。政治經濟的觀點認為，社會是由擁有不同程度的權力與利益相衝突的團體所組成，而這些不同團體之間的需求、期望與資源，是永遠不會達到平衡的地步。相反地，政治經濟觀點認為，就某些方面來說，權能激發是努力讓需求與資源能相互配合的一個過程（Gould, 1987）。

工作者／案主關係

　　大多數的社會工作實務模型都贊同，工作者與案主之間所建立的關係，是影響任何處遇成功與否的關鍵。在傳統的工作者與案主的關係中，工作者所採取的角色對協助案主達成彼此同意目標的過程是合適的。工作者把他或她在此關係中的任務，視為有意識的角色選擇，以實現專業知識。Maluccio（1981）認為必須有重新界定工作者與案主的關係，以適合能力本位的模型（competency-based model），特別是相互性與可靠性。案主在助人的過程中必須重新被界定為伙伴及資源，而不僅是問題的攜帶

者。Galper（1980）也強調，案主與工作者之間建立與維持平等關係的需要性，如此才能達成社會工作實務的目標。

　　工作者與案主維持平等的關係或是平衡的伙伴關係，是權能激發取向實務的一重要層面。工作者的重心不在於承擔角色，而是將知識與技巧帶到相互合作的關係中。這種關係的基礎是，案主被視為一種資源，而且在了解個人困擾就是公眾議題的前提下，案主的長程目標（社會正義）就是工作者的目標。處理無力感時，社會工作者必須儘可能地避免權威式的關係，以及要揭開專業知識的神祕面紗。

　　建立伙伴關係需要時間。案主和工作者的社會化，包括專業教育，可能會使工作者更相信，他們的專業知識是使他們的地位勝於案主的一重要因素。不過，權能激發取向的模型只是單純地將專業知識視為工作者用在問題解決情境的知識與技巧罷了。如果，案主也被視為是知識與技巧（專業知識）的來源之一，那麼對工作者的工作是有所助益的。在個案中，由於G太太對拉丁美州家庭方面的了解，促使問題得以圓滿解決。

　　工作者與案主接觸時，環境中有一些因素會影響平等關係建立的過程。以下僅列出一些最重要的因素：

1. 先入為主的角色認知。
2. 有關權力與地位的價值觀與信念。
3. 工作者與案主辨識及欣賞彼此優點的能力。
4. 工作者與案主接受及尊重多樣性的能力。
5. 工作者與案主在察覺彼此的缺點時，克服批判性詮釋的能力。
6. 工作者與案主分享處理問題或議題的政治層面時所帶來的

利益。

先入為主的角色認知，可能包括相信專業人員知道所有的知識，因此他們比較優秀或應該負起解決問題的責任。另外，相信尋求協助是弱者表現的信念，或是根據醫療模型、工作者或案主的學術或階層經驗的任何信念，都可能阻礙平等關係的建立。而工作者在經過傳統的訓練後，可能已被社會化成要擔任助人者的角色，來協助需要幫助的人，所以要接受比較平等的關係可能有困難。

有關地位與權力的價值觀和信念，是與專業主義的認知有極大的關連。權力在平等的關係中，必須被解讀為達成個人或政治目標的共同（collective）力量，而不是在比較彼此之間誰的權力大。工作者和案主不可讓地位的議題干擾到意見的平等交換，與達成社會工作過程目標的共同努力。要特別注意的是，行動不可以由權威式的工作者與案主關係來決定。

工作者與案主若要能辨識彼此的優點，是需要他們相互分享對共同話題的經驗與知識。工作者必須清楚知道問題的來龍去脈、相關的文化因素、案主或團體的平日努力、當地的關係情形、許多其他只有案主能接近的情境層面，以及案主可能有的正式訓練與技巧。而案主若要從工作者的正式訓練與工作經驗中獲益，其關鍵在於案主對這些可能性要抱持著開放的態度。在 B 太太的案例中，工作者知道其他人在與服務機構接觸時有問題的產生，而且他從 B 太太那裡得到服務政策需要改進的建議。

尊重多樣性包括承認彼此的優點，與以非批判性的方法對待彼此明顯的缺點。當工作者和案主朝實現共同的目標前進時，從經驗分享中會發展出對多樣性的尊重。

當意識的提升有所進展，而且特定的個人問題的政治層面變得更顯著時，工作者與案主之間的共同政治利益就會變得較明顯。事實上，許多工作者和案主認爲是共同的、與個人問題有關連的政治利益，早就很明顯地存在於老人和其家人的工作中。例如，缺乏適當的全國健康照顧系統的影響通常是顯著的，因爲此系統是用來處理老人與其家人所需要的長期照顧。

　　雖然，這個討論列出了一些權能激發取向的工作者在努力與案主發展平等關係時，所面臨的重要議題，不過其他重要的議題仍會繼續出現，並且會在工作者和案主參與此平等關係建立的過程時，被提出與處理。以任務爲焦點的活動，需要運用工作者和案主兩者的知識與技巧才能達成目標，而這些活動可能是改善互敬及促進彼此學習的有力方法。

　　最後，在發展平等關係中最常遇到的挑戰是，癡呆徵兆或其他影響老年案主心智功能的問題。在努力嘗試與那些患有這些問題的個人發展平衡的關係時，需要對他們付予特別的關注，尤其是仔細與不斷的評估。所以，對面臨此類工作者與案主關係的實務者而言，主要的指導方針是：互敬、小心注意案主多變的情況，以及致力於使案主或動員案主儘可能參與影響他們生活的決策。

問題界定與評估

評估就是意識的提升

　　在權能激發取向的實務中，工作者和案主一同蒐集及評估資料，並且針對問題的內部與外部要素，建構聯合且持續的評估。在努力處理案主的問題情境時，必須考慮案主本身和環境因素的

優缺點。工作者和案主之間的互動，不僅允許彼此共同界定問題，而且一起篩選出與問題解決相關的資料。

　　評估的過程是由內到外（或結構性的）、是從過去到現在來思考問題的來源，故開啟了對個人層面與政治層面的考量。Schwartz（1974）和Galper（1980）將工作者和案主想像成，為了達成共同界定問題的目標，必須經歷辯證的過程。這兩位作者所提出的評估過程，最類似於權能激發取向模型的評估過程。因此，他們的模型與Longres（1990）提出的模型，是以工作者與案主之間的伙伴關係為基礎，然後一起採取行動，一起檢視所採取的行動，以更了解問題和規劃更進一步的策略。

討論專業知識

　　對一位老人的控制感來說，如何將有關老化的知識從「專家」移轉到案主身上是重要的。在權能激發取向的實務中，工作者和案主一起分享他們共同的專業知識，以嘗試去了解問題。例如，生理、心理與社會政治層面的老化知識，通常被認為是專業的老人學學家或「專家」的領域。可是權能激發取向的實務者卻認為，適用於案主情境的知識應該與案主分享，並且強調發展案主批判性思考的過程。

強調多重層次

　　分析手邊問題的微視系統（micro systems）（小系統如個人、家庭及同儕團體）與鉅視系統（macro systems）（服務輸送機構以及政治機構與結構）是重要的。例如，工作者和案主可能用不同的策略，來接近沉默寡言的服務提供者。之後，他們會一起檢視，使用不同的方法所產生的結果，以協助他們更了解服務輸送的過程，並且規劃更進一步的行動。社會工作傳統的評估工作，是將焦點放在個人的內在動力與直接環境的支持。權能激發取向

模型的評估超越了直接的系統，而擴展到更寬廣的環境，包括問題的個人層面與政治層面的互動關係。事實上，評估工作就是針對問題所有的層面，進行批判性思考與意識提升的過程。

反省與行動

意識的提升需要反省與行動，而且在整個處遇過程中，也必須持續不斷的反省與行動。例如，有一群居住在旅館的低收入戶者，他們的住家因社區改建或是違反健康標準，而不斷的受到威脅。此時，工作者與案主每天要進行情境的政治性評估。因為，這種評估可以使工作者與案主辨識出，可能產生住家保留或住家替換的策略與提議。若沒有這種每日的經驗學習及共同努力，可能就無法察覺過程中的政治性本質。此外，案主對問題的政治性知覺，協助案主本身了解他們對情境中無助感的情緒反應。問題的界定是一個動態的過程，因為每當蒐集到新的資料時，都會對問題重新評估一次，而且焦點會放在不同層次的系統上。如果這個問題是需要進一步研究（資料蒐集），那麼應該針對全國所有城市來蒐集相關的資料，以便能形成一個適合當地狀況的解決策略。在前述 B 太太的案例中，B 太太的意識被提升了。她會關心服務輸送整體性的議題，而且她的關注範圍也擴大了。

簡言之，工作者和案主就如同是個團體，一起蒐集資料、評估資料、形成策略、準備建議等等。然而，在權能激發取向實務中重要的因素是，要將問題界定與評估的過程變成是一種學習經驗、一種對工作者和案主來說都是權能激發的過程。圖3.4 列出評估過程的構成要素。

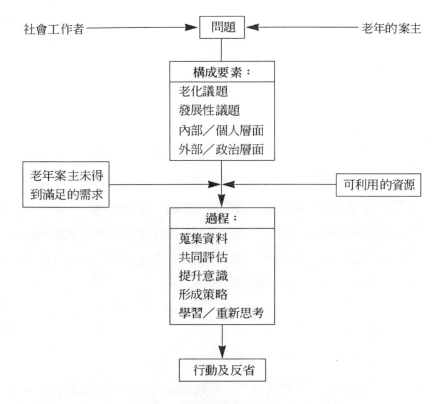

社會工作者 ─────→ 問題 ←───── 老年的案主

構成要素：
老化議題
發展性議題
內部／個人層面
外部／政治層面

老年案主未得
到滿足的需求 ─────→←───── 可利用的資源

過程：
蒐集資料
共同評估
提升意識
形成策略
學習／重新思考

行動及反省

圖3.4　實務模型的構成要素

目標設定

目標是權能激發取向實務中重要的一部分。在問題解決模型中，處遇的目標是在工作者的協助下，根據案主的決定而定，而且目標的焦點會考量某一特殊的環境情境。舉例來說，在探索如何協助一位正值青少年的兒子繼續求學，或如何掌控酗酒問題時，案主對成功的認知則是目標設定的關鍵所在。所以，以適當的行動來解決彼此有共識的問題，變成工作者和案主之間互動的重要焦點。

權能激發取向的實務認為，有必要促進長期的社會結構改變，因為社會結構的改變對案主和社會工作者都有直接的關係，並且向案主強調，與他人保持互動以建立與維持一個正向環境的好處。權能激發取向的實務模型亦強調，努力去實現引導意識提升與行動的價值觀的重要性。這個基本假設是，個人的權能激發本來就和團體的權能激發連結在一起，而團體的權能激發則需要社會正義與一個安全的環境。在案例中，F 先生的目標焦點放在他的直接需求，以及為那些像他和他姐姐一樣的老人，爭取獲得居住與照顧協助的問題上。總而言之，權能激發取向實務中的目標設定，是從個人擴展到人際，再從人際擴展到政治，並且能與社會工作實務原有的價值觀相吻合。

處遇策略

大多數實務模型的處遇方法是適用於大小不同的案主系統，且可用來引導目標的達成。這些模型包括了問題解決模型、能力本位模型、基變實務模型以及生活模型。他們使用的方法包括了個別一對一處遇、家庭處遇、團體處遇、組織性策略、社區性策略以及全國性競選運動。權能激發取向實務的模型也是一樣的。適合處遇的系統層次經由評估來決定，不過在權能激發取向實務中，是比較強調政治和經濟因素。

Compton 和 Galaway（1989）指出，執行一項計畫來緩和問題時，社會工作者需要使用到評估與計畫其他方面的相同知識與技巧：溝通、發展與運用關係、發展與運用資源，以及自我的運用。他們更進一步建議，活動可以包括促進以及改善案主對自己行為的認知（如澄清、面質及告知）。權能激發取向的實務者可

以使用類似的策略，同樣的，若案主想把這些策略運用在權能激發取向的關係情況中，也是相當合適的。

　　對權能激發取向實務來說，被用在團體工作和社區組織中的策略，也是同樣非常有價值。從社會工作實務模型的觀點來說，使用處遇策略的關鍵，在於所使用的策略是否和模型的基本前提與價值取向吻合。例如，調停者、仲介者、諮詢者、使能者等的一般社會工作的功能或角色，對權能激發取向實務來說可能很貼切，但是仍必須在一個強調為案主創造機會、使其能自己達成權能激發狀態的架構裡，接受評估。因此，處遇行動的目標變成兩個部分：(1)達成與直接情境有關的結果；(2)教授案主在為自己和他人執行這些處遇時，所需的知識和技巧。在權能激發取向實務中，身為倡導者的工作者可以以身作則，來訓練案主也成為倡導者。

　　Solomon（1976）指出，「實務者必須證明他們了解無力感的動力與結果，並且發展出實務技巧的專業知識，以便能在權能激發的服務過程中使用」（p.26）。她表示，增強權能激發的處遇通常至少會達成下列四個目標中的一個：

1. 協助案主了解他或她自己是問題改變的媒介。
2. 協助案主運用實務者的知識和技巧。
3. 協助案主察覺實務者在問題解決的過程中是個伙伴。
4. 協助案主察覺「無力感」隨時都可能來襲。

Solomon 的觀點再次肯定，特定處遇施行時價值情況的重要性。

　　Maluccio（1981）提出了一些明確的方法，來促成能力本位的處遇。這些處遇包括，強化自然的助人網絡、辦理結構式團體與技巧發展的工作坊，以及有關終身學習過程的教育。這些處遇

也是權能激發取向實務常用的工具。因為,能力的發展是權能激發絕對必要的一部分,而且人一生中若在某一時刻感覺到自己有能力時,通常會使他較願意冒險,以及刺激其他方面的學習。

運用類似 Gitterman 和 Shulman(1986)所提出的方法——互助團體,是另一種權能激發取向實務者經常使用的處遇。Gitterman 和 Shulman(1986)所提出的九個階段過程,除了能運用在互助團體之中,還可以使團體的參與者能有權能激發的結果。這些過程包括:

1. 分享資料。
2. 辯證過程,進入禁忌範圍。
3. 產生「同舟共濟」的現象。
4. 相互支持。
5. 相互要求。
6. 解決個人的問題。
7. 預習、排演。
8. 產生「團結就是力量」的現象。

在權能激發取向實務的情況下,運用互助團體可能是個重要的處遇策略。權能激發取向實務者還可以使用的其他處遇策略,包括社區組織活動、機會結構的發展(Matura, 1986)、調停結構的增強(Berger & Neuhaus, 1977),以及發展團體、組織、機構,或抗議運動的集體權能激發的媒介。在早先的案例中,支持與互助團體幫助案主尋找到解決方法與協助,並且提供案主參與 CCSO 的動機。

總而言之,用在權能激發取向實務中可能有效的處遇有很多,且各不相同;其中的關鍵是,活動發生在什麼樣的哲理與價

值組合之中。每一個處遇必須經過價值的篩選：這個行動或活動會協助案主參與權能激發的過程？案主更能獨立或是與工作者和同儕參與社會改變的活動？

四個層次的處遇

　　為了方便說明，可能會依照焦點的連續性，將權能激發取向的實務概念化。此一焦點的連續性之範圍，涵蓋了當時問題的個人面、人際面、環境面與政治面。問題的焦點可能會從個人面轉變到政治面，從政治面轉變到個人面；不過所有的層次對權能激發過程都是重要的。權能激發取向實務的目標是，為每一種問題解決的情境做最完整的分析，以及儘可能找到解決方法。**表3.1**摘錄了與焦點的四個層次有關的權能激發取向之處遇。這些處遇呈現出將焦點放在案主系統上的活動，而案主系統則從個人到較大的社會政治系統都有，主要看哪一個層次較適合當時的情境而定。從個人、人際和政治觀點或已察覺的因果關係來看，焦點的層次可能與所描述的問題或議題的影響有關，而因果關係的範圍通常從個人因果關係到政治的因果關係都有。

層次一

　　層次一的處遇，主要是由與個別案主初期的接觸所組成。這些案主都是經由外展或接案的工作者辨識為需要協助，或是那些主動尋求協助的人。他們的問題可能有關資源的缺乏、人際間的衝突、情緒問題、特定的環境問題，或任何和案主有關的事。與

表3.1　處遇焦點的四個層次之概念化

焦點層次	意識提升和問題評估	主要的問題解決活動	主要的行動者	主要的改變標的的
層次一：個人 個體的需求、困難、價值觀和心態	增加批判性思考的發展和運用，包括對政治經濟壓力（壓迫）的內在與外在兩層面的持續分析	建立工作者與案主關係及滿足立即性的需求：把個人與家庭現有的服務連接起來，得知有關如何尋找與獲取資源的資訊，開始意識提升過程	個人 家庭（主要網絡） 工作者	人或家庭（主要的網絡）
層次二：人際 共同的問題以及個人優點和缺點	增加批判性思考的發展和運用，包括對政治經濟壓力（壓迫）的內在與外在兩層面的持續分析	發展自助、個人成長與問題解決的知識與技巧；獲取有關老年齡議題（如老化的生理、社會與心理方面的資料；發展倡導、調停及共同問題解決的新技巧；運用團體過程來提出共同的問題；透過協助他人學習自助	個人 家庭 小團體（緊鄰的社區）	個人或團體情境或共同的問題

（續）表 3.1　處遇焦點的四個層次之概念化

焦點層次	意識提升和問題評估	主要的問題解決活動	主要的行動者	主要的改變標的
層次三：微視的環境性與組織性問題服務輸送的問題	增加批判性思考的發展和運用，包括對政治經濟壓力（壓迫）的內在與外在兩層面的持續分析	確保資源以及評估和改變中間層次的系統：獲得有關組織的知識、發展與專業人員和政府官員溝通的技巧，發展組織的技巧來因應改變、參與活動來改變組織和加入決策單位、創造或加入自助團體或組織	個人、家庭、小團體、大團體、以問題為焦點的網絡（如 AA 或關節炎協會）	個人、機構、組織
層次四：鉅視的環境性或社會政治性政治系統與社會政策	增加批判性思考的發展和運用，包括對政治經濟壓力（壓迫）的內在與外在兩層面的持續分析	為政治和社會改變而從事社會行動；明白的表達固人問題的政治本質、獲得有關政治和經濟系統與議題的知識、參與州與全國性老人組織（如 OWL 和 NCOA），發展談判和調停的技巧、從事改變活動（如寫信和打電話運動、遊說以及示威抗議）	個人、小團體、大團體、社區、當地與遍及全州的組織、全國性組織	大團體、社區、當地、州和國家層次的立法和行政單位、政策、社會政策

案主初期的接觸主要是為了建立工作關係，以及評估需求和資源。若結果顯示就如同案例中的 B 太太一樣，那麼協助過程的第一步便是確保資格。初期的評估必須在這一層次執行，以便決定需求與行動的方向。在助人的初期階段，案主對自己的情境與環境的全面意識可能很有限，或可能在對資源的直接需求下變模糊了。因此，老年案主和他或她的家人很可能將問題看作是個人問題和私人困擾，就像在案例中 G 太太的情況一樣。所以，評估的工作包括得知案主對問題的看法、評量案主與其家人對問題的認知層次，以及判斷案主對無力感的認知或案主管理問題的能力。

層次二

層次二的處遇是用來提供知識與技巧，以便熟練老年生存的一般任務，以及解決已被辨識出的特別問題。老年生存的任務，是包括與常見的老化轉變有關的發展性任務：退休、支持團體成員的失去、經濟力減弱及生理衰退。這些晚年任務通常構成現階段問題的本質，不過幾乎沒有老人已獲取有關老化過程的基本知識。生理、社會和經濟的改變是老化過程的一部分，而且通常冷不防地發生在老年夫妻和個人的身上。有一些組織，包括由學術界贊助的老人學方案，為美國老人提供訓練，以便他們了解有關老化的過程，以及學會處理改變和尋找所需資源的方法。

建議用在第二層次處遇的方法，包括研討會、工作坊、課程、小團體形式講習會、簡訊、電話連絡，以及給喜歡獨處案主的錄影帶。運用持續進行的小團體的好處，在於能形成老年個人的支持網絡。團體的成員通常在共同的利益中發現力量，而且透過對訓練內容的討論，可以認同彼此的感覺和經驗。權能激發取

向工作者的責任，包括辨識及組織教材。教材的內容、形式及傳達方式的可接受度，是依特定的老人目標人口群的背景與現今環境而定。可接受度也會依人口群的興趣和需求的差異而有所不同。因此，沒有參考目標人口群意見而設計的教育經驗，是冒著失敗的危險。為老人設計的教育方案，也必須將成人的學習方式考慮進去。在第二層次的處遇中，問題的定義變得更廣，並且權力動力的評估開始使用更大的系統。問題的因果關係可能仍會被視為是私人或內部的，不過案主已能夠了解這些問題是很普遍的。這種了解問題的「普遍性」，通常會導致自助和集體行動。在案例中，E太太必須學習了解將家人安置在護理之家的情緒創傷，而在經歷過這個教育之後，E太太變得不僅在政治上更知道她自己的情境，而且也較了解處於相同情況者的情境。

　　權能激發的自助方法需要許多老人參與團體，其主要目的在減緩共同的問題。這些問題如酗酒、疾病、貧窮、犯罪恐懼及居住困難等議題，是一些通常能透過自助團體來處理的例子。E太太參與照顧者的自助團體，為被擴大的社會行動創造了能量。

　　透過參與自助活動所獲得的知識，是以團體的集體智慧為它的主要來源。而且從個人和共同經驗所獲得的知識，是能夠與學術知識結合在一起。絕大多時候，這種知識可經由加入當地、州或全國的網絡，或從個別的團體成員那裡獲得。例如，全國中風協會（National Stroke Association）就已經發展出可供全國的自助和支持團體使用的資料。阿茲海默氏症患者的家人可從阿茲海默氏症及相關的疾病協會，得到因應照顧情境的支持。

　　在自助行為中的一關鍵因素，是由團體成員所擔負起的行動角色。Reisman（1965）把此行動的本質描述為助人者治療原則（helper-therapy principle）。自助團體成員不僅嘗試協助自己克服

或處理問題，也協助團體中其他正在掙扎的成員。個人顯然從這
助人過程獲益不少。人際技巧的發展與運用，如諮商、傾聽和倡
導，通常是此參與行動所必要的。在此層次中，問題公共本質的
意識和因果關係的政治本質的意識開始產生。由於 B 太太和 F 先
生能夠相互幫助，因此提供了所需的協助，並且從扮演助人者的
角色中獲得滿足。

層次三

　　層次三的處遇，是把焦點放在案主直接環境中的改變或調
停。學習了解有關的社會服務和健康照顧資源，以及如何獲取服
務和資源，是一項重要的活動。另一項重要的活動，是了解專業
助人者，以及發展如何與他們有效溝通的知識。此焦點的層次時
常接在持續進行中的意識提升過程之後，以便案主和工作者能持
續的探索環境對個人問題的影響。例如，一位擔心就業問題的老
太太，可能參與訓練方案及支持團體，作為第二層次的活動；然
後參與工作發展，以及探索年齡歧視過程與認可，作為第三層次
的活動。

層次四

　　層次四的處遇，把焦點放在案主對他們問題的政治層面之參
與。此焦點包括社會行動或是會影響環境力量的其他集體努力，
而這環境力量是會促成個人的問題。這知識庫結合了參與者的集
體智慧，與來自全國社會行動團體和學術機構的正式知識。例
如，參與老年女性聯盟能夠使一位老年人從一個非正式的社會行

動基礎下，提出健康照顧議題。身為一個全國性組織，老年女性聯盟傳播有關老人利益的現今社會政策資料給它的會員。此外，當地的分會也會提供社會行動所需的技巧訓練。在案例中，CCSO提供了廣大的基礎，讓大家提出共同的議題。

層次間的關連性

　　列在表3.1的處遇焦點層次並不是相互排斥，而且所有層次的工作是可以同時進行的。舉例來說，在關係發展階段時，工作者和案主可以參加全國老人組織的討論會，或是可以參與社會行動事件。另外重要的是，雖然參加支持團體（Lee & Swenson, 1986）是個有用的策略，不過若因某個原因而導致團體方法不可行時，提升權能激發的許多任務和活動，還是可以透過一對一的方式來完成的。在權能激發過程中，一對一關係的功能會在本書的第二部分介紹。

　　在此，這四個焦點層次之間的關係不是直線式的，彼此之間也沒有固定的順序。用在老年案主身上的處遇，是可以從「任何」一個層次開始，而且相互助益。大部分傳統的社會工作實務，在層次一和層次二時就會完成。不過，權能激發取向實務的目標還包括批判性意識的發展，以及從事政治活動（也就是層次三和層次四），縱使不是每個案主都有意願或是有能力參與這兩個層次的活動。

　　了解個人問題就是政治議題是一個原則，而此原則引導處遇四個層次中的意識提升。當嘗試促進權能激發的工作者在協助老年案主了解他們的困難也是其他老人時常經歷的問題時，必須協助老年案主看清這些問題和整個社會之間的關係。例如，財務不

安全的問題對許多老人來說是很普遍的，並且與美國社會的價值觀和經濟結構有很大的關連。透過層次一的處遇，老人可能會找到方法來緩和財務問題到某種程度，例如尋找和確保資格。透過層次二的處遇，老人可以參與討論團體，討論有關他們居住單位的房租花費，以及得知居住的其他選擇。透過層次三的處遇，一群老人可以成立並參與社區花園或藝品合作社，來協助緩和財務煩惱。透過層次四的處遇，老人團體或個人受到鼓勵，去辨識個人問題和社會動力之間的關連，並且參與行動來反抗不利的政治或政策改變，如減少國民年金和其他權利。

工作者如同催化劑，藉由提出私人問題與相關公共議題之間關係的疑問，來質疑團體成員，要他們自己得出結論。這類型的教育，提升案主對私人困擾轉變成公共議題的意識與認知。Gil（1987）陳述一項重要的假設，認為協助老人了解他們的私人問題就是公共議題時，必然會增強批判性的意識。Gil 更指出，意識及其溝通是用來「反省已建立的生活方式、批判這些生活方式、引發改變這些生活方式的潛在方法」（p.7）。對那些相信改變個人的意識是社會根本變化的第一步的實務者來說，把個人連接到團體，使其共同的需求與問題能透過集體的方式來探索，是重要的。權能激發通常是這過程的一項副產品。

了解個人掙扎的環境面，通常是掌控個人生活情境某些層面的第一步。不過，意識提升的活動也必須集中在問題的內化層面，以便助長權能激發。老人可能因其個人的信念或是價值觀，而妨礙其參與有生產力的問題解決活動，但是這些信念或價值觀對其他在此情境中的參與者來說，可能一點功能也沒有。通常這樣的人不清楚困難來自何處，或會根據從沒質疑過的想法來行事。團體的參與通常給予個人機會，從新的資訊觀點來重新評估

信念或想法。這樣的新資訊可能與環境中的改變有關，或與更了解支配個人行為和信念的想法的來源有關。

意識提升的工作也要求個人去了解問題的外在層面，如年齡歧視、經濟不景氣等等。和其他人一起對這些情況達到一種共同的了解，以及參與用來減緩這些情況的團體活動，是很有助益的。總歸一句話，老年案主所面臨的問題之內在與外在兩層面，必須經過仔細的探索以促進權能激發。

如早先所指出，工作者與老人之間互動的重要目標，是建立伙伴關係，並以此關係為基礎，一起解決手邊的問題，最後創造一個更好的社會。實務者可以在發展這份伙伴關係時從事許多活動，如教授、倡導、諮詢、調停，以及其他社會工作者的一般活動。權能激發取向處遇不可或缺的層面，是案主要儘可能的學習這些技巧。舉例來說，對於那些影響他們生活的大型組織，老人要學習成為自己與他人的倡導者。這點是極為重要。

在整個與案主人口群工作的過程中，工作者最重要的功能便是協助案主辨識個人問題與社會動力之間的關連。工作者要負責提出問題，來協助案主了解他們的處境與社會正義之間的關係，而這也是權能激發取向實務的一個目標。明確的是，工作者嘗試強調普遍人群需求的事實，以及讓案主從事意識的掙扎，以便能創造一個由權能激發取向實務的價值觀所管理的環境。

結　論

權能激發的過程包括仔細地檢視個人對自己與社會經濟環境的心態與信念、確認共同的經驗、發展批判性思考與行動的知識

與技巧，以及從事個人與政治改變的行動。這些構成要素在權能激發取向的社會工作實務中，都是不可或缺的。

　　一個社會工作實務的模型是由價值觀、認可和理論基礎所組成，它們決定了工作者與案主的關係、問題辨識、評估、目標設定、計畫策略，以及處遇。權能激發取向的實務模型包括這些構成要素，但是必須是在權能激發過程的情境之下。

　　處遇策略是以焦點的連續性為根據來進行概念化，範圍從個人到政治，並且以意識的提升和教育為持續的主題。處遇有四個焦點層次。層次一的活動包括接觸（接觸可能發生在任何層次，不過通常視為層次一的活動）、問題辨識和評估（有關現存問題的意識提升），以及確保基本服務的提供。層次二的活動包括持續提升有關問題與議題團體層次的意識（如家庭或社區持有的價值觀、團體正經歷的歧視本質等等），以及取得知識和技巧來處理已被辨識出的問題與其他晚年的發展性任務。層次三的活動包括繼續提升相關概念的意識，例如服務、健康照顧資源、組織間的網絡建立、服務供給議題，以及與這些議題有關的行動策略。層次四的活動包括提升有關現存問題政治層面的意識，如社會行動與集體努力。

　　這四個層次的相關性勝於彼此的排斥性。實務者應該從事連續的意識提升之工作，並且和案主一起採取行動，而不是替案主行動。在這些層次當中，教育是服務輸送的固有的構成要素。

參考書目

Berger, P. L., & Neuhaus, R. J. (1977). *To empower people: The role of mediating structures in public policy.* Washington, DC: American Enterprise Institute for Public Policy Research.

Compton, B., & Galaway, B. (1989). *Social work processes* (4th ed.). Belmont, CA: Wadsworth.

Cox, E. O. (1988). Empowerment interventions in aging. *Social Work with Groups, 11*(3/4), pp. 111–125.

Cox, E. O. (1991). The critical role of social action in empowerment-oriented groups. In A. Vinik & M. Levin (Eds.), *Social action in group work.* New York: Haworth.

Galper, J. H. (1980). *Social work practice: A radical perspective.* Englewood Cliffs, NJ: Prentice-Hall.

Germain, C. B., & Gitterman, A. (1980). *The life model of social work practice.* New York: Columbia University Press.

Gil, D. G. (1987). Individual experience and critical consciousness: Sources of social change in everyday life. *Journal of Sociology and Social Welfare, XIV*(1), pp. 5–20.

Gitterman, A., & Shulman, L. (Eds.). (1986). *Mutual aid groups and the life cycle.* Itasca, IL: F. E. Peacock.

Gould, K. H. (1987). Life model versus conflict model. *Social Work, 32*(4), pp. 346–351.

Gutiérrez, L. (1989). *Empowerment in social work practice: Considerations for practice and education.* Paper presented to the Council on Social Work Education, Annual Program Meeting, Chicago.

Gutiérrez, L. (1990). Working with women of color: An empowerment perspective. *Social Work, 35*(2), pp. 149–154.

Johnson, L. C. (1989). *Social work practice: A generalist approach* (3rd ed.). Newton, MA: Allyn and Bacon.

Kieffer, C. H. (1984). Citizen empowerment: A developmental perspective. *Prevention in Human Services, 3*(Winter/Spring), pp. 9–36.

Lee, J. A. B., & Swenson, C. R. (1986). The concept of mutual aid. In J. Gitterman & O. Shulman (Eds.), *Mutual aid groups and the life cycle.* Itasca, IL: F. E. Peacock.

Longres, J. F. (1990). *Human behavior in the social environment.* Itasca, IL: F. E. Peacock.

Maluccio, A. (Ed.). (1981). *Promoting competence in clients: A new/old approach to social work practice.* New York: Free Press.

Matura, R. C. (1986, April). *Opportunity structures for the aged.* Paper presented at the North Central Sociological Association, Toledo, OH.

Maze, T. (1987). Empowerment: Reflections on theory and practice. *Aging*

Network News, 9(5), p. 1.

Middleman, R. R., & Goldberg, G. (1974). *Social service delivery: A structural approach to social work practice.* New York: Columbia University Press.

Parsons, R. J. (1991). Empowerment: Purpose and practice in social work. *Social Work with Groups, 14*(2), pp. 27–43.

Pincus, A., & Minahan, A. (1973). *Social work practice: Model and method.* Itasca, IL: F. E. Peacock.

Reisman, F. (1965). The helper-therapy principle. *Social Work, 10*(2), pp. 27–32.

Schaef, A. W. (1981). *Woman's reality.* Minneapolis, MN: Winston Press.

Schwartz, W. (1974). Private troubles and public issues: One social work job or two? In R. Klenk & R. Ryan (Eds.), *The practice of social work* (2nd ed.). Belmont, CA: Wadsworth.

Solomon, B. (1976). *Black empowerment: Social work in oppressed communities.* New York: Columbia University Press.

Torre, D. (1985). *Empowerment: Structured conceptualization and instrument development.* Unpublished doctoral dissertation, Cornell University, Ithaca, NY.

第二篇 ●

權能激發取向的處遇與
不同層面的實務工作

第四章

··

權能激發與社會政策舞台

◆社會政策實務：概觀

◆克服對涉入政策過程的抗拒

◆獲取和分享有關政策的資料

◆有關政策過程與政策制定者的知識

◆發展案主在批判政策分析方面的技巧

◆影響政策的知識與技巧

◆結　論

◆參考書目

對大多數的案主來說，在朝了解「個人問題即是政治議題」的理想前進時，參與政策舞台是權能激發過程的最終目標。值得指出的是，在大部分的個案中，權能激發取向的社會工作者是與案主一起工作，並且案主與工作者和其他案主之間有持續性的關係。在把注意力轉移至他們問題的社會政策層面之前，這些案主常常都已是相互支持團體或權能激發團體的成員，因此對自助與自我教育都是不遺餘力的。

再者，政策舞台有助於工作者與案主建構平衡的伙伴關係。工作者和案主常常受到相同的社會政策影響，而且在改變特定的政策方面，對共同利益（mutual interest）都有清楚的界定。兩方因此會發現，他們自己為了達成一項共同的目標正一起奮鬥。這種情境因而產生了共同的努力，並且運用了工作者和案主的知識和技巧。故在政策改變活動中，增加了共同參與的權能激發效果。

社會工作實務者在他們努力促成政策舞台的權能激發時，面臨一個雙重的任務——需要權能激發他們自己成為社會改變的代理者（agents），以及需要協助案主在面對那些能影響他們生活的社會政策時，能夠變成是權能激發的。

第二章簡潔地描述了美國社會政策對那些依賴社會服務生存的人，所產生的無權能激發（disempowering）之作用，第三章強調了參與社會行動在權能激發過程中所扮演的重要角色。本章將概述，權能激發取向工作者在努力讓他們的老年案主參與社會政策的發展與改變時所面臨的挑戰，並且提出策略來克服工作者本身與案主對參與社會政策的抗拒，以及加強工作者與案主的知識和技巧。此外，以議題為主，努力改變全國性和州層次政策的情形，在此也會被強調。至於，處理社會服務輸送的組織性和機構

層次的政策，則會在第五章進行討論。

社會政策實務：概觀

在八○年代和九○年代初期，有愈來愈多的人認同社會工作專業中的「社會政策實務」（social policy practice）的概念（Cox, Erlich, Rothman, & Tropman, 1987; Haynes & Michelson, 1986; Wyers, 1991）。在這個時期之前，社會工作學院在安排其社會政策課程時，重點主要放在學習現有的政策、了解政策制定的過程，以及分析政策。除了在社區組織課程之中，其他課程幾乎不談如何影響社會政策，特別是鉅視層次的社會政策。

對權能激發取向的工作者而言，有五項與社會政策相關的重要任務：

1. 克服工作者與案主對涉入政策過程的抗拒。
2. 獲取與分享關於現有政策、未決定的政策和政策執行之資料。
3. 獲取與分享關於政策過程與政策制定者的知識。
4. 發展與測試了解和分析政策的架構。
5. 獲取與分享如何改變政策的實務知識。

權能激發取向的工作者通常發現，他們為了自己與案主的需求，從事上述的任務（Pierce, 1984）。這樣的活動對工作者來說，是對嚴重挫敗的一種反應，而此挫敗原本就存在他們協助案主尋找適當資源以滿足基本需求的平日活動中。當許多老年案主發現，自己沒有管道取得基本的健康照顧、充足的收入、適當的

住宅，以及其他生存資源的事實時，會繼續驅策著社會工作者必須從事社會行動。案主和工作者時常都需要透過政策行動來取得資源。例如，一項適切的全國健康照顧系統對工作者和案主都是有利的。

那些被某一特殊團體列為當務之急的政策，是根據被涉及在內的老人所主要關心的事務來決定的。這些事務可能與政策的某個層級，或是多個層級有關——州或服務機構行政、屋主／租戶關係、當地政府，以及聯邦法規或經費。應注意的是，即使工作者以伙伴的身分和案主一同參與社會政策實務，工作者依然要負起激勵和促進全盤活動的責任，直到案主發展出他們自己的領導力。不過，在這整個權能激發的過程中，工作者和老年的參與者要能彼此分享他們的知識、能量和技巧。

克服對涉入政策過程的抗拒

雖然在暢銷的書刊裡，有相當多的篇幅在討論美國老人日益增加的政治力量（Pollack, 1988; Wallace, Williamson, Lung, & Powell, 1991），不過冷漠和無力感仍是許多老人和其他年齡層的人的特徵（Harding, 1990）。許多老人把他們的政策影響（policy-influencing）活動只限於投票，而其他的人則認為即使是投票也毫無作用。政策的複雜性與政策改變的快速性，似乎是大多市民所無法掌控的。在這個高度科技化的社會，認為「各種不同的專家是唯一見聞廣博決策者」的盲從主張，容易使得許多人放棄而「讓專家來處理」。權能激發取向的工作者必須時常對抗這種漠不關心的態度。

首先，工作者透過協助案主清楚表達他們的個人問題，讓他們察覺其實別人也有著同樣的問題，然後提供資訊，來促成這些人所關切的事和公共議題連結的過程，通常是能克服對參與的一些抗拒。一旦老年案主清楚了解特定的社會政策議題如何直接影響他們的生活後，抗拒參與政策過程通常就會減緩。

　　舉例來說，在一個權能激發取向的團體中，當認知到年齡歧視是被協助者一種常見的經驗之後，則可減緩自責與無能和無用的感受。這種認知上的變化，會使一些團體成員願意一起參與改變組織層次的就業政策，最後加入全國性老人遊說運動，來排除強迫性的退休，實施老人公平就業的公民權。

　　除了冷漠之外，另一個常常阻礙工作者和老年案主採取政策行動的，是他們對無力感的認定：「別人會在乎我怎麼想嗎？」「反正沒有人會聽。」「只有有錢人能隨心所欲。」在老人及年少者當中經常可聽到這些和相似的評語。另外，在人群服務助人專業人員間，一股日益增強的無力感也被注意到了（Burghardt, 1982）。

策略

　　角色仿效（role modeling）——權能激發取向的工作者主動涉入政策過程——是個重要的方法，它幫助案主對抗阻止他們從事政策改變活動的無力感。另一個有效的策略是，工作者舉出由老人團體或其他類似利益團體成功策略操作的例子。當團體成員鼓勵彼此參與政策舞台時，案主團體本身會產生進一步的動機。

　　一般而言，政策行動最有效的促媒劑是主動積極的參與——案主參加改變活動（特別是在關心相同議題的人的陪同之下），

以及得知結果。長時期不參與活動而將時間花在討論和研讀問題或計畫行動上，通常可能會導致與政策改變的過程脫離。有些行動如寫信給立法委員，如果沒有其他的活動接下去，可能甚至引發挫敗感。如果一段很長的時間過了，而沒有回應或如果回應不夠明確，那上述所言可是千眞萬確。

維持案主主動積極的參與是成功的關鍵。在一項組織西部大城市中十一個會議地區（council areas）的老人倡導團隊的計畫中，一開始有新的團體加入一起確認問題，所以士氣非常高昂。不過這些團體要繼續下去很難，因爲缺乏人員處理後續的會議、一項耗時的行動計畫完成前的時間延遲，以及官方對此新成立團體的行動沒有反應，無論此團體是寫信、打電話或用其他的溝通方式表達意見（Chimento, 1987）。因此，擁有政策改變策略廣泛的知識，對權能激發取向的工作者是重要的。

價值觀

一般來說，與社會福利利益有關的價值觀是抗拒涉入政策過程的另一項來源，而此抗拒經常發生在誘導階段（motivation stage）。例如，老人可能對他們使用服務的資格表達了矛盾的情感。許多老人害怕政府干預，不願意尋求協助，以及對於資源的缺乏傾向責怪他們自己。運用政治意識提升的處遇，如團體過程，來確認常見的問題，以及了解這些問題發生時社會所扮演的角色，可以協助老人克服參與支持增加社會福利利益相關政策活動的抗拒。在這種情況下，工作者的角色是提供意識提升發生的機會與相關的資訊。接下來的章節會提出一些有助益的資訊種類。

獲取和分享有關政策的資料

　　第一項與獲取有關政策資料的相關工作，和動機極有關連：
需要建立一種每個人都有權利「干預」政策制定和執行的信念。
如先前所指出，參與政策制定過程的一個阻礙，是許多門外漢認
定自己是無知的。這種認為政策決定是由「有智慧的人」和「專
家」所制定的想法是很普遍的。和其他專業人員一樣，老人學社
會工作者也享有這種專業的表象，而這種表象的產生是因為他們
在聽證會和會議中擔任「專家」、他們所發表的著作，以及他們
在學術機構所擔任的職務。雖然，權能激發取向的實務不否定從
經驗、學術研究或其他來源所獲得的知識之價值，不過，權能激
發取向工作者的任務是向老年案主傳達，這樣的知識與想法是每
個人都有可能獲得到的。但是為了能獲得實質上的意義，這樣的
知識必須由非專家的選民，藉由運用在他們的日常生活中來試
證。

　　要牢記的是，姑且不論社會對專業知識的接受度如何，不過
擁有高學歷的個體很少是主要的決策者。權能激發取向的工作者
可以對案主指出，決策幾乎都是由身居要職的門外漢，依據廣泛
不同來源所獲得的訊息所制定的。毫無疑問地，國會、州立法院
和當地政府的主要決策者在許多領域都沒有專業知識，但是他們
的決策會對這些領域產生影響。

　　透過分析和揭露大多數決策制定的價值基礎本質，來揭開政
策議題的神祕面紗——不論這個基礎是經濟上的私利或哲理上的
偏好，或者兩者皆是——確認每個人有權參與政策決定是另一重

要部分。當害怕比其他參與者在政策舞台方面「較不專業」的情結減緩後，老年公民就可以開始自己尋找有關政策的資料。

工作者和他們的老年案主都需要資料，因為資料是政策決定的依據。尋找這樣的資料可以和別人一起合作，因為老人所關切的政策領域的資料，時常具有衝突性（conflicting），所以工作者必須：(1)在每一個所關切的領域，找出最有效的資料來源；(2)學習如何使用這些來源——例如，如何拿到適當的郵寄名冊，以及上哪兒找立法院熱線的電話號碼。要辨識哪些是好的資料來源，通常要花很多的工作時間。

政策資料的來源

州與當地政策的資料來源因州而異，且隨時間而改變。主要的國家組織（如 AARP、 NARFE、 NCOA、 NCSC 和 OWL）蒐集與傳播重要的全國政策議題資料給老人。這些組織也以議題為基礎，舉辦活動來爭取立法支持，而此一行動需要當地團體、社會工作者和他們案主的協助。每一個組織有特殊的工作要點和成員。不過，他們主動的遊說運動、對立法的研究、資料的公布、熱線的維持、組織性的會議，以及聘請高素質的立法工作人員等全面性效益，已對老人與其倡導者的政策行動提供極具價值的資源。

舉例來說， AARP 每年為州立法委員會準備一份文件，概述聯邦的策議題和指導方針。內容領域包括：

1. 經濟與預算政策。
2. 賦稅政策。

3. 退休收入政策。

4. 就業與工作者衡平法（equity）政策。（譯註：衡平法是用來補救一般法律有失公平與正義時的法律。）

5. 健康照顧經費。

6. 照顧品質與管道。

7. 長期照顧。

8. 低收入戶救助。

9. 人群服務。

10. 教育與訓練。

11. 住宅與能源。

12. 消費者保護。

13. 個人的與法律上的權利。

14. 保護政府的完整性。

雖然AARP假定，如果它對大多數的議題在政治層面上採取中庸的地位，那它的存在與在決策舞台方面所從事的研究，對所有關心人群服務議題的倡導者來說，是一處極有價值的來源。另一個老人組織，NCSC，不僅對AARP所提出的立法議題有興趣，並且對老人就業和其資料特別感興趣。

許多其他的老人倡導團體也提出上述所列的政策考量，其中有些倡導團體比其他的倡導團體更想去挑戰社會服務的傳統方法。權能激發取向工作者的任務是，激發與協助案主仔細地檢視這些團體的不同觀點。

位於州與當地的全國組織的分會，其架構非常地完善，是一處獲得州與當地立法資料的極佳來源。大部分的州都有「銀髮」（silver-haired）或老人遊說組織，他們對州的相關議題都持續地

在做記錄。AARP和NARFE在大部分的州內，都設有主動積極參與州立法的會議。1987年，NCSC建構一個網絡，含括了三十三州的會議、三十七個區域會議以及分布於五十個州中超過四千八百個社團。其中大多數的組織大部分是由老人自己運作的事實，對其他剛剛接觸政策舞台的老人來說，有激勵的作用。

在許多區域，負責老人議題的當地會議或委員會，是查詢城市和郡議題資料的極佳來源。這些團體是美國老人法案（Older Americans Act, OAA）自然發展的結果，因為此法案在每一州提供一指定的老人辦公室。此外，位於大多數州內的老人區域機構，也是在每州內取得特定地區政策資料的來源。這些機構蒐集有關老人、老人的需求、老人可利用的服務資料，以及公布評估報告和其他針對政策執行的文件。大多數的州和當地區域也有老人報紙，它們提供政策議題的可貴報導。老人行政（Administration on Aging）（執行OAA的全國行政辦公室）也贊助一些特殊資源的中心。所以，常常可以從這些中心調閱對倡導運動有用的資料。

取得資料的管道

權能激發取向工作者的角色，包括促成有關州與當地資源的蒐集，以及將案主與這些資源做連結。有部分的連結過程可能涉及協助案主建構網絡，以確定來自這些來源的資料能適時地被收到和傳送。使用費、會員費和各種刊物的花費通常可以共同分攤，或是資料不用花半毛錢就可以拿到。各種老人倡導組織中主動積極的成員常常會參加團體會議，以便介紹他們的組織和分發相關的資料。在有些例子中，若權能激發團體與老人倡導組織之

間有某一強烈的共同利益或某一共同目標時，那權能激發團體可能會決定成為此組織當地的一個分會。

此外，由工作者主動發起的其他獲取政策資料來源之管道，有正式的工作坊、研討會、大學正式的課程或推廣教育方案。老人通常只要付一筆最低費用或甚至不用付費，就能參加這樣的活動或課程。

情境脈絡觀點

辨識政策資料的來源與特定資料的管道，只是工作者促成資料蒐集過程的一部分工作。討論政策制定時的歷史、政治、社會和經濟情境脈絡，對了解社會政策的「個人即是政治的」之層面，有極高價值的增強作用。這種討論也能對政策的制定面和執行面有新的認識，否則在沒有背景資料下，便不會注意政策的這些層面了。舉例來說，若知道在七〇年代初期科羅拉多州大部分的保護服務是委託由聯邦政府管理的話，就能更了解科羅拉多州為老人建立一個適當的保護服務方案時的掙扎。若不了解這種情境脈絡的觀點，許多老人可能會受到反對此方案者對他們控訴的影響，而認為此提案只不過是其倡導者的幻想罷了。

提供老人機會去了解現今政策議題的歷史情境，不僅能給予老人有掌控議題的感覺，並且能夠除去一些議題的神祕面紗。另外，老年的參與者通常都經歷過這些被討論的歷史事件，所以可以提供重要的觀點。整體而言，因為歷史的觀點，使老人能將其生活經驗整合至政策架構中，所以老人在發展政策分析的技巧時，歷史觀點扮演著一個很重要的部分。

有關政策過程與政策制定者的知識

　　為了能在政策舞台上成為有效力的參與者，權能激發取向的社會工作者和案主必須了解對案主具有重要性的政策決策過程。所關切的政策可以是公共政策、組織性政策，或如Pierce（1984）提出的，某一個小團體或個人的政策。此外，應該再次指出的是，有關決策過程知識的發展，提供另一個使權能激發取向工作者與其案主一起合作的機會。

正式的決策過程

　　了解任何層次的正式決策過程，都需要相當多的持續性研究。界定政府結構與略述理想決策過程的基本資料有許多不同的形式，如公民書籍、錄影帶、幻燈片與其他媒體的呈現，皆可在早先提過的老人組織取得。AARP和NARFE的州立法分會常常會就立法過程的主題舉行工作坊。只要打幾通電話就可以在國內的任何區域找到這些資源。有些市政府、州和聯邦機構，以及政黨組織會提供這方面的演講者。這種基本資料是了解政府任何層級公共立法過程的一個好的起點。

決策的非正式層面

　　決策的非正式層面和正式過程一樣重要。學習了解各種不同利益團體的影響或議題的不同哲理觀點是重要的。時機也很重

要，因爲可能在某些時候與決策者接觸是最恰當的。此外，對立法改變有興趣的個體和團體必須知道某特定立法機構內的權力架構，以及許多決策者使用的權力策略，如透過委員會的休會來否決法案，直到立院會期結束，然後再指派理念相同的成員加入立法委員會。

許多州和全國的老人組織、當地的利益團體與機構，都會僱請在制定法令方面的專家爲說客。這些「資源人」（resource persons）每天都會涉入政策制定的過程，而且常常會以演說或私下會談的方式來分享他們的知識。

說客的知識項目中有一重要的部分是，有關決策者的個人資料。一般而言，定期與個別立法者一起工作是得知立法者的政府理念、價值基礎、選舉區所關心的事和其他特質的唯一方法。而倡導者若要贏得立法者的支持，則必須取得這些資料。老人倡導團體通常會公布有關個別立法者一般性的選舉記錄資料，而此類資料屬於州層級的，通常比地方層級的更容易取得。

有一點必須要了解，政策制定的過程與決策者，也就是政治議題的內容、策略和參與者，都隨時在改變。因此，只有不斷的參與才能確保資料的正確性。那些勤奮工作的新手常常發現，似乎只在一段很短的時間之後，自己就已成爲「專家」。

發展案主在批判政策分析方面的技巧

權能激發取向的工作者在促進案主對政策做批判性的思考時，會受到案主的挑戰。如果老年案主早已習慣使用團體過程作爲媒介，來分析個人問題與尋找解決方案，那麼他們以團體的方

式來參與政策分析，常常是個相當簡單的步驟。此外，藉由團體過程也能促成政策分析的工作，如研究和評估。誠如先前所提，工作者被鼓勵去負起責任，來提供政策分析的教育資料。在此關鍵時刻，權能激發取向的工作者應盡可能簡化和除去政策分析與決策過程的神祕感。

下面所列的重要元素，是工作者企圖協助案主發展政策分析技巧時所要做的工作：

1. 界定社會政策和老人政策，包括層級和範圍。
2. 整理現今政策方向與爭辯的歷史情境脈絡。
3. 說明價值觀在政策制定與執行中所扮演的關鍵角色。
4. 簡略介紹政策分析的數個架構，並且練習明確表達有關政策議題的疑問。
5. 探索範圍廣泛的政策替代性方案，包括那些挑戰盛行的社會價值觀；比較與分析各種不同的倡導團體的政策立場，以及那些反對大部分人群服務取向立法的人所持的觀點。
6. 討論與執行行動步驟（因為唯有透過實際改變政策，才能真正了解政策制定的過程）。

權能激發取向的工作者有責任去協助案主，比較政策決策中原有的價值觀與權能激發取向實務所支持的基本價值觀之間的異同，而此責任之實踐對政策分析的所有層面都很重要。

政策的定義、層級和範圍

探索各種不同的社會福利政策的定義，其目的在於更了解每一種定義的政治性意義，特別當這種定義決定一個或更多利益團

體所關注的焦點時。社會福利政策的定義範圍很廣，許多分析家把焦點放在中等層級的政策，如和社會安全或與醫療有關的政策。其他的人則相信，影響社會生活品質的所有公共與私人政策都屬於社會政策範圍，而且應該是理所當然的關心事項，包括影響老人的議題。

Gil（1987）對這個主題提出一個極佳的討論。他指出，許多作者傾向在社會政策與社會服務或形成社會福利方案的政策之間畫上等號。他主張這種狹隘的觀念容易鼓勵選民避開經濟政策與國防政策中重要部分的議題，而這兩種政策對社會福利考量都有很強的影響。這種狹隘的觀點也會強化分類的概念——例如強調老人的健康照顧需求，而不是所有人的健康照顧。

探索這幾種觀念，使權能激發取向的工作者有機會去提升案主的關心層級——從中等層級政策的議題，到影響中等層級政策的政治經濟系統的元素。這種關心層級的提升，對了解老年的政治經濟觀點特別重要。對此，Minkler和Estes（1984, 1991）做了很詳盡的說明。不過，持續注意案主團體成員對政策所有層面的關心或所出現的需求，對維持他們的興趣與動機是重要的。Galper（1980）引用了一段Leonard對此點說明極佳的摘要：

> 在把政治教育整合至每日的努力中時，我們必須意識到任何有效力的教育努力都是需要的。特別是我們必須從人們的經驗範圍內開始。因為，對一個關心如何獲得某一種特定利益的人來說，提出國家財務危機的複雜理論分析，是沒有什麼用處的。（p.117）

現今政策議題的歷史情境脈絡

把社會議題放入一個歷史情境脈絡中來檢視的重要性，早已在談論如何協助案主掌控議題和除去這些議題的神祕感時，就討論過了。此外，社會政策的歷史情境脈絡——包括為了在此社會上獲得適當的收入、住宅和健康照顧而掙扎的歷史——有助於發展對現今政策兩難的批判思考能力。但是有人建議，歷史的概觀只在需要時提出即可，不需刻意呈現。比較不同倡導團體的現今立場與其過去關心類似議題的團體之立場，是將歷史性的政策方法連接到現今政策爭辯的有用工具。

那些剛剛在政策舞台上變得活躍的老人，可能受到了了解過去掙扎以及現今爭辯所建議的多樣化方法的激勵。明顯缺乏共識與政策制定過程中政治的本質，都可能會刺激老年案主尋找他們自己的解決方案，並且探索範圍廣泛的政策替代性方案。

價值觀的重要角色

在與案主團體的所有互動中，價值觀在政策制定中最優先的意義必須被強調。政策分析（老年案主可以在團體中做探索政策分析的工作）的一個關鍵部分，就是辨識和比較反映在已被提出並被確立的政策上的主要價值觀。舉例來說，檢視發展一個更健全的私人年金制度與建立一個全民的公共退休基金之間的差異。

另一個可以用來協助案主發展批判性思考過程的策略是，鼓勵案主訪視決策者。詢問立法者、都市會議成員和其他相關人員，他們是用什麼標準來評估提案，這對了解價值觀在政策制定

過程中扮演重要的角色，具有指點的作用。

政策分析的架構

　　對案主團體來說，為了能夠說明不同分析家他們價值觀優先順序之間的關係，研讀不同的政策分析架構是特別有用的。一個討論分析架構有效的方法，就是一次分析四到五個架構或模型。Morris（1985）、Gil（1987）、Gilbert和Specht（1974）與Pierce（1984）提出的政策分析模型，提供了具反省性的問題，可以引導詢問轉變成政策。同時，這些模型可以用來說明，引導不同分析家進行分析時的不同重點或價值觀。Dye（1981, p.19）提出了政策模型的五個主要功能：

1. 簡化與釐清人們對政治與公共政策的思考。
2. 辨識政策問題的重要層面。
3. 透過把焦點放在政治生命的重要特徵，來協助人們彼此溝通。
4. 藉由提出何者為重點與何者非重點，來指引人們更了解公共政策。
5. 對公共政策提出解釋並預測其結果。

　　一旦政策模型的這五個主要功能已提供有關不同政策分析架構的資料時，工作者就應該給案主機會去做實驗，讓他們自己發展出一套問題，來引導他們檢視所關切的特定政策，以及研究與這些政策有關的事實。辨識每個特定的分析架構的基礎價值觀是重要的。另外，將數個架構運用在團體很感興趣的政策上，對說明價值觀的差異可能有助益（Cox, 1991）。

探索範圍廣泛的政策替代性方案

對工作者來說，另一個關鍵性的角色是，對那些會影響案主生活的議題，開始大範圍的檢視政策替代性方案。因為，現今的政策爭論，常常不包括那些修改幅度超出現況太大的替代性方案。對學習政策分析的個體和團體來說，以一項具爭議性的事件來檢視 AARP、NCSC、OWL 和其他社會行動團體的立場，可能是個有用的過程。並且，比較不同收入的團體或種族團體對某種政策議題的投票型態，也可能具有啟發性。這活動更進一步說明價值觀在政策形成中所擔任的角色，而且提供珍貴的知識，來了解案主心中對政策支持或抗拒的潛在來源。

就以處方藥物的負擔比例此議題為例來說明。有項政策可能提議增加案主的自費額，以發展新的資源來支付那些最需要者的藥物治療。此時，工作者可以提出其他的方法以供討論──如驅策政府限制醫療的花費，或採取全額免費的全國醫療系統。換句話說，工作者可以扮演一個工具性的角色，提出與權能激發取向實務的價值觀相容的政策替代性方案。這種替代性方案強調的價值觀是資源公平分配、全程參與影響個體生活的決策制定、共同努力、無歧視、關心自然資源，以及運用財富來滿足所有人的需求，而不是為了自由市場的經濟目標。在其他國家中，的確有替代性政策被建立和被執行的明確實例，而這顯示其他方法的確存在。

使用架構、提供歷史資料、探索範圍廣大的替代性方案，以及上述提出的其他知識發展策略，這些活動的整體目標是鼓勵、挑戰與發展案主的批判性和分析性技巧，以促進他們在政策制定

舞台上的權能激發。總而言之，為了讓權能激發取向的工作者和他們的案主，能從權能激發的觀點有效地參與政策行動，他們必須精通概念性的技巧、價值觀澄清技巧、政治技巧、互動技巧與立場採取技巧，就像Jansson（1984）所提，要了解政策就要如此。認同政策的價值基礎、辨識在不同決策下的利益交換、探索政策替代性方案、評估政治風潮、用最正面的方式介紹政策替代性方案、認識決策者，以及開發選區，都是身為案主的個體與團體成員可發展的重要技巧。權能激發取向工作者的主要功能是在案主學習的過程中提供協助，而在此過程中涉及尋找知識、確認資料來源、測試策略與評估活動結果的共同過程。除了這些技巧外，儘量多檢視團體與個體的觀念，對剛接觸政策分析的案主是非常有助益的。

影響政策的知識與技巧

　　權能激發取向工作者必須處理的最後政策任務是，藉由發展案主的實務技巧，來協助他們對會影響他們生活的政策決策產生影響力。當案主有了興趣、知識與動機後，他們變得更有可能對他們認為是他們生活中最重要的政策採取行動。先前討論過的許多老人倡導組織，已發展出極佳的政策處遇策略。威樂斯基金會（Villers Foundation）的立即辦立法熱線（ASAP legislative hotline）和OWL送給立法者的母親節訊息（Mother's Day messages to legislators），是兩個有效的例子。透過遊說運動和社區教育，AARP不僅和國會會員在談判政策議題時很活躍，並且也發展出各式各樣的教材，包括傳授社會行動知識與技巧的套裝教材。唯

有在案主嘗試過自己去影響政策後，他們才能將他們自己有關政策制定過程的知識與他們生活的事實整合起來。

影響政策的策略

接下來的內容是出自 Massachusetts Association of Older Americans 的 *Advocacy Training Manual*（Curley, Mendelsohn, & Astreen, 1984），被認為在致力影響政策上是重要的：

1. 根據議題來規劃行動（界定與評估議題、舉行一次初次會議、選舉領導者、規劃另外的會議，以及評估團體活動）。
2. 了解政治系統（政府如何運作，如聯邦、州、郡與城市的科層制度，以及其他組織）。
3. 法案如何變成法律（州與聯邦）。
4. 預算過程（政府與私人組織）。
5. 採取行動步驟（寫信、打電報、打電話、集會、舉辦公聽會、聯名簽署、示威運動、抗議遊行、杯葛與圍廠）。
6. 運用媒體（電視、收音機、報紙、簡訊等等）。

這些主題與立法過程特別有關係，而且深受麻州老人的好評。

倡導組織的用處

成功的涉入政策制定所需的許多技巧，都是基本的社區組織技巧，而這些基本的社區組織技巧，意味著社會工作實務從六〇年代中期起就已經被界定得非常清楚。在七〇年代，看到了關心

社會福利議題的倡導組織成長且發展。再者，在七〇年代，草根
性組織所感興趣的許多社會福利議題，仍受到現今老人團體的關
切。

有為數不少快速成長的資源，能夠被權能激發團體在努力發
展政策處遇技巧時所使用。當這些資源在團體內還無法被取得
時，可藉由接觸倡導組織來加速尋找所需要的資源。與眾所皆知
的老人行動或倡導組織連絡就是一個好的開始。這些組織發展出
的知識與技巧，對權能激發取向的工作者與其案主是非常有價值
的。

倡導組織包括多重議題的組織性團體（如大都市組織人
[Metropolitan Organizational People]、美國家庭[Families U.S.A.]，
與通因[Common Cause]），以及把焦點放在明確社會福利議題上
的團體（家喻戶曉的例子包括綠色和平組織[Greenpeace]、拯救
社會安全與醫療保險委員會[Committee to Save Social Security and
Medicare]、全國政策替代性方案中心[National Center for Policy
Alternatives]、經濟政策機構[Economic Policy Institute]、社區組
織改革協會[Association of Community Organizations for
Reform]，與全國低收入戶住宅聯盟[National Low-Income
Housing Coalition]）。這些組織對權能激發團體在研究以及努力
選擇和執行政策處遇策略方面，可能有很大的幫助。

結　論

促進案主參與當地、州與全國層次的社會行動來影響政策，
對權能激發過程而言是重要的。有五個重要的促進元素能克服抗

拒參與政策制定的過程；獲得和分享有關現有政策、未決政策與政策執行的資料；獲得和分享有關政策過程與決策者的資料；發展和測試用來了解與分析政策的架構；獲得和分享有關如何影響政策的實用知識。

克服抗拒參與政策過程是需要不斷的增加知識與行動（經驗）。再者，在發展和分享有關政策改變的知識與技巧時，工作者與案主之間所建立的伙伴關係或相關性，會促進案主有效的參與此過程。另外，把全國性組織與州層級的組織作為資料的來源時，對政策分析與處遇是有幫助的。

參考書目

Burghardt, S. (1982). *The other side of organizing*. Rochester, VA: Schenkman.

Chimento, T. (1987). *Evaluation report: Denver senior advocacy team program*. Unpublished manuscript.

Cox, E. (1991). The critical role of social action in empowerment-oriented groups. In A. Vinik & M. Levin (Eds.), *Social action in group work*. New York: Haworth.

Cox, F. M., Erlich, J. L., Rothman, J., & Tropman, J. E. (1987). *Strategies of community organization* (4th ed.). Itasca, IL: F. E. Peacock.

Curley, M., Mendelsohn, R., & Astreen, B. (1984). *Advocacy training manual*. Boston: Department of Elderly Affairs of Massachusetts, Massachusetts Association of Older Americans.

Dye, T. R. (1981). *Understanding public policy* (4th ed.). Englewood Cliffs, NJ: Prentice-Hall.

Galper, J. (1980). *Social work practice: A radical perspective*. Englewood Cliffs, NJ: Prentice-Hall.

Gil, D. G. (1987). *Unravelling social policy* (3rd ed.). Cambridge, MA: Schenkman.

Gilbert, N., & Specht, H. (1974). *Dimensions of social welfare policy*. Englewood Cliffs, NJ: Prentice-Hall.

Harding, V. (1990). *Hope and history*. Maryknoll, NY: Orbis Books.

Haynes, K. S., & Michelson, J. S. (1986). *Affecting change: Social workers in the political arena*. New York: Longman.

Jansson, B. S. (1984). *Theory and practice of social welfare policy.* Belmont, CA: Wadsworth.

Minkler, M., & Estes, C. L. (1984). *Readings in the political economy of aging.* Farmingdale, NY: Baywood.

Minkler, M., & Estes, C. L. (Eds.). (1991). *Critical perspectives on aging: The political and moral economy of growing old.* Farmingdale, NY: Baywood.

Morris, R. (1985). *Social policy of the welfare state* (2nd ed.). New York: Longman.

Pierce, D. (1984). *Social policy for the social work practitioner.* New York: Longman.

Pollack, R. F. (1988). Servicing intergenerational needs, not intergenerational conflict. *Generations, 12*(3), pp. 14–19.

Wallace, S. P., Williamson, I. B., Lung, R. G., & Powell, L. A. (1991). In M. Minkler & C. L. Estes, *Critical perspectives on aging: The political and moral economy of growing old.* Farmingdale, NY: Baywood.

Wyers, N. L. (1991). Policy-practice in social work: Models and issues. *Journal of Social Work Education, 27*(4), pp. 241–250.

第五章

•••

社會服務輸送：
權能激發取向實務的一個舞台

◆老人社會服務之現況

◆專業知識在促進權能激發上扮演的角色

◆權能激發策略與服務輸送

◆結　論

◆參考書目

權能激發取向實務者所面臨的艱鉅挑戰是，使案主有效地參與服務的使用與健康照顧和社會服務系統的重建。本章的目的即在檢討美國國內以老人人口群爲標的的健康照顧和社會服務系統的無權能激發本質，並且提出有效的策略給權能激發取向的社會工作者。在檢閱健康照顧和社會服務的現況與可使用性後，緊接著會檢討此情境與這些服務的老年接收者無力感之關係。然後會以促進權能激發的角度，來探討專業人士和他們的處遇方法對老年案主的影響。最後，會提出能指導案主和組織兩者的權能激發取向策略。

老人社會服務之現況

唯有透過分析美國國內整個社會政策的本質與改變，才能了解提供給老人的社會服務現況。會把此挑戰的情境脈絡放到權能激發取向之實務中，是基於下列的考量：

1. 社會服務急劇減少。
2. 健康照顧的不適當和混亂的情況。
3. 許多健康照顧和社會服務民營化的影響還未被記載下來。

從六○年代起，老人的社會服務幾乎沒有進展。Kahn（1979）從美國的老人社會（Gerontological Society of America）中引述了一篇一九六八年的報告，其中陳述著在美國沒有一個社區已發展出一個完備的服務網絡，給正面臨老化的人和老人。他指出，與十年前相比雖然有一些進步，不過基本上還是一樣的。在美國老人法案的發起與六○年代晚期一些意見的倡導下，雖然

朝老人服務全民化系統（universal system）前進了一些，不過這一丁點的進步，在雷根時期贊成準市場民營化（pro-market privatization）的策略下，已蕩然無存（Binstock, 1990; Estes, 1989）。現今在大多數的美國社區中，老人可使用的服務和方案甚至少的可憐，而且更難尋找。Binstock（1990）特別提出：「近年來，根本沒有很認真地想改善那些仍處於極度劣勢的老人的生活處境」（p.91）。

在社會服務社區中，大家目前所關心的事包括：

1. 不斷尋求一個更好的方法來獲得服務。
2. 運用適當的言詞，要求發展一個以社區為基礎的長期照顧系統。
3. 強調「重新」分配透過美國老人法案所獲取的可利用資源，給那些最需要的人。
4. 對老人長期照顧機構持續的強調替代性方案的使用。
5. 未來數十年，護理之家可能轉變成一種新的機構。
6. 許多方案間為了少之又少的資源，競爭會更加劇烈。

這些反映出目前不確定性的議題，指出了老年公民缺乏一個適當的健康和社會服務系統（Binstock, 1990; Estes, 1989; Huttman, 1985; Monk, 1990）。

在現今的服務市場中，嘗試協助老年案主的社會工作者經歷了許多挫折。因為，目前提供服務的方案環境有以下數個障礙：

1. 缺乏一份完整的指南，來協助尋找數量很多的公立與私立、營利與非營利之機構。
2. 複雜的資格系統依方案的不同而有所差別。

3. 不同的方案對醫療補助和醫療照顧保險付費系統有不同的接受程度。
4. 有關方案服務品質的資料是少之又少或甚至沒有，如居家健康機構。
5. 當富人和窮人間付費能力的差距變大時，兩種層次的（two-tier）服務系統就會增加。
6. 機構人員的快速離職率。
7. 機構本身的起起落落。
8. 一旦資格建立後，但可使用的服務卻透過機構經常地改變。
9. 自掏腰包的花費增加，如自付費額增加而健康照顧和專業人士費用可扣除額卻減少，導致案主直接支付服務費的部分提高。
10. 有些重要的服務和資源之供給非常有限，如心理健康服務、搬家服務、低收入戶住宅和交通服務。

　　這些提供服務的阻礙引發工作者與老年案主的無力感。此外，文獻上亦詳實地記載著對服務輸送的批評：社會和健康照顧服務系統對女性老人、少數民族團體的老年成員、貧窮老人、非常虛弱的老人，以及其他有特別需要的團體之需求缺乏回應（Kravitz, Pelaez, & Rothman, 1990; Waxman, 1990）。在應當革新與發展方案和服務，來滿足愈來愈多處於危險情境的老人的需求時，過去十年卻發生一連串的刪減和努力抓住原已不足的方案。

　　現今的社會和健康照顧方案的其他三個特徵，與這些方案的潛在受益者所可能感受的無力感特別有關連：(1)老人愈來愈覺得使用公共資源是件丟臉的事；(2)生理醫學模型掌控社會服務；以

及(3)現有方案和服務的強大社會控制層面。

接受公共扶助的烙印

因為，愈來愈多的人對把資源用在老人身上持有負面的看法，所以服務發展又多了一道新的阻礙。過去十年，報章雜誌不斷惋惜美國老人使用了大量的公共健康照顧與社會服務，因此造成老人心中這種丟臉的心結。再者，代間平等運動也引起許多人的關切，認為老人快要把資源給消耗殆盡，而犧牲了年輕人應有的權利（Hewitt & Howe, 1988）。此種觀點再伴隨著一個退步的舉動，即是為了抑制經費，而將全民性服務改為以財產調查為主的方案。這不僅使得為老人籌措經費的方案遇到更多的困難，並且對這些服務接受者持有更負面的態度。

生理醫學模型的優勢

大部分仍帶有「社會服務」標籤的服務，它們所具有的生理醫學優勢，是由兩個因素鞏固其地位：(1)持續拆除存在六〇年代，以社區為本位的社會服務，雖然它們只佔社會服務的一小部分（贊助的經費來自社會安全法案、經濟機會法案、美國老人法案等）；以及(2)透過醫療照顧保險與政府的醫療補助，分配給醫療企業的資源日漸增加。結果，社會工作專業嚴重的喪失了對社會服務的控制。社會服務方案的權能激發要素，如自助、社會行動、社區發展、倡導以及許多的家庭和團體處遇，已被排除或大幅度地減少。然而，這種策略是具有激發權能的效果，工作者能使案主與其家人更能掌控他們的生活、他們的社區、健康照顧和

社會服務，以及更廣的政治環境。雖然有些社會服務依然保持原狀，不過其經費主要來自逐漸縮減的政府捐助與基金會補助款。基金會補助款的持續與否，是由董事會自行決定，並且通常以年度為補助的依據。在八〇年代與九〇年代的早期，一些社會服務象徵性的經費（token funding）之募集，是透過「屈就」（bending）或儘可能使用醫療經費來源，包含那些迫切被需要的社會服務職位或方案。

Estes 和 Lee（1985）強調，公共資源的分配是服務的生理醫學優勢建立的一個關鍵因素：

> 在分配公共資源給老人時，對醫療照顧的偏愛造成了服務的「醫療化」，如相較於社區、居家與其他的社會服務，醫院和醫生所分配到的公共醫療經費補助比例是非常的高。（p.21）

這些作者指出社會大眾對急性照顧處遇的偏好，主要是因為這些處遇對醫學專業而言是較專業的，並且能夠得到較佳的經濟報酬。

這種醫學模型的處遇認定老人是依賴的，並且幾乎沒有提供老人機會，來增加掌控他們生活任何層面的能力。這種從醫療給付來源設計出的社會服務，傾向把所有的焦點放在調適取向的活動，或是如何取得勉強過活的生存資源，使案主能夠在照顧花費較少的層次下維持生活（例如，接受居家照顧而不是延長住院治療）。很少的服務是用來預防，或是使案主能掌控他們的生活（Estes & Binney, 1991）。

社會控制層面

有愈來愈多的文獻記載著，有關老人服務使用資格的社會政策，是如何延續在美國社會中已經歷過的階級歧視、種族歧視與性別歧視，以及這些社會政策是增加對老人的壓迫（Axinn, 1989; Dowd, 1980; Minkler & Estes, 1984; Torres-Gil, 1987）。全面轉移由市場系統來提供晚年生活所需資源之情形（包括健康照顧與社會服務），已嚴重地縮減許多美國老人的經濟權。基於公民權或需求，由政府提供的健康照顧與社會服務，在八○年代與九○年代早期已遭刪減。這些服務的刪減使得原先接受這些服務或現在需要這些服務的老人，須依賴私人慈善機構或其他不穩定的來源。因此，無能力要求生存所需的財務資源與服務，大大地加深老人的無力感。另外，社會方案與私人慈善機構對老人生活的控制也因而增加，因為這些老人需要這些方案與機構的協助。例如，若有一州刪減對低收入戶老人僱請家庭成員或他們自己挑選的人來提供所需的居家照顧之補助經費時，會讓這些人選擇依賴私人慈善機構和其他使案主無法選擇服務提供者的方案；或甚至在許多情形之下，沒有任何的照顧。簡言之，在面臨真正的需求遠超過可使用的服務時，那些原本是在州政府支持的方案（在六○年代發展出來的權利）下其需求尚能被滿足的老人，現在是毫無依靠或被迫轉向私人慈善機構尋求協助。

除了喪失使用與控制服務的權利，許多老人在一開始失能之時，便經歷社會服務的社會控制面。在九○年代，多數老人可使用的社會服務，其社會控制層面在醫學模型方案的行政體系下，大大地被強化了。案主被視為「病人」，並且在接受服務的過程

中，他們的主要責任是順從。在這種情況下，工作者與案主關係中所強調的重點是在專業知識以及助人者與被幫助者的活動上。

　　許多老人需要經濟支持與服務支持來完成日常生活的工作。Longino 和 Soldo（1987）從多重層面界定脆弱（vulnerability）時表示，接近90%的體弱老人不僅是失能，而且在社會、經濟或環境上非常貧瘠。簡單地說，社會服務的現狀，大多是在減少老年案主控制他們生活實際細節或社會情境的機會。在這種情境下，專業的老人學學者扮演什麼角色？助人的服務真的有幫助嗎？

專業知識在促進權能激發上扮演的角色

　　長久以來，社會工作實務一直關心受壓迫的人口群，並且其整體目標就是排除種族歧視、性別歧視以及其他形式的歧視。儘管有此共同的承諾，不過實務方法與指導理論選擇的多樣化，在此專業中已經是非常明顯的。這種多樣化在不同的歷史階段，有不同的強調重點。然而，即使在特定的階段，此專業領域中不同的思想學派也發展出不同的實務方法論。接下來，便簡潔地介紹一些近來的實務模式。

對傳統實務方法的挑戰

　　在六○年代與七○年代早期，許多批評都針對專業社會工作者所使用的實務方法。在人權運動時代，這樣的批評支持權能激發取向的處遇，來對抗強調適應壓迫性系統或環境的處遇。再者，此批評來自幾個方面──貧窮者、少數民族、女性主義者、

基變的實務者、基變的社會科學家、男同性戀和女同性戀團體，以及出現有些晚的老人和身心障礙人口群的倡導者。這些團體質疑助人專業人員用來作為處遇基礎的社會科學理論，以及處遇本身的本質（Bailey & Brake, 1976; Frank, 1979; Galper, 1975; Milwaukee County Welfare Rights Organization, 1972; Morales & Shaefor, 1977; Solomon, 1976）。這些質疑專業實務的主要主題包括：(1)實務者缺乏「真實世界」的知識，以及不了解不同團體的生活形態；(2)人群行為理論對中產階級的美國白人和現狀有偏愛；以及(3)源自這些理論且有關正常功能之假設。甚至系統理論本身也受到嚴格的詳審與批評，主要是因為實務者傾向以描述的方式來使用它——描述事情應該如何——而不是把它視為一種工具，來觀察事情是如何運作（Evans & Williamson, 1984）。

　　基變社會工作實務者與反精神病治療法運動的成員質疑，社會工作者透過嚴格的心理透視鏡去評估他們案主的問題，而不是均衡地強調案主情境的政治、歷史、經濟、文化／社會，以及心理等層面。這些批評家也對專業實務將存在於大部分社會中的歧視與偏見原封不動的作用，提供有用的見解。最後，他們記錄了專業實務的社會控制層面。在這之前，社會工作者完全不知道，許多表面看起來很有助益的處遇，居然暗藏有讓人無權能激發的層面（Bailey & Brake, 1976; Frank, 1979; Galper, 1980）。

　　這些挑戰對社會工作專業有些影響——此影響以不同的程度持續到八〇年代。結果包括：在社會工作學院的課程內增加有關特殊人口群之方案內容，以及有些學者與實務者投注更多的焦點在能力本位的活動上和其他權能激發取向的方法上（請參照Galper, 1980; Maluccio, 1981; Norman & Mancuso, 1980）。在自助與社會支持運動的蓬勃發展之下，這些作者和其他人建議應以當

代爲基礎的實務（或是以社會改變爲焦點的實務），已經受到有力的增強（Gartner & Riessman, 1984; Riessman, 1976; Whittaker & Garbarino, 1985）。不過，影響整個專業社會工作的程度還需要評估，但是效果顯然不會太大。

社會老人學理論的影響

健康、社會工作與心理專業在過去二十年間，對老人學展現愈來愈濃的興趣。這現象引起一些學科的專業人員，對老化的生理、社會與心理層面從事更多的研究。並且，有愈來愈多從事實務的專業人員，使用由這些研究所產生的理論爲訓練的基礎。另外，老人倡導者遊說專業協會鼓勵教育機構，擴大對老人學相關領域的服務。大體上，許多專業人員對老化過程與老人的需求愈來愈了解。不過，就如同任何一種知識發展的過程，有人對研究結論的優勢與弱勢產生疑問。權能激發取向的實務者，對社會老人理論的批判特別感興趣，因爲許多社會工作處遇是以這些理論爲基礎。

說明老化過程的主要社會老人學理論，目前已有人針對其本質提出重要的批判。Estes、Swan和Gerard（1984）將這些批判摘錄如下：

> 不過，社會老人學理論將大部分的焦點放在個人與他們角色的喪失、經濟依賴、調適與老年孤獨……。這樣的理論不重視因強迫性退休和它的經濟功能而產生的社會依賴之理論與經驗面；或不重視老人的生產以及老人生產過程中經濟、政治與社會控制功能之理論與經驗面。（p.27）

由於Evans和Williamson（1984）非常支持這些批判，便將這個
議題描述如下：

> 大體上，老化的理論一直把焦點放在個人該如何調適跟老化
> 有關的問題上，而不在問題的結構上。老人學學者較少積極
> 調查、分析與揭發涉及老人醫學化、機構化與照顧化的陰險
> 社會控制元素，以及揭露誰最後從這些趨勢獲利。（pp.67-
> 68）

對權能激發取向的工作者與其案主而言，分析的重要領域是
社會老人學理論對專業實務的影響。因此，那些認同強調個別差
異性老化理論的專業人員，他們所提出的處遇應該接受嚴格審
察。因為，在評估的過程中，若社會政治因素被忽略了，誤判的
機會是很大的。所以，有些觀察家指出應對問題的結構性層面進
行改變，並且認為老年貧窮的主要原因是缺乏激勵、依賴、疾
病、不適當的健康照顧，以及機會全面性減少。此外，其他人也
發現到，一個人一旦退休後所承受的侮辱與角色的剝奪，也能引
起老人的憤怒、絕望與混亂，而精神病醫師通常將這些診斷為精
神疾病（請參照Brown, 1990; Dowd, 1980）。這些觀察證明了，
在評估過程中專業人員可能忽略社會、政治與經濟層面的事實，
因此他們的假設需要仔細的被檢視。

有一種處遇模型，強調個體對貧窮情境問題以及對健康和社
會照顧資源需求的心理反應。而此模型在最佳的情況下，有一種
助人者與被幫助者的本質；在最壞的情況下，結果是以非常不情
願的方式提供服務，因為認為接受者不應該需要此服務。

總而言之，在打擊或助長權能激發時，專業知識與處遇是重
要的因素。當社會工作實務把老人的問題醫學化、把焦點放在調

適取向的策略，以及透過強調個別差異性並且歸咎於個人的社會心理理論之透視鏡來評估老人時，是會得到反效果（Estes & Binney, 1989; Kane, 1989; Relman, 1987; Rose & Black, 1985）。因此，重要的是當這些理論與實務引導著專業人員與相關人員的工作時，權能激發取向的實務者要能夠了解並且能辨認。

權能激發策略與服務輸送

先前討論已清楚表示，社會服務的現狀以及專業知識和處遇的傳統角色，都對權能激發取向的社會工作者提出嚴厲的挑戰。至於達成使案主能夠參與社會改變過程的權能激發取向目標，許多在第四章建議用在社會政策舞台的策略與活動，也可適用在服務輸送之層次。一個自然的結果是，發生於服務輸送層次的議題，通常對用來改變鉅視政策的活動也會有所啟發。

權能激發取向的工作者與其案主都需要了解，國家提供服務的方式如何影響老人。這種影響不僅牽涉服務或資源的真正接收，並且也涉及輸送情境時所產生的社會心理效果。舉例來說，對某一種特定服務持有污名的看法，可能會引起使用者焦慮並從社會支持資源中退縮，或是有其他負向的行為反應。就像許多老人都有資格使用食物券，不過他們都躊躇不前，因為一旦用了，別人就會看到。因為這類反應，某種服務或潛在資源的使用率可能就不高。

對接受協助抱持一種負面的態度，不僅存在那些外表看起來獨立的社會成員之中，這種態度通常也根深柢固在那些發現自己需要服務的老人之價值體系中（Binstock, 1990）。因此，權能激

發取向工作者的工作焦點，不僅是要改變服務輸送系統，同時還要改變潛在消費者的信念與態度。以權能激發取向策略的角度來看，運用團體來提升意識經驗是極有價值的，因為此經驗主要是讓案主察覺他們有權利使用那些可供使用的服務與資源。

如先前所討論的，將知識與技巧傳達至案主人口群，構成另一個主要的權能激發策略。用來處理服務輸送議題的相關知識，包括了解下列範疇：

1. 當地的服務輸送系統，或無系統。
2. 組織與科層制度。
3. 專業的助人者與服務提供者。
4. 引導服務輸送的組織性政策。

接下來，將仔細的看一看每一個範疇。

當地的服務輸送系統

健康照顧與社會服務供給的多變與捉摸不定之本質在前面已討論過。要權能激發那些可能是此方案的老人案主之關鍵策略是，把如何尋找可利用資源的知識傳達給他們。社會工作者通常可以找到一些指南或資訊熱線，使案主熟悉這方面的知識，但是重要的是也要讓案主參與尋找重要資源的工作。對那些想要為自己與他人辨認服務的老人來說，一個起始點便是要熟悉重要的組織。例如，聯合勸募、公共社會服務方案、區域性老人機構（Area Agencies on Aging），以及作為資訊交換所的大型多功能中心。在這些大型多功能中心，所有有關提供老人服務與資源的方案資訊都能交換。一般來說，權能激發取向工作者的目標，是要

讓團體成員或個別老人熟悉尋找資源的方法。

讓案主從事補充現有資源指南的工作，如更新資料與提供額外的資訊，以及辨識服務提供的主要缺口，這些都是另一種重要的共同教育過程。再者，這些活動也使得自助的努力能加強現有的服務，或是取代無效力的服務，然後清楚知道應該努力朝哪方面去改變。有一點要強調的是，由於許多資源都有容易改變的特色，所以尋找資源是一項持續的工作。獲取有關服務輸送系統專業知識的所有工作，對那些需要服務的團體成員不但具有權能激發的作用，對那些和團體成員經常保持聯繫的其他老年人也有同樣的效果。

組織與科層制度

在服務輸送層次中，另一個促進權能激發的重要策略，是由組織結構的知識與組織間的關係所構成。因此，權能激發取向工作者的另一個教育工作，是協助團體或個體學習組織與科層制度的運作。組織理論的基本原則，也就是組織如何運作以及應付他們的策略，可以被包裝起來，做為傳播與案主團體討論之用。通常，老人有相當多與不同層級的組織接觸的經驗；這些經驗對他們在共同努力了解正侵犯他們生活的社會福利組織之功能上，可能極有價值。

Hasenfeld（1984）提供一張珍貴的「組織地圖」，引導社會工作者蒐集有關組織的重要資料。這張「組織地圖」包括組織間的關係、組織環境的政治性經濟。組織的內部特徵，如架構、技術、範圍、案主與資源，也會被列出來探討。毫無疑問的，這個完整的組織分析架構，將會在權能激發團體嘗試了解特定的組織

時被修改，不過它對辨識組織的重要層面是很有幫助的。

　　了解機構的非正式決策過程、價值觀以及工作者的承諾是有價值的。當權能激發取向的工作者和案主研讀與分析一個他們感興趣的組織時，他們將學會如何提供相關的資料給這個組織，以及鼓勵這個組織對他們所關心的議題立即採取行動。另外，辨識影響的重點以及案主能夠涉入組織決策過程的方法，應該在整個過程中被強調。

　　對老年人的權能激發而言，「如何」（how-to）影響組織與組織環境的策略，也是寶貴的技巧。倡導是一個特別有效的策略，因此教授倡導技巧給案主是重要的。因此，為了在獲取服務與資源時獲得效能（efficacy），老人必須學習基本的倡導技巧，而這些技巧通常可在社會工作學院的課程中學到。教授老人倡導技巧的過程在第七章再深入探討。團體情境是學習並練習這些技巧的極佳環境，因為與個人或其他團體成員的需求相關。

　　權能激發取向的工作者可以傳達的其他重要技巧還包括：

1. 尋找與取得有關組織公共資料的策略。
2. 進入董事會與倡導委員會的策略。
3. 做個有效力的董事會會員的方法。
4. 發展案主支持團體、自助團體與溝通網絡的方法。
5. 對不同層級的組織、其董事會與經費單位，表達關心組織性功能的策略。
6. 發展其他可行的替代性提議的方法。

幾個老年組織，如老年女性聯盟與銀豹族，將這些技巧範疇做了整理，成為很有價值的訓練套裝教材。

　　總之，了解組織和獲得影響這些組織所需的技巧，是用來處

理服務輸送議題重要的權能激發取向策略。權能激發取向的工作者可以用有關組織本質、組織間關係、組織基本運作，以及特定的組織內部特徵的知識形式，來協助老年團體或個人，並且也可以給予不同策略來影響這些項目。

專業的助人者

對權能激發取向實務者來說，另一個重要的活動範疇是，讓案主準備好來處理他們與專業助人者之間的關係。有些已發展出來的策略可在案主與專業助人者互動時，用來激發案主的權能。但特別重要的是，案主要清楚知道自己的權利，以便彌補通常會存在案主／專業關係中的能力差異。像是福利權運動、女性運動和公民權運動，希望大家在遇到壓迫和歧視的系統時，要注意「知道自己的權利」與「為自己爭取權利」的重要性。稍後，本書中探討特定的實務環境（如護理之家）或資源範圍（如收入或住宅）的章節，會證實知道與努力去建立權利是權能激發的一個重要元素。因此，權能激發取向的工作者在教導案主或潛在案主了解在面臨不同情境下他們的權利為何時，是扮演主要核心的角色。

如前面所述，老年案主是可以被給予機會，去熟悉支持專業處遇的各種理論知識基礎、價值取向和信念。這類知識能用來除去工作者在思想上的許多神祕面紗，並且協助案主了解處遇。

對案主在處理其與專業助人者之間關係上同樣很重要的是，有需要去學習所關心的問題領域。不管特定的問題是醫學問題、行為議題，或是經濟問題，案主本身要不斷地累積知識，以促進工作者與案主之間關係的平衡。強調在特定的生理與心理健康的

範圍中，發展自我認識及自我照顧的消費者權利運動與同儕支持團體，已經被組織起來了（如阿茲海默氏協會和心理健康消費者協會）。這些組織與運動通常會讓他們的成員參與決策，以及參加可能影響相關政策和方案的政治行動。辨識這些方案，並且把案主與這些方案連結起來，在服務接受方面可能會有權能激發的作用。

在克服不適當的感受時，認識助人過程與助人者也是很寶貴的。因為，這種不適當的感受，可能會經由工作者與案主關係，而逐漸灌輸到一些案主的觀念裡，特別是當工作者的方式在本質上屬於權威式的。有趣的是，治療老人的心理治療師也發現，若要老人有效地參與治療過程，教導他們有關治療的過程是必要的先決條件（Knight, 1986）。當有些團體成員與專業人員及聘請這些專業人員的機構已有相當多的共事經驗時，運用團體情境來傳達如何從不同方面來了解專業人員的知識與技巧，結果會特別豐碩。

使用來自其他團體成員的社會支持，去促成對一位成員的服務，已在不同的健康與心理健康相關的環境中被證明有效（Gottlieb, 1983; Whittaker & Garbarino, 1985）。不論團體的特定任務為何，或工作者使用的是何種程度的團體結構，當團體成員處理影響他們生活的問題（或專業人員與系統）時，他們共有的經驗似乎強化了個人的決心（Whittaker & Garbarino, 1985）。舉例來說，在一個由住在單人房旅館的老人所構成的權能激發團體裡，工作者指出團體成員不僅分享對服務輸送系統持續性的分析，以及來自他們經驗的因應策略，並且提供個人的支持給那些未能影響系統或專業人員與案主關係的人，鼓勵他們堅持下去以獲致成功。

一般而言，權能激發取向的工作者在促使老年案主有能力去管理他們與服務提供者之間的關係上，扮演非常重要的角色。因此，工作者需要發展：(1)一份描述在案主與專業人員關係中案主權利的課程；(2)專業的知識基礎與實務方法；以及(3)「如何」與專業人員溝通的技巧。另外，工作者也可以用心的以這些互動為基礎，來發展案主彼此互助的技巧。

組織性的政策

權能激發取向的社會工作者通常位居行政職位，這使得他們有特別的機會來影響組織性的政策。根據丹佛大學老人學研究所工作人員的觀察，下列方案或方案組成要素的特徵對權能激發的案主特別重要：

1. 把對自我照顧有用的知識與技巧轉移給案主、他們的家人及社區。
2. 把專業知識轉移給案主，使他們的能力增加，可以從他們的環境中獲得所需要的資源或改變（例如，如何成為一位倡導者或調停者的訓練、有關社會與政治系統的資料，以及如何有效參與政治的訓練）。
3. 處遇策略的使用，是可以協助案主以較廣的觀點來了解，他們的個人問題即是公共議題（以個人即是政治的角度來思考和行動，可以減輕自責並且能幫助個人了解無力感的內化層面）。
4. 提供訓練與動機給案主，讓他們能仔細地分析他們的生活情境，以及鼓勵他們增加意識提升的練習與經驗。

5. 強調合作與互賴的活動，以達成共同的目標。

6. 提供受尊敬的社會角色給老人。

7. 建立本質是伙伴或平等的工作者與案主關係。

8. 使案主能夠發展或維持個人的支持網絡。

9. 讓案主能夠在影響他們環境（居住的地方、影響他們生活
   的組織、鄰里、社區與國家）的決策過程中，扮演更主動
   的角色。

10. 從服務提供是促進權能激發取向實務目標實現（請參照
    第三章）之觀點，來評估服務的提供。

權能激發取向的工作者可以在發展強調這些特徵的方案中，
擔任領導者的角色。這種方案的發展可以使機構的工作者提供權
能激發的處遇，而且權能激發處遇是他們平常指示的一部分。權
能激發取向的工作者也可能擔任一些角色，讓他們有僱用職員或
訓練與監督職員的自由。這樣的角色給予工作者機會，去挑戰那
些沒有權能激發作用的理論假定和處遇策略，並且也使工作者有
機會為實務工作提倡不同的替代性架構。

結　論

美國老人可使用的健康照顧與社會服務系統中，所存在的不
適當性與複雜性，使得權能激發取向的工作者必須協助這類的案
主，使他們對取得資源與倡導這些系統改變能無所不知，並且很
有技巧。工作者與案主必須教育他們自己有關價值觀、實務模型
與經費議題方面的知識，因為這些對所需的服務會有影響。例

如，必須了解醫學模型勝過社會服務的現今優勢。另外，權能激發取向的實務者必須引導一種過程，讓案主了解健康照顧和社會服務的政治層面與專業層面，以及其他影響老年案主生活的組織型態。

案主也必須發展特定的技巧來獲取資料、成為董事會與倡導委員會有效力的會員，以及與組織和專業人員進行溝通。所以，權能激發取向的工作者有責任運用一系列的策略，來協助案主獲得這些技巧。小團體則是提供一個不錯的形式，來學習與測試溝通技巧和其他的自助策略。

參考書目

Axinn, J. (1989). Women and aging: Issues of adequacy and equity. In J. D. Garner & S. O. Mercer (Eds.), *Women as they age*. New York: Haworth Press.

Bailey, R., & Brake, M. (1976). *Radical social work*. New York: Random House.

Binstock, R. H. (1990). The politics and economics of aging and diversity. In S. A. Bass, E. A. Kutza, & F. M. Torres-Gil (Eds.), *Diversity in aging*. Glenview, IL: Scott, Foresman.

Brown, A. S. (1990). *The social processes of aging and old age.* Englewood Cliffs, NJ: Prentice-Hall.

Dowd, I. I. (1980). *Stratification among the aged*. Pacific Grove, CA: Brooks/Cole.

Estes, C. L. (1989). The future of gerontology: Golden purpose or tarnished promise. *The Connection, A*(2), p. 6.

Estes, C. L., & Binney, E. A. (1989). Biomedicalization of aging: Dangers and dilemmas. *The Gerontologist, 29*(5), pp. 583–584.

Estes, C. L., & Binney, E. A. (1991). The biomedicalization of aging: Dangers and dilemmas. In M. Minkler & C. L. Estes (Eds.), *Cultural perspectives on aging.* Farmingdale, NY: Baywood.

Estes, C. L., & Lee, P. R. (1985). Social, political, and economic background of long-term care policy. In C. Harrington, R. J. Newcomer, & C. L. Estes (Eds.), *Long-term care of the elderly.* Beverly Hills, CA: Sage Publications.

Estes, C. L., Swan, J. H., & Gerard, L. E. (1984). Dominant and competing paradigms in gerontology: Towards a political economy of aging. In M. Minkler & D. L. Estes (Eds.), *Readings in the political economy of aging*. Farmingdale, NY: Baywood.

Evans, L., & Williamson, J. B. (1984). Social control of the elderly. In M. Minkler & C. L. Estes (Eds.), *Readings in the political economy of aging*. Farmingdale, NY: Baywood.

Frank, K. P. (1979). *The anti-psychiatry bibliography* (2nd ed.). Vancouver, British Columbia: Gang Press.

Galper, J. (1975). *The politics of social services*. Englewood Cliffs, NJ: Prentice-Hall.

Galper, J. (1980). *Social work practice: A radical perspective*. Englewood Cliffs, NJ: Prentice-Hall.

Gartner, A., & Riessman, F. (1984). *The self-help revolution*. New York: Human Sciences Press.

Gottlieb, B. (1983). *Social support strategies*. Beverly Hills, CA: Sage Publications.

Hasenfeld, Y. (1984). Analyzing the human service agency. In F. M. Cox, J. L. Erdler, J. Rothman, & J. E. Tropman (Eds.), *Tactics and techniques of community practice*. Itasca, IL: F. E. Peacock.

Hewitt, P. S., & Howe, N. (1988). Generational equity and the future of generational politics. *Generations, 7*(3), pp. 10–13.

Huttman, E. D. (1985). *Social services for the elderly*. New York: Free Press.

Kahn, A. J. (1979). *Social policies and social services* (2nd ed.). New York: Random House.

Kane, R. A. (1989). The biomedical blues. *The Gerontologist, 29*(5), pp. 583–584.

Knight, B. (1986). *Psychotherapy with older adults*. Beverly Hills, CA: Sage Publications.

Kravitz, S. L., Pelaez, M. B., & Rothman, M. B. (1990). Delivering service to the elderly: Responsiveness to populations in need. In S. A. Bass, E. A. Kutza, & F. M. Torres-Gil (Eds.), *Diversity in aging*. Glenview, IL: Scott, Foresman.

Longino, C. F., Jr., & Soldo, B. J. (1987). The graying of America: Implications of life extension for quality of life. In R. A. Ward & S. S. Tonkin (Eds.), *Health in aging: Sociological issues and policy directions*. New York: Springer.

Maluccio, A. N. (Ed.). (1981). *Promoting competence in clients*. New York: Free Press.

Milwaukee County Welfare Rights Organization. (1972). *Welfare mothers speak out*. New York: W. W. Norton.

Minkler, M., & Estes, C. L. (1984). *Readings in the political economy of aging*. Farmingdale, NY: Baywood.

Monk, A. S. (1990). *Handbook of gerontological services*. New York: Van Nostrand Reinhold.

Morales, A., and Shaefor, B. (1977). *Social work: A profession of many faces*. Boston: Allyn and Bacon.

Norman, E., and Mancuso, A. (1980). *Women's issues and social work practice*. Itasca, IL: F. E. Peacock.

Relman, A. S. (1987). The new medical industrial complex. In H. Schwartz (Ed.), *Dominant issues in medical sociology*. New York: Random House.

Riessman, F. (1976). The self-help movement has arrived. *Social Policy, 6*, pp. 63–64.

Rose, S. M., & Black, B. L. (1985). *Advocacy and empowerment*. Boston: Routledge & Kegan Paul.

Solomon, B. B. (1976). *Black empowerment*. New York: Columbia University Press.

Torres-Gil, F. (1987). Aging in an ethnic society: Policy issues for aging among minority groups. In D. E. Gelford & C. M. Barresi (Eds.), *Ethnic dimensions of aging*. New York: Springer.

Waxman, H. A. (1990). The forgotten catastrophe: Financing long-term care. *Journal of Aging and Social Policy, 2*(1), pp. 11–13.

Whittaker, J. K., & Garbarino, J. (1985). *Social support networks*. New York: Aldine.

第六章

....

團體與個案的權能激發取向處遇

◆團體在權能激發取向實務中的媒介角色
◆權能激發取向個案工作的策略
◆結　論
◆參考書目

個案（individuals）工作與團體工作是處理老人問題的常見方法。可是，當權能激發是社會工作實務的目標之一時，實務者接觸個人與團體的方法會不同。本章將討論如何以權能激發取向的焦點，來改變團體工作與個案工作的本質，並且給予用在團體與個案工作上的明確策略與過程，以及提供以權能激發為基礎的團體工作與個案工作實例。

團體在權能激發取向實務中的媒介角色

　　許多寫過有關權能激發著作的作者察覺，團體是促進權能激發過程的一個重要媒介（Cox, 1988; Gutiérrez, 1989; Kieffer, 1984; Parsons, 1988; Staples, 1987），因為團體工作有助於激盪出範圍廣大的問題解決方案。Schwartz（1974）強調，在進行評估已被察覺的案主問題時，團體工作者採用整體性方法的重要性——此方法涵蓋了私人困擾與公共議題。互助是促進自尊與問題解決的有力動力。自助與社會支持運動強調，互助是維持心理與生理健康以及個人努力掙扎以達到自我權能激發的有力工具（Lee & Swenson, 1986）。

　　權能激發取向的實務非常依賴意識提升（consciousness raising），而團體過程可能是意識提升的最有生產力的媒介，因為意識提升是一種與他人互動的過程。在說明基變的實務處遇時，Galper（1980）認為受壓迫者會將壓迫內化，若人們想要變得夠自主來對抗壓迫的力量，那這種內化則需要被檢視。他更進一步陳述：

有些基變的治療者提出，在追求權能激發的目標時，團體過程會比一對一的關係更有價值。因為，團體過程鼓勵分享，而分享在人們面對孤獨感與為自己所引發的問題負起責任時，是重要的。（p.146）

其他的權能激發理論學者把團體過程視為不可或缺的部分，因為它使被隔離的個體發現他們的問題許多人也有。了解問題的普遍性之後，經常會引發重要的結果，即是減緩受壓迫個體的罪惡感。主要是為無法控制的失敗而自責，可能對生活的每個層面都有無權能激發的影響。

對一個自責的案主來說，與工作人員進行一對一的互動可能沒有用，特別當案主察覺工作者是個權威者，或甚至是「敵人」──也就是壓迫環境的一部分。團體內的經驗分享通常能讓那些有類似問題的個人，比在一對一互動中的個人，更快產生重要的洞察，特別是當個人分享的問題是其他人正在經歷但卻否認的。

團體提供一個環境讓個別的成員有機會可以證明，他們與其他分享他們生活現狀的團體成員即使在完全沒有外援下也能成功。例如，當整個團體參與尋找資源時，團體成員學到的不僅只有資源的可利用性，還包括尋找與取得這些資源的過程。除此，成員也經歷自發性的問題界定與問題解決。

權能激發的團體過程

權能激發取向團體的某些過程，必須由團體中的社會工作者或領導者來提倡。這些過程包括：

辨識與分享共同的問題、需求及目標。成員通常把自己與他

們所關心的事看成與眾不同，可是一旦發現他們的問題其實很普遍時，將有利於團體認同的建立。

透過分享事實、經驗性知識與處理的方式，來開發團體的集體智慧。成員發現他們擁有豐富的資源與知識可以分享。

提供互相支持與互相幫助。與助人者／受助者關係相對的互相支持，可經由團體工作來促進。工作者可藉由分享資源與表達需要更多的資料，來塑造和參與彼此之間的相互性（mutuality）。

參與所關心議題的個人與政治層面之意識提升經驗。了解個人與政治的關連，可以幫助團體更能察覺他們的相互性（mutuality）。

促進權能激發取向的工作者所追求的平等關係。當團體成員分享共同關心的事、有共同的背景，以及一同致力於改變時，工作者更容易變成共同的參與者。

鼓勵參與者相信他們自己的能力。Yalom（1975, p.81）認為「希望的安置」（installation of hope）是團體過程的一大優勢，因為它使成員對自己的能力更有信心。

在他人的支持與分享新行為的成功下，嘗試新行為。當成員在團體內感覺安全時，他們會在團體之內和之外冒險採用新的行為。

支持與練習所提出的活動，如與醫療提供者或家庭成員的面質。同樣地，一個有凝聚力的團體提供安全的環境，來練習解決外在問題所需的行為。

不斷地提供個人支持與網絡給共同的政治行動。進行結果的相互評估時，在導致負面結果的事件中互相支持；以及共同參與新策略的決策時，要提供進一步行動所需的支持。

以整個團體來達成那些獨自一人無法達成的目標。這樣的目標可能包括解決房東與房客之間的紛爭、對抗鄰里的犯罪、改變服務輸送的程序，或發起設立一個新的公車站。

打開先前被認為是禁忌的話題。安全的環境容易鼓勵成員分享禁忌的話題，如家庭虐待與對死亡的恐懼，而這種分享通常使團體成員發現其他的共通性。

從事社會行動活動。這類的活動會增加團體的凝聚力，可能包括租金抗議、聯名簽署活動與參與聯盟。

總之，團體的形式允許權能激發取向的工作者針對共同的問題、個人的態度和信念、政治議題，促進老年參與者間的討論與活動。權能激發取向的團體通常有多重焦點；也就是說，他們同時處理一個議題的所有層面。舉例來說，一個團體可能把健康照顧教育當作它的主要焦點，但是個別的成員可能提出他們在確保權益或與醫療提供者系統溝通上的問題。而這些所關心的事項可能導致個人或集體行動。所以，團體不僅是教育的媒介，並且提供支持給成員去從事個人或社會行動。

老人權能激發取向的團體常常是那些孤立無援成員的個人支持網絡。被孤立的老人通常相信，他們和其他人沒有什麼共通之處，他們的問題都是與眾不同的。可是，一旦團體成員開始欣賞他們所關心事務的共通性之後，通常就會開始改變他們和其他人缺乏相似之處的想法。而這正是權能激發過程中重要的一步。

為了促進權能激發的過程，團體必須被設計成可以促進成員間互動、分享與學習的形式。這類型的領導意味著工作者必須放棄專家的角色，而擔負起一個較為協助性的角色。在這個角色裡，工作者促進成員探索與界定問題、設定目標與行動。

案例：權能激發取向的團體工作

在一項針對住在大都會市區地帶中難以連絡到的老人之計畫中，研究生接受訓練要在住家式的旅館、公寓及老年大廈裡創立權能激發取向的團體。此計畫是由當地的心理健康中心、州立心理健康部門，以及丹佛大學的老人學研究所所贊助。主要目的是要來連絡那些「掉落在服務輸送系統裂縫」中，而需要基本生存技巧與心理健康服務的老年市民。此計畫的目標是想透過團體的運作來連絡這些被孤立的老人，以便能夠把他們與所需的服務連結起來。

這個計畫涉及一個專業團體，其組成成員是一位社會工作者、一位護士，以及一個由研究生所組成而由其教授督導的外勤團隊。這個外勤團隊必須進入市區旅館與公寓建築物，以便在老年居民間建立權能激發的團體。這個外勤團隊的第一項工作是取得住宅經理的許可與合作，如此一來團隊的成員才能進入建築物與居民接觸。

一旦取得出入許可之後，外勤團隊便開始與老年居民接觸，告知他們有關這類團體的相關訊息與他們可以從團體得到什麼，並且評估他們對這類團體的興趣。團隊解釋這類團體成立的目的是為了確認居民的需求，以及產生團體解決方法來滿足這些需求。一開始，許多居民不願意承認他們有任何問題或困難，或因為如此，他們不願意承認和其他居民有什麼共同之處。一個經常聽到的意見，大概都是「這裡的其他人好像需要這樣的團體，但是我不需要 —— 我過得還不錯」。外勤團隊花了很多時間去了解每個居民，並且取得他們與管理單位的信任。團隊成員透過與建

築物內每個人的談話，來評估居民的需求。最後，訂下每週聚會的時間和地點，並且由外勤團隊的學生帶領聚會的進行。

　　經過初期的籌辦會議之後，外勤工作者確定了整體居民在對抗他們的處境時，似乎所需要的資料與資源的類型。然後擬出一份課表，來教育每個團體居民有關一般的老化過程、老化的議題，以及可用的資源（由於第七章會更深入探討這類型的教育處遇，因此這份課表的內容列在第七章）。每個團體任何時候若覺得需要，就可以上這份課程表所建議的課程。每個團體大約持續了三年，而在這段期間內，外勤團隊的領導方式經歷了一些改變。下列記錄了一個權能激發團體一年以來所參與的活動，而正好在這一年中，這個團體因為他們所居住的旅館要改建為一座新的會議中心，因而被迫要遷移。

　　福特／蒙特哥馬利（Ford/Montgomery）團體　這個團體被稱為福特／蒙特哥馬利，是因為它起始於福特旅館，後來大多數的成員都搬到蒙特哥馬利旅館。在這裡。團體的創始成員主要有十六個，全都是老年人，患有精神疾病或酗酒習慣的歷史都很長，而且大部分的人都是福特旅館的長期居民。當這個團體首先在十月份成軍時，成員所針對的共同問題是他們的建築物缺乏安全；他們提出門鎖與安全程序等議題。所以，工作者、團體成員與旅館的管理單位一起合作改善建築物的安全，然後有一些令人滿意的改變。

　　不過，在市中心蓋一座新會議中心的計畫，似乎使旅館面臨被拆掉的命運。這一年的活動，大部分集中在這事件的創傷本質上；它給了這團體一個危機，讓成員團結起來，一起奮鬥。在這一年的決策與對抗上，工作者擔任協助者、倡導者、教育者與伙伴，並且為個別的居民提供密集的危機取向個案工作。

遷移前的團體活動　一旦確認他們的旅館一定得拆除之後，團體的行為集中在處理強制遷移的議題上。在一月初的聚會上，討論的焦點集中在有關福特的擁有者可能在市區外買一間汽車旅館的謠傳、贊成與反對住在市中心地區的辯論，以及整個團體一起遷移的相關價值。在一月中的聚會上，成員談論他們過去的住宅經驗、他們對新公寓的期待，以及他們希望住在城市的哪一個地區。

因為市府官員有壓力要去協助居民處理遷移的費用，所以許多市代表就捲入了居民的生活中。在一月底的會議中，居民前去察看了替代的住宅並且討論資格、資源與可能的行動。數個團體成員認為替代住屋的設備規定、法規與結構是個障礙。市府官員來到旅館與老人面對面談論他們的需求。然而有關被用來協助遷移的資源，以及如何能取得資源的傳言到處流竄。

這個危機的效力引發了老年團體成員的情緒反應。例如在發生外人入侵與對替代方案缺乏可靠的資料後，許多人深感憤怒與無力。這種憤怒與焦慮使團體有衝力而派人參加市議會的會議，因為在此會議中能聽取有關新會議中心地點選擇的證詞。三位團體成員自願發言，其他的成員則協助他們蒐集相關的資料，並且列點指出團體的處境。大部分的團體成員都出席市議會開會，即使只有兩個人可以發言。後來發現，在市議會中發言是一個重要的教育經驗。由於會議當天的議程很緊湊，而且還有許多發言人要對其他主題發表意見，所以時間上的受限，使議會成員無法將焦點放在遷移的議題上。團體成員發現這次的經驗有些令人沮喪，但是對社會行動來說是堂寶貴的課。不過，團體成員的證詞的確對市府計畫撥出適當的經費來協助搬遷的事，有推波助瀾的功效。

團體的形式允許成員與工作者，處理搬遷工作本身與這個危機的情緒層面。一月底與二月初的聚會提供了一個場合，來討論搬遷的財務層面，以及獲得市府提撥的資源來協助團體成員所需的過程。工作者引薦團體外的資源人員來解釋如何獲得市府的遷移補助經費。所有的成員都同意負責計畫他們自己的搬遷事宜，並且協助其他人做搬遷的決定。個別的成員若有個人危機期，工作者通常在聚會的間隔期提供一對一的支持與倡導；團體成員也會隨時儘可能互相幫助。團體中有一位成員被安置在一個七十二小時的精神醫療戒護下，此情況成爲二月中旬聚會討論的重點。成員們商討著如何處理遷移時所引發的高壓力，以及如何協助彼此度過這個危機。除此，成員表達了嚴重失落的感受，有些人哭了，並且談及他們生命中其他的失落與他們如何處理。此時，互相支持受到鼓勵，而且隨手可得。

隨著遷移的日子愈來愈近，團體活動就更密集。二月份最後一次的聚會同樣在做情緒上的支持，成員表達了他們的憤怒、失落與悲傷，並且互相安慰。在三月初的一次聚會上，焦點放在取得遷移的資源與規劃遷移的細節。一位市府的社會服務代表參與了這次會議，並且擔任連絡的工作，替成員設定遷移時間。三月中旬遷移的當天，團體成員又聚了一次會，彼此協助最後的打包工作，以及在撤離時提供互相的支持。個人的兩難被討論，情緒的挫敗被宣洩。有九位福特團體的成員搬到只有幾個街區之遠的蒙特哥馬利旅館；其餘的則搬到附近。另外，還有些遷移到較遠的地方，有些居民則消失了。

遷移後的活動　下個階段的團體生活是涉及遷移危機後的重組。三月底在蒙特哥馬利舉行的聚會上，搬到這裡與附近的人爲他們自己開了一場熱鬧的慶祝會。往後的兩次聚會則用來協助成

員取得遷移的補助金，以及發起尋找其他先前的福特居民之提案，包括到其他的旅館去做探訪。團體成員提議積極尋找及連絡那些搬到其他地方的人，看看他們是否得到所有他們應得的權利，以及他們的遷移是否令人滿意。此外，在團體的議程中還列有熟悉周遭環境事項。當成員徒步訪視時，畫了一張地圖，並且填上有關商家、雜貨店與便利商店的資料。團體四月份的活動包括，拜訪蒙特哥馬利旅館的居民，邀請新人加入團體。這個時期也是所有團體成員的省思期。

隨著遷移危機的結束，團體的注意力轉移到成員較一般性的關心事務上。在五月份，團體從權能激發課表上選了一些教育性的主題。其中一個重要的主題是，在美國社會中工作的重要性與失業的影響。團體表達了他們因為沒有工作而遭拒的感受；他們覺得好像被歧視。大體上，成員討論的焦點集中在他們個人的經驗，並且他們繼續互相協助彼此安定下來。一旦強烈的團體互動環境，也就是遷移，平息下來之後，成員開始有點疏離團體；他們開始注意到團體成員在期望與需求間的差異性。許多成員身體非常虛弱，或有聽力問題，或不再那麼常走動。其他的人則有嚴重的酗酒問題。結果，出席和參與都減少了。

新的住宅環境改變了團體的本質。成員對蒙特哥馬利的經理持有不同的態度，因為他似乎比福特的經理較不支持團體。團體的可行性暫時陷入危險。由於遷移的過程包括了許多教育性的經驗與社會改變行動，所以成員在有關他們生活的權利、法律與政策方面都受過訓練；他們也在市議會上做過證。因此，當他們知道身為房客的權利後，他們開始以團體的型態要求旅館經理回應他們的需求。經由遷移時參與活動所建立起來的凝聚力，提供了團體再次集合起來一起行動的優勢。所以，成員對管理單位與自

己的房客身分採取了新的態度。

在六、七、八月期間，團體的焦點放在教育他們自己。成員檢討了健康照顧議題、對精神病的歧視、他們身為精神病患的權利及法律協助。聚會持續提供相互支持與機會，來表達感受和解決個別的問題，也舉辦發展個人技巧的訓練活動。

在九、十、十一月份間舉行的聚會，是繼續討論教育課程上的主題，包括如何處理健康照顧系統，以及更新退休資格。友誼被團體成員辨識為他們重要的關心事項之一，並且成為一次熱鬧討論的主題。當時序接近暮秋，成員處理假日議題，討論假日時的低潮期，以及規劃活動來幫助彼此度過這個時期。十二月底，成員評估團體過程，並且開始規劃未來的活動。

團體內個別成員的參與　福特／蒙特哥馬利（Ford/Montgomery）團體的成長與發展是個持續不斷的過程。雖然個別參與的情形不同，不過若要在成員中引起與維持權能激發的過程，團體是個可行的方法。C先生就是個例子。

C先生是個68、69歲左右的離婚男人。他是第二次世界大戰的退伍軍人，當兵期間大都待在菲律賓的POW營區。據C先生表示，大部分的時間他難以「過」正常的社會生活。他結過三次婚，大多以開卡車維生，他承認有時無法控制他的酒精飲量。C先生是福特／蒙特哥馬利團體的創始成員，他有機會在遷移危機開始前就入會。當遷移宣布之後，他喝酒喝得更兇，而且經常在聚會期間爆發憤怒。在這時候，他就會被告知，如果他喝了酒，就不能來參加聚會。

因為這個遷移危機加上他不參與團體事務，C先生可能早已脫離了團體。二月初，在沒有告知任何人的情況下，他搬離了福特旅館。工作者陸陸續續和他連絡，不過結果大多都限於每週一

次在街上排隊領食物券的隊伍中或在老人中心找到他，但他通常都是已經喝得酩酊大醉。在這期間，他的身體狀況似乎急速地衰退。那時，團體都在鄰近的一家餐廳舉行聚會，C先生照例每星期四早上都會經過，不過通常都拒絕參加。當他真的參加了，他抗拒討論有關他的遷移補助的權利，而且會很生氣的半途離席。

C先生沒有和團體一起遷移，不過後來又重新加入。在三月份，大部分的團體成員都遷移到蒙特哥馬利旅館，C先生則搬到另一家旅館，距蒙特哥馬利旅館有六個街區之遠。團體成員發現了C先生，並且邀請他參加在蒙特哥馬利一位成員的公寓內舉行的聚會。C先生開始每週參加聚會，慢慢地他開始要求協助。在團體成員的幫忙下，他從市政府那裡收到他應得的補助金。春天時，他自己找到了一間小的地下室公寓，他也愈來愈能控制自己的酒量。在他的邀請下，團體每兩週至他的公寓聚會。C先生開始在團體內採取積極的角色，給予他人誠懇的支持，有時也接受支持。

團體被證明是C先生的一項寶貴資產。在入秋時，因為呼吸道感染，他病得很重。他難以取得醫療協助，不過團體一起建立了一個支持網絡，把他送到醫生那裡，並且幫助他康復。聖誕節時，C先生藉由晚餐的一段對話告訴團體，因為團體，他才得以度過去年，他感謝所有的團體成員。之後，他依然是這權能激發團體重要的一部分。

團體成就的摘要　在這一年中，團體提供重要的生存資料給成員，以及在他們遭遇變遷時，提供意義匪淺的情緒支持；它同時也是個人與政治成長的來源。工作者鼓勵成員使用團體作為支持與知識的交換站，以及視團體為給予與接受寶貴幫助的媒介。團體在個別成員與侵犯成員的不同環境系統之間擔任調停者，例

如涉及遷移的政府科層系統。市府提供一些有關遷移的選擇，不過沒有一個適合團體成員的需求與生活型態。團體正當化了成員的真正需求，以及合法化了成員爭取一個可接受的替代性方案之權利。即使在某些情況下，他們的努力並沒有獲致什麼成功，不過團體的支持顯然幫助了個別的成員，使他們避免掉一些他們無法承受的遷移負面結果。

外勤工作者的角色在權能激發過程中是重要的。工作者擔任協助者、諮詢者、活動中的伙伴、倡導者、教育者、連絡人，以及福特／蒙特哥馬利團體成員在非常動盪時期可以依靠的角色。工作者的工作焦點，是鼓勵團體成員以及協助他們對自己的聚會、課程內容與活動負起管理的責任。另外，當團體在尋找外援時，工作者扮演激勵者的角色，並且把有關資源與服務的知識集結成資料庫（pool of information）。除此，工作者亦鼓勵成員將可能的援助與相關資料的出處記載下來，並且跟其他團體成員和非團體成員的蒙特哥馬利居民分享。

這個權能激發團體的焦點，集中在這些老人所經歷的問題之社會、環境與個人層面。雖然這個團體的最初目的不是在提供途徑來處理情感、老化恐懼與無助感，不過當成員提出他們的共同問題，這些個人層面就成了團體過程的核心。這個團體提供機會來應用在第三章介紹過的權能激發取向模型，因為它所涉及的工作都在此模型的四個層次之內，從初期的評估、將資源跟有關個人環境的教育連接起來、互助，以及組織社會行動。福特／蒙特哥馬利團體的創立，是為了迫使服務輸送系統變得更有反應。團體成員與來自機構的代表對話，並且協助教導修讀社會工作的學生，使學生能了解他們自己與他們的需求。他們在市議會上發表聲明，希望能夠停止他們建築物的拆除。即使他們無法達成這個

目標，但他們的確影響了市府對提供遷移協助與補助的決定。這個團體提供了一個討論場所，使成員有機會來認同共同問題與議題中「個人即政治」（personal-as-political）的層面。

→→→

權能激發取向個案工作的策略

　　這節將探討個人的權能激發取向工作，與促成這個方法的策略和技巧。或許將權能激發模型應用到一對一關係上有某些程度的似非而是，因為此模型的基礎是建立在與團體過程有關的相互性、連結、網絡、共同性、同儕協助以及自助策略。不過，即使這些大部分的策略用在團體環境中是最好的，但是並非每一個需要協助的老人都可以或是願意參加團體。許多人被社會化成「獨自幹活」（go it alone），而且對與他人分享他們所關心的事或特別是他們的缺點時，會使得他們不自在。這麼做可能意味著丟臉，而且會被視為獨立的一種喪失。再者，許多老人太虛弱，而且體力上不允許他們出去參加團體活動。在這種情況下，工作者的任務便是將權能激發取向的原則帶到一對一的情境中。權能激發取向的模型如何被應用在老人人群服務中最普遍的助人形式上——也就是個案工作？

傳統個案工作與權能激發取向個案工作在原則上的差異

　　將權能激發取向的方法用在個別老年案主上時，會對傳統個案工作的架構產生質疑。社會工作的老人服務，主要是以一對一

的服務結構被創立的。這種一對一的服務方式可以在居家健康照顧、以醫院爲基礎的社會工作、護理之家社會工作、其他以社區爲基礎的健康照顧設施，甚至在老人中心中看到。透過這種結構的社會工作處遇來協助案主因應他們的個人問題時，有個假定就會常被聽到。此假定即是，問題來自個人，因此個人必須想出辦法來解決他們自己的問題。這種助人的典範來自醫學的觀點；也就是說，老化被視爲醫學上的失功能，而不是一種正常的發展過程。因此，問題的解決方案也以一種狹隘的醫學模式來看待。

處理個別老人的權能激發取向實務，是利用數個有關老化但非醫學的前提，以及在某些方面不同於傳統的方法來進行個案工作。

由老人來辨識問題。由老人本身而非由專家工作者所做的初步問題辨識（Akins, 1985），是權能激發取向一對一工作的第一步。當老人學領域變得愈來愈熱門，許多專業助人者企圖成爲「老人專家」。雖然知道愈多有關老化的過程是有助益的，不過因爲工作者對專家角色的假定，使案主對其本身情境的專業知識沒有好好地被利用。在權能激發取向中，專業知識是由工作者和案主一同分享的。工作者可以提供他們知道的、觀察到的，或他們所學到的，但是有關任何案主情況的最後專家是案主本身。

老人的問題隸屬於直接環境系統當中。老人一對一工作的傳統方法視助人過程是一個兩人關係，只涉及老人與專業助人者。但是，權能激發的過程是建立在案主以及案主的家庭和社區兩者現有的資源上，並且動員老人去滿足所表達的需求。這種方法強調問題與解決方法的社會環境情境，因此會比許多傳統的方法傾向把問題的解決方法放在一個較大的舞台上。

工作者不控制助人過程。專業人員必須放棄對助人過程與處

遇結果的控制。所有的行動都必須依程度來評量,然後根據評量所得的程度,給予案主機會依自己的意志行事。工作者必須避免「爲什麼而做」(doing for)與「做什麼爲了」(doing to),而學習從他們的老年案主身上得到線索,傾聽他們對需求的定義,以及擔任合作者來協助他們與其他人和資源連接起來。專業人員成爲老年案主的伙伴,把他或她的專業知識與案主的智慧、經驗、自我認識和見識融合在一起。

工作者協助老人不要對其問題持狹隘的看法。當社會工作者與老人的會談是爲了解決一明確問題時,討論的情境脈絡通常是工作者的機構如何界定它本身的角色與案主所提出的問題。雖然,把助人的過程限制在這些狹隘的媒介變數內,是很令人心動,不過權能激發取向的實務要求工作者擴展老年案主的知覺與對問題的意識,協助老人以較大的情境脈絡來看待問題。舉例來說,因爲多重失落與日漸衰退的健康而沮喪的案主,會老早從同儕團體中得知,他們的情況對許多人來說是很普遍的。不過,若沒有那種團體情境的優勢時,權能激發取向的工作者仍必須把「同在一艘船上」的共同經驗傳達給個別的老年案主。(有關這方面的策略會在下一節中討論。)

權能激發取向的一對一工作之特定策略

有些被使用在老人權能激發取向個案工作的策略與用在其他方法的策略沒什麼兩樣,不過也有些則不同。下列的策略已經成功的被運用在權能激發取向個案工作中:

傾聽老人然後協助他或她因應現在的處境。回憶與回顧生命是常見的處遇技巧。工作者鼓勵案主反省他們的生活、記起與重

建其他的失落、沮喪或危機時期，以及他們如何應對。權能激發取向的實務不會忽略問題的情感或精神深處的層面。老人必須被傾聽、被認同，以及被幫助以其獨特的方法來應對他們自己的議題。投入並誘導出老年案主的情感，然後在前車之鑑引為借鏡之下，幫助他們建構他們的處境，都是有效的傾聽技巧。

辨識因應與引發改變的技巧。老年案主有許多因應逆境的技巧可以彼此分享。工作者可以鼓勵老人向別人學習，同時也提供教材給他人。這個做法包括鼓勵案主寫下或敘述他們的生命故事，然後向有類似情境的人清楚說明，在面臨逆境時如何來因應與做改變。

將那些記錄正在因應與改變情況的老人團體之錄影帶，帶給類似情境的案主。同儕討論如何因應老化與對老化過程的期待之錄影帶，是有效的教育工具。因為，它們可擴展老年案主對問題的觀點，並且這種教材可以降低個別老人在某一情境中對孤獨的察覺。

介紹簡訊或故事。例如，來自報章雜誌的簡訊與文章報導了相關老人團體的訊息。而這些老人團體正在發起服務計畫，以協助其他人因應他們的失落感，或是討論特別與老人有關的政治議題以達到一種共識感。

將案主與其他人連結起來。處於類似環境的老人可以透過打電話、寫信或簡訊來提供互相支持與教育。而處於最孤立環境中的案主，可以從與他人的聯繫中獲益。

鼓勵案主能對其他人有貢獻。幫助他人或以微不足道的方法參與，都可以在老年案主中創造一種生產力的感覺。例如，為小朋友錄製有聲書、透過電話確認另一位老人的狀況、寫信或打電話給立委或機構人員表達意見，所有這類的活動都會使案主覺得

有用與有貢獻。此外，有些活動可以使老人更了解她或他的問題，然後感受到情境中的人際與政治本質。

→→→

案例：一對一的權能激發取向工作

　　八十幾歲的 S 太太不喜歡出門，因為骨盆斷裂，所以基本上她根本動不了。當地老人中心的社會工作者會去拜訪她，不過不論怎麼嘗試，都無法說服 S 太太來到中心。她告訴工作者，「我喜歡和人講話，也喜歡幫助別人，不過我每次出門都很麻煩，而且很痛苦，所以我不會替自己找麻煩，除非逼不得已。」然後工作者詢問 S 太太，什麼樣的志工工作是她可以在家做的。於是，S 太太拿了一份喜歡把自己關在家中的老人名單，並且開始每週打電話給他們。不久，她便使名單上的一些人輪流打電話給其他人；也就是說，她從她所拿到的名單建立了她自己的電話確認方案（telephone reassurance program）。因此，每位電話訪問志工都會向她報告。在與老人中心合作之下，S 太太收到來自電話訪問志工和那些曾接受電話訪問者的轉介。由於她的接觸，她開始在她和醫生有約的日子裡，去到老人中心，看看工作者以及那些她曾在電話中交談過的老人。

　　D 先生獨居，而且拒絕參與任何團體活動，不過他對追蹤州立法院的活動很感興趣，特別是有關退休人口的法律與法案。老人資源中心的工作者請求他去追蹤州立與聯邦立法院的立法，並記錄某些法案的進度。工作者拿了 D 先生的研究，並且把它刊登在資源中心的簡訊上。D 先生非常高興他的研究被刊登，所以他擴大他的研究範圍。

身體愈來愈虛弱的 T 太太與一位會惡言謾罵的人結婚很久了。她的配偶老早就開始服用很多藥及喝酒，而且愈來愈虐待 T 太太。社會工作者幫助 T 太太評估她的生命、她的選擇、目前處境對她的意義，以及她以前如何因應她的處境，並且衡量她的替代方案。由於 T 太太沒有興趣參與團體或其他在老人中心舉行的活動，所以工作者提供她有關老人虐待、替代方案與資源的錄影帶及閱讀資料，並且給她一些電話號碼以備不時之需。經由這些資料，T 太太與那些處於相同情境的其他女性取得聯繫，然後她們建立了一個電話支持系統，而此系統幫助 T 太太了解她正經歷的問題。此外，此系統亦使她能夠從處於相同情境的人身上尋求支持，並且給予這些人支持。因此，她變得不那麼沮喪、開始減少對她的處境的自責，對環境的無力感也不再那麼強烈。

G 先生是位退伍軍人，最近正為喪偶而傷心欲絕。於是他開始喝很多酒，因為這是他過去用來處理傷痛的因應方式。工作者幫助他辨認失落與悲傷的議題，告知他有關悲傷的過程，以及與他討論他的選擇。由於不想參加團體，所以 G 先生同意寫下他失去太太的感受，如此一來別人便能從他的經驗中獲益，並且他被鼓勵寫日記。過去他在軍中的職務是負責編寫簡訊，因此有了額外的鼓勵，他開始為機構編寫處理悲傷議題的簡訊。G 先生和機構工作人員溝通，而且最後從機構的其他老年案主身上獲得有關失落、悲傷與因應的故事。之後他能夠減少酒量，而且他告訴工作者，這是自從他太太去世之後，他第一次覺得自己是有用的。

老人個案工作權能激發原則之摘要

在上述的案例中，工作者能夠根據權能激發取向實務模型中的四個層次，來促進與鼓勵案主對問題進行了解、因應與解決。策略包括個人協助、有關個人處境的教育、互助，以及為他人提供有組織的協助。那些最初以為他們的問題是個人的、與眾不同的且沒有外援的老年案主，後來都能擴展他們的視野，並且以更廣泛的角度來了解問題，例如也有其他人像他們一樣。最後，這些案主都能對他人伸出援手與促成共同目標的達成。毫無疑問，互助導致力量與自尊的增強。除此，個別的工作還包括對已被辨認出的問題之個人與政治層面給予關注。

結　論

不管處遇的層次或媒介為何，權能激發取向的實務利用自助與互助的原則。案主被視為有能力的潛在協助者，他們有他們自己的優勢，以及他們對他們的問題有專業知識。意識的提升是權能激發的一個必備元素。傳統的助人原則「為什麼而做」（doing for）受到質疑，而且工作者必須學習分享專業知識，以及促進老年案主問題解決的能力，不論是透過團體過程或是一對一的工作。

權能激發取向的團體工作要求工作者辨認共同問題與目標、開發集體智慧和貢獻、提高相互支持，與促進意識的提升和平等的關係。團體提供環境讓參與者相信他們自己的能力、願意嘗試

新的行為、提供相互支持、討論禁忌主題，以及設定與達成共同
目標。

　　權能激發取向的個案工作包括鼓勵老人辨認問題、連接問題
與環境、分享助人過程的控制，以及擴展老人對他或她的問題的
視野。

參考書目

Akins, T. E. (1985). Empowerment: Fostering independence of the older
　　adult. *Aging Network News, 2*(5), pp. 1–10.
Cox, E. O. (1988). Empowerment of low-income elderly through group
　　work. *Social Work with Groups, 11*(4), pp. 111–125.
Galper, J. (1980). *Social work practice: A radical perspective* (2nd ed.).
　　Englewood Cliffs, NJ: Prentice-Hall.
Gutiérrez, L. (1989). Empowerment in social work practice: Considera-
　　tions for practice and education. Paper presented at the Council on
　　Social Work Education, Chicago.
Kieffer, C. (1984). Citizen empowerment: A developmental perspective.
　　Prevention in Human Services, 3(Winter/Spring), pp. 9–36.
Lee, J. A., & Swenson, C. R. (1986). The concept of mutual aid. In A. Git-
　　terman & L. Shulman (Eds.), *Mutual aid groups and the life cycle*.
　　Itasca, IL: F. E. Peacock.
Parsons, R. J. (1988). Empowerment for role alternatives for low income
　　minority girls: A group work approach. *Social Work with Groups
　　11*(3/4), pp. 27–45.
Schwartz, W. (1974). Private troubles and public issues: One social work
　　job or two? In R. Klenk & R. Ryan (Eds.), *The practice of social work*
　　(2nd ed.). Belmont, CA: Wadsworth.
Staples, L. (1987). *Powerful ideas about empowerment*. Unpublished
　　manuscript.
Yalom, I. (1975). *The theory and practice of group psychotherapy* (2nd
　　ed.). New York: Basic Books.

第三篇 ●

權能激發取向處遇：實務案例

第七章

増加老年人生存的知識與技巧

◆老年人生存的教育需求

◆權能激發教育

◆權能激發取向的教育性方案之案例

◆結　論

◆參考書目

晚年生活帶給人們新的挑戰、老化過程的新經驗、服務輸送系統的新利用，以及有待解決的新問題。傳播解決問題的知識與技巧，是權能激發取向實務的一項要素。本章將簡短地檢閱，因晚年生活情境與經驗需要新的問題解決策略而產生的教育需求，以及描述老人一般性的教育需求，如文獻上所記載的。然後，從學習階段和方案設計的角度，來討論權能激發教育。最後，介紹成果非凡的技巧基礎方案。本章所涵蓋的特定方案，包括處理老年生存的技巧、同儕諮商、有效的個人溝通、衝突的解決方法與倡導。

老年人生存的教育需求

　　誠如第一、二章所提，老人對逆境、優勢與資源的反應非常多樣化。不過，很明顯的，所有的老人都會面臨晚年生活的挑戰。這些挑戰源自日益增加的依賴狀態，其原因為老化過程、健康問題、重要他人的死亡、財務上的重新調適，以及對非正式與正式支持系統依賴的增加。

新的挑戰與情境

　　在我們的社會中，對獨立狀態的評價非常的高。因此，老人在晚年生活所面臨的環境，將要求他們去獲取新的知識與技巧，以便因應較無法獨立的生活方式。以下所列的是，一些要求老人在晚年生活中去學習的新挑戰與情境：

1. 晚年生活發展性的改變對所有的老人而言都是常見的，不過，若這些改變具有神祕感，或被認爲是獨特的而不是老化過程的正常部分，那可能會令人害怕和沮喪。

2. 日漸依賴非正式支持系統所提供的協助，可能需要老人去調整他們對接受協助的態度、去學習請求協助，以及更清楚與有效地將他們的需求傳達給他人。

3. 日漸需要提供協助與支持給其他同樣是老人的朋友、家人或鄰居時，也可能需要提升溝通與問題解決技巧的層次。由於老人可能已被社會化成迴避衝突或差異性，所以他們可能刻意避免與他們的支持系統，或那些他們想去幫忙的人產生互動，而不是試著解決彼此之間的不同。

4. 日漸需要利用到正式的協助系統，特別是健康照顧，所以可能會與服務提供者發生衝突，以及產生想對服務輸送系統更了解與該如何處理此服務系統的需求。

5. **繼續貢獻**社會的需求與渴望，可能會迫使老人獲取新領域的知識與技巧，以便能爲他人提供服務。雖然，老人想要**繼續**生產的渴望與能力是不相同且差異頗大，不過卻是個事實（請參照 Herzog & House, 1991; Simonton, 1991）。

6. 辨識其他人共有的議題與所關心的事，會在爲了共同的利益而學習與他人合作上，引發新的挑戰。

一般性的教育需求：綱要

老人對教育性處遇的需求是在老年文獻上常見的一個主題（Lowy & O'Connor, 1986; Pifer & Bronte, 1986）。一九七一年，在給白宮老人會議的教育技術委員會之報告中，McClusky（1973）

提出一份老人教育需求的綱要，其中包括因應、貢獻、影響、表達與沉思，以及超越的需求。Lowy（1988）詳盡說明此綱要，建議每一類的需求都可以更完整和更仔細的被描述，如**表7.1**所列。

表7.1　老年成人的教育需求綱要

需求種類	敘述
1.因應的需求 （Coping needs）	如何處理： ・日常生活任務 ・健康照顧 ・營養 ・收入的維持與管理
2.貢獻的需求 （Contributory needs）	如何藉由提供服務來進一步增進生活滿意度： ・在公立和私立的服務組織中工作 ・參與立法事務 ・在學校授課
3.影響的需求 （Influencing needs）	如何運用一些控制來影響所生活的世界： ・聯合其他人一起力求改革 ・對所關心的事發表言論、進行討論與表達意見
4.表達與沈思的需求 （Expressive and contemplative needs）	如何為了純粹的學習樂趣而參與活動： ・學習新的手工藝技巧 ・學習新的語言或舞蹈 ・研讀長久以來人們感興趣的主題，如歷史、宗教與神祕主義
5.去超越的需求 （The needs to transcend）	如何超越生理經驗而到達一種更高的且屬於精神層次的領悟

取自〈人群服務的專業人員：他們在老人教育中所扮演的角色〉一文中（"Human-Services Professionals: Their Role in Education for Older People" by L. Lowy, in *Generations, 12*(2), 1987, pp. 33-34. Copyright © 1987 by American Society on Aging）。

在權能激發的過程中，知識與技巧的傳授涵蓋此綱要中的因應、貢獻與影響需求。Lowy（1987）強調，社會工作者必須提倡，需求本位（need-based）的學習爲社會服務中不可或缺的一部分。強調與老人一起工作的權能激發取向觀點，是鼓勵利用老人的能力，這不只是爲了他們的身心健康，並且能改善他們自己與其他人的生活。

權能激發教育

從教育的層次來看，權能激發的過程涉及如何將個人的資源透過管道輸送出去，然後與其他人的資源匯集起來，以創造欲求的改變。有人提出，教育者與訓練者的角色是權能激發取向實務者的責任核心（Gutiérrez, 1990; Solomon, 1976）。根據Solomon所言，「讓自己置身在一個專業改變經驗的需求可能增加的事件發展過程中，學習認知的、人際間的與技術性的技巧，是個人的失敗」（p.350）。她提出，社會工作者的主要角色是在教導與學習基本生存技巧的關係中，做個老師或訓練者。再者，Solomon解釋，案主接受到的最好協助是幫助他們獲得有用與有貢獻的角色。在運用Reissman的助人者治療原則時，Solomon提議需要更多非專家的助人者。根據此助人者治療原則，有問題者是可以幫助那些有相同問題且情況更嚴重的人。透過學習與運用新知識的過程，助人者通常獲得的比受助者還多，不過兩者同時可從使用權能激發取向的方法來處理問題之情境中受益。明顯地，工作者與案主不僅可分享知識與技巧，案主之間以及與其他處於類似情境中的人也可分享知識與技巧。本章的最後一節會詳加說明如何

把知識與技巧轉移到老人身上的一些方案，使他們如同 Reissman（1965）所示，自己本身可能成為助人者、老師與訓練者。

學習的階段

根據 Zimmer（1988）所言，自助是權能激發過程中不可或缺的一部分。從她在布魯克戴爾老人中心（Brookdale Aging Center）的自助團體工作經驗中，已辨識出三個與自助相關的學習階段：

第一階段——教育性與技巧訓練。當團體成員尋求有關晚年生活議題的特定資訊，以及處理此議題的教育時，認知性的學習就會發生。

第二階段——互助或同儕支持。經驗性的學習可以促使團體成員更加了解問題的普遍性、團體的向心力，以及使成員能從陳述壓力到事實測試與行為改變。當團體成員接受協助，然後變得能夠對像他們一樣的人有幫助時，藉由互助與同儕支持的學習就反映了 Reissman 的助人者治療原則。

第三階段——社會行為與倡導。這個階段的學習涉及了團體的凝聚力，它正是改變社會行動的基礎，雖然不見得完全如此；但數種學習的類型是發生了。例如，可能需要更多的認知技巧，以及經驗性的分享與互助。*

---

* 取自〈自助團體與晚年生活學習〉一文（"Self-Help Groups and Late-Life Learning" by A. H. Zimmer, in *Generations, 12*(2), 1987, p.21. Copyright © 1987 by the American Society on Aging）。

這三個學習階段全部發生在權能激發過程之中，不過沒有特定的發生順序，事實上也可能同時發生。這些階段與問題定義和處遇焦點的層次是一致的，而這些層次已在第三章的權能激發取向的實務模型中提過。

簡言之，為了讓老人感到權能被激發，晚年生活的生存教育與有關特定問題或情況的教育是必要的。另外，自助團體或是網絡經驗（networking experience）也是必要的，因為當老人得知其他人也有同樣的問題與關切時，是可透過網絡經驗來確認他們自己的經驗。最後，權能激發是需要案主透過聯盟或網絡，來聯合其他的老人，一同為自己與他人的利益改變環境。學習機會本身是一種持續的策略，因為可以提供老人增加個人控制與掌控生命的感受之潛能，而此感受正是權能激發的核心。

設計權能激發取向的方案

執著於權能激發的目標時，不僅對傳統的服務方法產生質疑，並且對教育方案與其內容所呈現的傳統發展也充滿疑問。Gutiérrez（1988）認為，以權能激發的觀點來教授技巧時，工作者所擔任的角色應該是諮詢者或促使者，而不是指導者，如此才不會又複製出工作者與案主企圖要克服的權力關係，而他也從文獻上找到支持其論點的資料。這種類型的教學與最受老人喜愛的學習策略是一致的。

Lowy 和O'Connor（1986）引用Rappaport的一句警語「小心那些限制我們設計與操作方案的政策，或是限制社會機構提供人們服務的套裝方案之政策」（p.164）。這些作者也提出，假如要把教育用來作為權能激發的工具，教育者「必須發展出程序，使老

年人在參與教育方案的規劃、發展、執行與評估時，能有最高程度的參與」（p.165）。這意味著老人必須被給予機會去設計他們自己的學習經驗，而不是被期待去回應機構已設計好的教育方案。不過，至少他們也應該有機會提出他們希望的課程內容與授課方式。由於老年人會把一生的經驗帶到晚年生活，所以他們擁有的許多技巧是可以重新被包裝而變成新的學習。涵蓋權能激發概念的方案，例如由紐約市的社會研究新校（New School for Social Research）所發展的退休專業人員機構（Institute for Retired Professionals），是把他們的老年參與者同時視爲學生與老師來看待（Lowy & O'Connor, 1986）。

簡言之，指導者應是促使者，學生應是老師，以及學習者應有最大的參與等原則，對權能激發是重要的，而且這些原則已被使用在接下來要討論的方案創造上。設計這些方案的目的是使老人能發展專業知識，套用 Reissman（1965）的用詞——以便在所參與的權能激發取向實務中成爲助人者。

權能激發取向的教育性方案之案例

下列把教育視爲一個重要元素的方案，已由社會工作的教授們及其學生示範過了。從需求、內容與目的的角度來描述，並用明確的個案來說明，這些權能激發取向的方案促使學生的角色變成老師，鼓勵最大的參與，以及運用助人者治療的原則。

晚年生活的生存技巧

需求

　　或許對老人來說，最重要的教育經驗是屬於因應（coping）之類別。它可以被稱為晚年生活教育，或生存教育，因為它對生存而言是不可或缺的。權能激發的一個前提，是要掌握自己與自己情境的基本資料。在對自己的處境的相關資料還沒有把握時，是不可能察覺自己有能力去解決問題及掌控環境的。老化過程若無法讓人了解可能會嚇到人，而使人感到無助與無力。這是一個老年社會；也就是說，如第一章所討論的，愈來愈高的人口比例是在65歲以上。不過，美國整個社會都沒有被告知有關老化對人的影響，以及在老化過程中被認為是正常的部分。為了讓老人在晚年時能看重自己，他們必須了解老化過程本身。

目標

　　從案主期望的角度來看，用來傳達老年人生存的知識與技巧的方案，其共同目標包括：

1. 了解正常的老化過程，包括生理、心理、社會、財務與情緒改變。

2. 認可老年人口群所面臨的常見問題，如失落、孤單、沮喪、住宅需求、政治問題、缺乏足夠的資源、年齡歧視、刻板印象與資源數量減少。

3. 學習了解有關滿足老人需求的資源，如機構方案與經費、醫療照顧、遺囑的使用、福利、住宅替代性方案與適當的哲理。

4. 熟悉問題解決的技巧，如有效的溝通與明白表達自己。

內容

　　教育方案在其課程上若包含下列的一般範圍，就可以很有效地達到上述的目標：

　　1. 老年人口統計學 —— 老人統計數據的改變。
　　2. 老化過程的正常生理、心理、情緒與社會改變。
　　3. 老化的異常情況，如慢性的生理與心理疾病。
　　4. 生活的基本問題，如財務問題與犯罪。
　　5. 社會與政治倡導。

　　雖然有許多教育機構已開辦了這種老化課程，不過礙於資源有限，並不是每位老人都有機會上這種課，特別是那些在社會服務輸送系統下的案主。值得一提的是，這類型的教育方案可以在各式各樣的環境下舉辦，如老人中心、醫院、餐廳與教堂，並且要牢記的是，老人可以同時是課程內容的學生與老師。介紹一些可經由購買而取得的相關錄影帶，例如視力與聽力的改變、關節炎、記憶力喪失與其他伴隨老化過程而來的情況。這類的錄影帶只要有電視機與放影機，就可以在任何環境放映，是個極佳的討論工具。老人若能知道他們不斷在處理的情況是老化過程的正常現象，那麼對他們來說是具有權能激發的作用。再者，許多老人可以教導其他人有關老化的常見情況。

　　為能感受掌控生活的最基本層次，老人必須獲得這類的基本知識。此外，他們若不了解本身所處的情境，便無法參與權能激發的過程。由於他們正經歷這種情境，所以老人可以說是幫助彼此了解本身情況的主要貢獻者。

案例：老年人生存方案

此方案是由全國心理健康機構（National Institute of Mental Health）出資開辦的，其案主人口群是以不易連絡、住在內地城市且需要心理健康服務的老人為主。這些老人的身體情況相當差、收入低，且被隔離在市區的旅館中；而這其中有許多人是需要心理或情緒上的服務。他們全都察覺到自己的權能無法被激發，而且不信任正式的服務。但在具有創意的外展團隊獲得他們的信任後，便在他們的住所成立以結構教育方案為基礎的權能激發團體，使他們有機會了解有關老化與老人本身的處境。當這個團體持續發展，成員開始談論他們自己與他們個別的處境。因此，在零威脅與權能激發的環境下，老人更了解正常的老化過程與他們的共同問題和需求。

表7.2的課程內容綱要是在權能激發團體成員的投入與引導下，以及在期望此課程內容以後能由老人自己教授的用意下被發展出來的。這些主題會在每週一次、每次一至二個小時的會議中被提出並討論。

首先，由被選出的專業人員所邀請的演講者或準備的帶子（錄影帶或錄音帶）來作報告。這些帶子的內容與語言是針對外行人而非專業人員。此外，參與者被要求對所看或聽過的帶子給予回饋，因此在有些情況下，結果是帶子要被修改。這種結構性的課程大部分在團體會議時是做為討論的跳板，不過當另一個新的團體嘗試這種課程時，這個團體的成員會被要求考慮：(1)他們對課程的主題是否感興趣；(2)課程的順序是否適當；以及(3)他們還對其他哪些主題有興趣。要謹慎，不要使「團體照單接受課

表7.2　有關正常老化的課程

第一個月： 如何因應與慶祝變老	1. 變老的感覺如何？ 2. 事實／數據／成就：美國老人的概況 3. 清楚的自我表達與問題解決技巧 4. 年齡歧視：如何認定與克服
第二個月： 老年消費者的主題	5. 管理你的資源 6. 有關健康服務的決策消息 7. 消費者權利：送貨到府與郵購交易 8. 了解身為一位病人的權利
第三個月： 老人的健康徵兆	9. 生活方式的挑戰（健康概況） 10. 身體如何老化 11. 老人的聽力問題 12. 老人與關節炎
第四個月： 繼續老人的健康徵兆	13. 老人的視力問題 14. 老人的沮喪 15. 有益老人健康的飲食 16. 藥物：使用與濫用
第五個月： 老人安全第一	17. 預防犯罪（第一部） 18. 預防犯罪（第二部） 19. 住宅安全 20. 能源充分運用的環境
第六個月： 老人感興趣的主題摘要	21. 廉價的能源 22. 社會安全與老年年金 23. 社會與政治倡導 24. 結業典禮：頒發結業證書與慶祝

程」，而是要誘導出成員的反應。

　　整體而言，得知團體成員的共同情況的經驗，會在團體內創造一種認同感與凝聚力，使團體成員不僅能開始界定特定的團體問題，並且能找出策略來解決。許多團體的參與者表示，他們並不知道所有的老人正經歷他們所面臨的；可是當知道發生在他們身上的事其實是正常的，讓他們覺得較安心。最後，由於團體成員對現有資源的訊息非常熟悉，因此當有新的旅館或公寓住戶參加會議時，即使沒有工作者的參與，成員也可以傳達相關的訊息。

　　下列的引述是來自團體參與者：

「我對住在同一棟樓的人較認識。」
「我覺得我好像跟這件事有關。」
「我不怕說出我相信什麼。」
「我覺得好像幫了某個人的忙。」

　　在一場討論如何在心理健康環境中權能激發的全州研討會中，有位團體成員和社會工作專業人員一同參加這場研討會。他告訴與會人員：

　　我今年79歲，從來沒有投過票，因為我從來沒想過政治對我會有什麼影響。不過在我加入團體，學習了解到政治如何影響老人後，我對自己說，班，是你該行使你的選舉權的時候了，然後我做到了，79年的第一次。

↔↔↔↔↔↔↔↔↔↔↔↔↔↔↔↔↔↔↔↔↔↔↔↔↔↔↔↔↔↔↔↔↔↔↔↔↔↔

老人熟悉老化常見的情況，可以增加老人對他或她自己以及老化社會的認知與意識。通常，當老人得知其他人的情況後，想要去幫助的意願會提高。接下來的四個方案，提供老人機會去幫助其他人，並且在助人的過程中也幫助他們自己。

同儕諮商

同儕諮商是許多老年成人的一個舞台。在這舞台中，他們最先擔任起成人學習者的角色，然後獲得新的技巧，最後成為對社會具有生產力的貢獻者。就 McClusky（1973）的老年成人教育需求綱要為依據，同儕諮商方案明確的滿足了老人的因應需求，而大多時候也滿足了老人的貢獻與影響之需求。

同儕諮商是以整體性與優勢為主的方法進行諮商，而不是將焦點放在個人內在。根據同儕諮商的觀點，個人是由心智、身體和精神所構成。因此，他們需要的不只是醫療或生理上的照顧，也需要社會、情緒與心智方面的支持。優勢的焦點不是在病理學上，而是在個人的權能激發上，以求顧及全部的需求，不只是疾病而已。在「老年成人是有價值的平常人，可能會經歷正常但困難的社會、生理與情緒調適」的前提下，同儕諮商方案告知老年成人如何為他們自己的生理、情緒、心智與精神的健康負起責任。

或許同儕諮商方案最有價值的部分是，當老人彼此協助時所建立的情誼。許多老人指出，有沒有密友對生活的滿意度影響很大。同儕諮商也能幫助老人作好準備去面對與經歷困難的調適，並且能鼓勵他們發展新的興趣與技巧，而能對生活展現更新的熱忱。

需求

　　長久以來，在老年領域之中就已存在著對同儕諮商方案的需求。老年人口比例的明顯增加，證實了有更多的人需要參與和被告知，老年人的心理健康與晚年生活的滿意度。不過，老人學專家的人數並無法滿足日益增加的需求。因此，這個社會就愈來愈傾向利用老人自己來解決他們本身的問題。這種使老人能幫助自己與其同儕的過程，很明顯地與權能激發取向的實務模型是一致的。

　　老人的同儕諮商方案最初是從老人需要的確認、獲得與利用個人和社區資源來改善他們生活品質中演變而來。最後，全國的同儕諮商方案被發展成用來處理下列的議題：

1. 普遍的沮喪。
2. 孤單。
3. 無能力去處理危機。
4. 因不健康的行為型態而導致健康狀況差。
5. 過度依賴醫療照顧。

　　舉例來說，老人可能因被隔離而不願意尋求外援，或是他們在確認與獲取可用資源上有困難。同儕諮商者所提供的協助可能很簡單，如當有人處於痛苦情境時，做個體貼且關心的傾聽者，或告知他人可用的資源及利用這些資源的權利。在這方面，諮商者因為知道社區所必須提供的項目，故可扮演極佳的連接者，將社區資源與自助團體連接起來。Moody（1986）提出，或許自助中最令人興奮的潛能在於，可能可以鼓勵老人與專業人員改變他們對「老年的依賴或生產力可能代表什麼」的意象（p.211）。

　　總而言之，同儕諮商不只提供一個好方法來利用被許多老人

丟棄的技巧與才能，並且在面臨資源逐漸減少時，至少解決了部分日益增加的基本需求。

目標

同儕諮商方案通常有下列的目標：

1. 使老年成人在經過訓練與督導後，能熟悉新的技巧或喚醒蟄伏的技巧。如此，他們可以給予那些正經歷沮喪或缺乏處理技巧的老人——他們的同儕——協助與安慰。

2. 提供令人滿意與有意義的諮商與教學經驗給受過訓練的老年志工。

3. 增加老年案主與社區健康和其他服務專業人員之間的相互了解與相互尊敬。

4. 增加那些關心疾病預防的老人之意識與相關行為；醫療自我照顧與控制；失落、痛苦與壓力的處理；適當的營養、運動與藥物的益處；可用來促進社區健康提升的資源與機會。

5. 增強優勢與自尊，並且降低老人沮喪、孤單、冷漠，與其他情緒和生理衰弱形式的發生率。

內容

訓練同儕諮商者應該提供三種範圍的資料。第一種範圍涵蓋老化過程中正常的改變：

1. 生理的變化。

2. 心理與情緒的變化。

3. 社會改變，包括失落的議題。

4. 政治議題優先順序的改變。

5. 財務情形的改變。

第二種範圍所包括的是在老化過程中的特別主題：

1. 阿茲海默氏症。

2. 照顧。

3. 慢性病痛的處理。

4. 營養。

5. 建立網絡。

6. 運動。

7. 沮喪。

8. 住宅資源。

9. 財務資源。

10. 自助團體。

第三種範圍涉及有關諮商過程主題之深入討論：

1. 自我意識。

2. 清楚自我表達。

3. 有效的溝通技巧。

4. 建立關係。

5. 助人關係。

6. 助人關係的結束。

7. 記錄。

8. 結案。

9. 特定的助人技巧。

10. 失落與悲傷。

11. 家人關係。

12. 衝突管理。

13. 保密。

14. 個案督導。

同儕諮商方案的基本信念為，經由訓練，非專業人員至少可以達到助人的「核心條件」之最低標準：與人溝通有同理心、溫暖與真誠（Truax et al., 1966）。適合作為同儕諮商者的老年人，包括助人專業退休者、因長壽而獲得有用且特殊基本技巧的人，或因生活經驗豐富與接觸許多不同的人而對人具有極佳的「第六感」者。這些人都有極佳的潛能來學習助人的核心技巧。

更普遍的是，同儕諮商方案認可老人一生所累積的智慧、知識與經驗的價值。然後，利用這些特質使參與者從事新的挑戰，以重新確認他們是社會上有價值且有朝氣的成員。在這個權能激發的過程中，助人者與被幫助者之間的相關性變得更堅固。因此，同儕諮商方案比年輕人建議老人如何處理情況的方案，似乎更有可能對老人較有實質的權能激發效果，因為年輕人缺乏生活經驗。

同儕諮商者的特殊需求

在任何的同儕諮商方案中，諮商者的需求一直是受關注的焦點。在諮商的過程中，必須要有專業人員或某個有長期經驗的人給予定期與一致的督導；同時也要有同儕督導來協助諮商者了解，他們在諮商過程中所面臨的問題與情境是普遍的，而且他們可以尋求共同的解決之道。督導提供機會給同儕諮商者得到處理特定情境的建議，並且使他們成長與改變，以便在擔任諮商者時，能夠變得更敏感、對自己更有信心。他們自己可能會處理出現在諮商過程中的許多議題，因此他們必須有機會去談論這些議

題，並且將他們的感情與那些接受他們諮商者的感情分開。再者，同儕諮商者把他們自己的需求與經驗帶到訓練與督導的舞台，為其他的老人建構相關的內容。同儕諮商者是專家，並且在發展課程與方案持續的督導中，也應該要以專家的身分來看待他們。

→-→

案例：同儕諮商方案

一位來自同儕諮商方案的老年案主寫道：

老人資源中心（Seniors' Resource Center）的同儕諮商方案是設計給我們這些有困難了解自己的價值、過去的悲傷、持續出現在我們腦海中的陳年困擾，以及不論多老一直阻礙我們發揮潛能的其他想法與感情⋯⋯。我發現同儕諮商的益處是，協助我從多年的傷害與悲痛中解放出來，減輕了我身體的痛苦，因為我確信它讓我更能放鬆，更能處理壓力，對生活開始有了新的看法。

根據助人者治療原則，助人者可能得到和被協助者一樣多的幫助。下列的例子就是一位老年同儕諮商者從諮商的經驗中得到了幫助：

你知道的，沒有人知道自己未來會發生什麼事。你就是沒有辦法事先規劃。我目前正在照顧我的兩個孫女，一個16歲，另一個20歲。她們的媽媽，也就是我的女兒，是個酒鬼，拒絕照顧她們。過去我真的盡了力，但是就是無法打動

她們。她們覺得我太老了，與她們的世界格格不入。這些小孩從不和我分享她們的想法、感情或在學校做了什麼。不過，自從我加入了同儕諮商方案後，我開始運用一些我所學到的事情在我的孫女身上。你知道嗎，現在我們晚餐時會一起坐在餐桌旁聊天！這些小孩現在對我的所做所學感興趣。她們覺得很棒！想想，以我的年齡上學並學習新的東西！我相信她們會想祖母原來一點都不笨！她們甚至跟她們的朋友談到我。信不信由你，她們已開始思索老化及有關老化的態度，包括她們自己的。這不是很棒嗎！這個方案簡直就是我的救星！

→-→

　　同儕諮商提供老人一個機會來為其他人的福祉盡一己之力，為因應他們自己晚年生活議題發展新技巧，以及在他們自己與其同儕之間建立一種共同感。

有效的個人溝通

需求

　　晚年生活的挑戰通常創造一種改善溝通技巧的需求。老年人的衝突可能源自與家庭成員、服務提供者、鄰居、朋友或一起生活的配偶。老人通常被社會化成把自己隱藏起來，因為他們可能相信表現感情是不禮貌的且不需要的。由於他們不想「製造麻煩」，所以當衝突發生時，他們可能嘗試將衝突隱藏起來。這種傾向對老人可能會有許多負面的涵義。

　　首先，當人與人之間的歧見沒有解決時，隔閡就產生，而受

影響的各方彼此之間就不易打交道。因此，這種隔閡會增加老人被隔離的可能性，而這也是許多老人共有的經驗。再者，當歧見出現在老人之間、老人與其家人、老人與服務和支持機構之間，老人在參與問題解決時便會變得更無力。他們所喪失的不只是掌控環境的感覺，而且對他們解決問題的能力失去信心；他們可能因此而生氣與沮喪。很明顯地，在處理晚年生活的挑戰時，學習有效的溝通技巧，包括如何解決衝突，是特別地重要。所以，獲得有效的溝通技巧可以滿足老人晚年生活中學習因應、貢獻與表達的需求（Lowy, 1988; McClusky, 1973）。Cox 和 Parsons 透過一項有效溝通技巧的訓練方案來處理此需求。另外，此方案也被提出來與另一個方案搭配，來訓練老人成為非專業的調停者。有關此方案的詳細內容會在後面描述。

目標

參與有效溝通訓練的人被期待達到下列的目標：

1. 了解有效溝通的基本要素，如主動的傾聽、內容與感情的反映，以及示範自我覺醒。
2. 了解衝突的本質與結構。
3. 多去察覺自己本身的社會化與所偏好的溝通風格。
4. 學習有創意的方法，去了解問題與其他人對問題的認知。

內容

大約招收了二十個老年志工，並以上述的目標為訓練的基礎。在接受完訓練後，這些志工發展出他們自己的套裝訓練課程，然後分成數個訓練團隊到護理之家、老人中心與老人住宅去訓練其他的老人。他們能夠訓練二百五十個老人有關生活與問題解決的有效溝通技巧。這些志工訓練者根據他們的知識庫、生活

與專業經驗，以及正在接受他們訓練的老人之意見，來發展出他們自己的套裝訓練內容。訓練資料包括有創意的錄影帶放映與訓練手冊，而真實生活的情境則提供了案例來呈現概念。

訓練的內容包括如下：

1. 暖身運動與介紹。
2. 衝突的本質。
3. 衝突的組成要素。
4. 衝突解決的方式。
5. 基本的溝通技巧 ── 傾聽、主動的傾聽、溝通的阻礙。
6. 解決衝突與談判的步驟。

➔➔➔➔➔➔➔➔➔➔➔➔➔➔➔➔➔➔➔➔➔➔➔➔➔➔➔➔➔➔➔➔➔➔➔➔➔

案例：有效的個人溝通方案

很明顯地，這個方案很成功。事實證明，老人可以學習與應用一種新的知識以及隨之而來的技巧，來為他人發展訓練課程。此方案參與者的回饋，是提供了此訓練是有效的珍貴證據。以下是一些取自方案參與者的陳述：

「對我來說最重要的是，了解到我通常在沒有依據下做出對的／錯的判斷。」

「我變成一位較好的傾聽者。」

「每個人的觀點都必須考量到。」

「我把『我─訊息』（I-messages）教授給他人，更有效地傾聽，以及鼓勵自己尋求自我解決之道。」

➔➔➔➔➔➔➔➔➔➔➔➔➔➔➔➔➔➔➔➔➔➔➔➔➔➔➔➔➔➔➔➔➔➔➔➔➔

解決衝突

　　為了回應我們負荷過重的司法體系，因此發展出一項運動——利用志工來促進民事案件解決的替代方法。法院依舊是解決紛爭的主要地方，不過許多其他替代性的結構——通常是指替代性的紛爭解決（alternative dispute resolution, ADR）的努力——已經被創設出來了。服務的提供由各種形形色色的個人來執行，包括律師、社會工作者與受過訓練的非專業人員。AARP提倡訓練老人成為調停者，以便在紛爭解決的替代方法之中提供協助。除了成為調停者，老人也可以參與其他解決紛爭的形式，如談判、調停與調查民隱以保障民權的過程。老人社區中所經歷的許多紛爭，需要擁有這些範圍技巧的志工來協助處理。

　　根據Pearson（1988）所言，老人的非正式與正式的服務提供者已開始探索方法：

> ……在此方法中，老人不熟悉宣洩不滿的程序或權力不平衡的情形可以得到改善……沒有足夠的資源或資訊的老人，通常排除正式訴訟的想法，承認時間、環境與財力的限制會使這種訴訟行動窒礙難行，而談判、調停或仲裁可能成為適當的替代方法。（p.3）

下面由Pearson（1988）所列的範圍，含括了可用紛爭解決替代方法來解決的問題：

1. 住宅的歧視。
2. 房東／房客的歧見。

3. 違反住宅的規定。

4. 房東不公平的驅逐。

5. 嘈雜的鄰居。

6. 房屋所有權者的保證。

7. 小賠償事宜。

8. 違反市民權。

9. 消費者議題。

10. 鄰里財產的疏忽。

11. 家庭爭執。

12. 病人的權利。

13. 車道被阻擋。

14. 偷竊或扒竊。

15. 地區制的改變或決定（地區制係指劃分成工業區、住宅區等）。

16. 沒有履行配偶的支持。

17. 離婚談判。

18. 合法的分居協定。

19. 沒有履行小孩的監護權。

20. 社區財產的配置。

21. 財產的磨損或毀損。

22. 閒蕩。

Pearson（1988）表示，這類的問題發生在老人的身上時，情況通常會惡化。因此，老人需要學習的不只如何透過有效的溝通和衝突解決技巧來面對與解決他們自己的問題，並且也要學習如何擔任其他人的衝突解決者。這種需求在一項訓練老年志工成為

社區衝突解決者的志工方案中被提出。透過報紙的廣告刊登，一共招收了五十五位老人，他們依下列的目標接受衝突解決技巧的訓練，特別是調停與談判的訓練。

目標

參加衝突解決訓練方案的人要達成下列的目標：

1. 了解有效溝通的根本要素，如主動的傾聽、內容與情感的反映、使用「我─訊息」與自我覺醒。
2. 了解衝突的本質與結構、它的結果與構成要素。
3. 界定替代性紛爭解決方法的不同形式，包括仲裁、訴訟、調停與談判。
4. 察覺他們自己的社會化與所偏好的衝突解決形式，以及此形式和其他形式的差異又在哪裡。
5. 了解談判與調停的步驟，以及這些步驟中固有的過程。

內容

這三十個小時的談判與調停技巧訓練，涵蓋下列範圍：

1. 成員彼此熟悉的活動。
2. 介紹訓練與示範方案的內容與過程。
3. 列出老年社區中常見的衝突情境。
4. 觀看 AARP 針對在衝突解決中老人的角色所製作的幻燈片。
5. 分析衝突與其構成要素。
6. 什麼是衝突管理？
7. 察覺你自己的衝突管理風格。
8. 衝突管理的文化與年齡層基礎。

9. 檢視替代性解決方法的形式：權力、壓迫、否認、妥協、利益本位的交涉。

10. 利益本位的交涉步驟。

11. 利益本位的交涉技巧。

12. 調停與談判的過程。

13. 調停與利益本位交涉中的個案應用。

14. 界定問題與創造好的解決之道。

15. 基本的溝通技巧：傾聽與主動的傾聽。

16. 基本的溝通技巧：非語言的溝通、「我─訊息」及溝通的障礙。

17. 基本的溝通技巧：腦力激盪與觀看有關調停技巧的錄影帶。

18. 結束、摘要、結案與規劃、慶祝。

這個基本訓練包括許多實務。

→→

案例：衝突解決方案

衝突的例子是由衝突解決方案的參與者提供，其包括下列類型：

· 家人對該選擇護理之家還是社區的老人居家照顧，持不同的看法。

· 將車子停在死巷子。

· 鄰居的狗亂叫。

· 一個成年子女想要他的父親待在一個有較多保護的環境，

不過卻超出其父親的意願範圍。

・在老人住宅區抽煙。

・住宅環境的噪音與安全議題。

・房客／房東對安全的爭論。

・護理之家房客間的爭執。

・護理之家行政人員與家屬間的爭執。

這些和參與者的生活極相關的衝突例子提供了個案資料，說明哪個角色可以如何扮演。

方案參與者的回饋對評量訓練的效益是重要的。以下是一些來自方案參與者的陳述：

「我最近居中與一家公司調停一項衝突，若不是因為我受過調停訓練，整個事件很可能會鬧上法院。」

「我用所受過的訓練來協助我的子女、若干的朋友與教會的成員。」

「由於調停訓練，我在表達自己的感受時可以更直接且坦白。」

「在許多情境下，我的腦海所想的是妥協的觀念，而不是只有一個絕對正確的觀念。我有了新的態度。」

參與此訓練方案的效益也可以從更多的間接方式中看出。例如，在完成訓練後，志工分成小組。有些人服務於調停小組，並且與都市的老人委員會聯合起來，發起一項老人對老人的調停服務，並且對志願調停者有持續性的督導。老年調停者的工作效益，可從他們對引發衝突的老人議題的了解程度可得知。在與衝突情境中的老人接觸中，志願調停者很快得知，許多衝突都不只

是意見不合而已。在深究之下，原來都牽涉到與基本服務脫離的孤獨且貧窮之老人。這些老年調停者發現，他們需要熟知許多不同領域的資料，從老化、癡呆及調停，到房客的權利、法律與健康服務協助和資源等等。因此，有關這些領域的其他訓練是被提供的。

雖然許多的老年參與者已被社會化成否認或壓抑衝突，不過他們早已學到將衝突解決視為問題解決一部分的新觀點。他們帶到學習與教導過程的技巧與優勢，是方案的一大資產與方案成功的一主要因素。

→→

倡導

社會工作實務者在倡導中所擔任的角色有一個既長遠又有趣的歷史。這些歷史根源包括社會行動策略，如 Dorothea Dix 在四○年代勇敢替心理健康病人爭取權利的例子；以及在六○年代末期與七○年代之間，由一群社會工作專業人員所發展出的完整倡導概念，並且視倡導為社會工作者另一個明確的實務角色。在這二十年間，倡導方案的經費來自全國老人會議（National Council on Aging）與社區行動機構（Community Action Agencies），而全國老人會議與社區行動機構的經費則來自經濟機會法案。（第四章曾概略提供對參與社會行動過程的老人有益的倡導策略與方法。）

從權能激發觀點來看，協助處於劣勢的個人獲得資源或權利是一項重要的貢獻，這是毋庸置疑的。不過，此看法受到現實的抑制。因為，即使為他人的倡導成功，可是與使個人能夠成功的

自我倡導的策略比起來，在達到權能激發取向實務的目標上，是比較沒有效益的。因此，權能激發取向實務的焦點是在教導或與目標人口群分享倡導技巧。

需求

　　從老年人講述他們努力爭取基本的服務以及使他們的權利受到尊重的挫敗故事裡，可以很明顯地看出老年人口群對倡導技巧的需求。同儕諮商者與同儕調停者皆發現，為了完成協助其他老人的任務，他們需要更多的倡導技巧。

　　本節會簡潔描述訓練老人成為倡導者的方法，並把重點放在「個案倡導」層面。這個架構的要素會做一些修改，以便能更貼切地提出老人所關心的事。

　　有幾個因素被認為是學習特定的倡導知識與技巧的先決條件。首先，為了促成權能激發的目標，倡導技巧必須在符合權能激發取向的原則與價值觀的情境下學習。但是最困難的工作之一，便是說服受過訓練且擔任倡導志工的老人，將他們學到的技巧傳授給那些他們正在幫忙的人。因為，已獲得倡導技巧的老人在問題解決的活動中，通常發覺自己擔任的是協助者的角色，同時也發現很難把這個角色轉變成伙伴的角色，就像許多專業人員一樣。因此，任何的訓練都必須明確地提出權能激發的哲理與目標，而且持續的督導必須對倡導的這層面給予不斷的關注。

目標

　　對參加倡導訓練的參與者而言，他們的重要目標是與權能激發取向實務的目標一致。倡導訓練參與者的目標說明如下：

1. 了解倡導的重點（個案與階級倡導），特別是在權能激發哲理的情境中，了解倡導的意義。

2. 學習有關美國老人的基本資源系統。

3. 檢視先前的經驗與辨識先前的「倡導」形式。

4. 學習倡導實行的架構，包括評估倡導策略的技巧。

5. 學習了解、辨識與實行大範圍的倡導策略。

　　除了要求受訓者把重點放在權能激發，並且把權能激發的哲理納入他們的工作中之外，受訓者必須對適合老人需求的服務與資源有一番完整的概略了解，因為對可用的資源了解愈深，對所做的倡導嘗試就會愈有效益。如上所述，資源訓練的焦點不只在當下有什麼資源可用而已，還包括能持續辨識資源的方法與手段。

　　在這個教與學的過程中，必須去了解大多數人先前自己已有的一套處理倡導之方法，也就是個人的風格。一般來說，倡導中個人的風格與策略是很難去改變的，因為使用者發現這些策略很有效，如打電話給公務員或威脅大型科層制度中的員工。不過，這些人必須了解使用這些技巧所產生的一些負面結果。事實上，也可以用較不激烈或較不具衝突性的處遇來達成。

　　因此，倡導訓練強調考慮各種可能的處遇方法，選定處遇層次，以及嘗試以消耗最少精力的最低處遇層次來解決問題。參與者須了解，簡單要求改變或澄清是相當容易的，並且通常比填寫正式的抱怨表格或訴求法律途徑還來的有效。另外，在訓練倡導者時還必須提升他們對個人風格的察覺，並且提供他們替代方法去檢視他們的解決策略。

　　Cox 與 Parsons 已對一些不同的老人團體提出基本的倡導訓練，而為了適合不同的形式，如從一天六小時的會議到五週四十個小時的訓練，在內容上有些調整。結果發現，愈完備的訓練活

動，其結果愈成功。

內容

倡導訓練的內容綱要列在**表7.3**。這個綱要是根據以下三個主題發展而成：(1)參與者提出的問題例子；(2)協助個別參與者辨識他們自己倡導風格的練習；以及(3)發展與演練處遇技巧的一些練習。由於老人把許多力量與經驗帶到訓練過程，因此訓練本身對所有的參與者而言是個豐富的經驗。

受過倡導訓練的老人能夠對他們的案主提供他們獲取服務的珍貴途徑，並且透過例子以自我倡導的技巧來訓練他們的案主。除此，他們也可以針對其他的老人提供有關倡導策略的訓練。所以，權能激發取向的工作者是在再次肯定權能激發服務接受者的重要性、協助老年倡導者繼續更新資源與技巧，以及協助老年倡導者為他們的倡導活動創造更永久的組織性贊助等工作上，扮演重要的角色。

倡導技巧是權能激發中重要的一個要素。這種技巧能夠使老人獲得資源與服務，以及為了社會的改變而努力。參與倡導滿足表7.1中的貢獻、因應與影響的需求。

結　論

晚年生活所帶來的新挑戰與新經驗，是要求老人要獲取新的因應處理技巧。這些挑戰包括老化的正常發展性過程、增加對非正式支持系統的依賴、需要幫助處於類似情境的朋友與其他人、增加對正式支持系統的利用、需要與渴望繼續貢獻社會，以及需要與其他老人融合為一體。教育是老人權能激發取向實務的一個

表7.3　倡導訓練的內容綱要

I.　界定倡導與案例
　　A. 個案倡導
　　B. 階級倡導
　　C. 倡導與權能激發
　　D. 概觀

II.　辨識倡導的元素
　　A. 倡導代理者
　　B. 案主／受益者
　　C. 問題的主要來源
　　D. 處遇的目標
　　E. 處遇的標的
　　F. 處遇的認可
　　G. 資源
　　H. 處遇的層次
　　I. 處遇的策略

III.　個人風格與處遇策略
　　A. 權力傾向
　　B. 衝突解決的風格
　　C. 領導與行為的風格
　　D. 溝通的風格與回饋
　　E. 自我察覺是改變的媒介

IV.　老人與其家庭的資源
　　A. 社會安全與老年年金
　　B. 美國退休人員協會
　　C. 老人中心
　　D. 老年說客
　　E. 老人報紙或簡訊
　　F. 交通服務
　　G. 餐飲方案
　　H. 居家健康或其他醫療服務

重要要素，包含技巧訓練、互助與同儕支持、社會行動。

　　以權能激發爲基礎的五個處遇，是強調老年人的生存技巧、同儕諮商、有效的個人溝通、衝突解決與倡導。爲老年人的生存所提供的教育涵蓋以下的議題：失落、孤獨、沮喪、住宅需求、資源、年齡歧視、刻板印象、政治議題，以及資源管理。同儕諮商是一個權能激發的方法，它利用老人的優勢與技巧來幫助其他人處理一些常見的情境，如孤獨、沮喪、危機管理、衰退的健康，以及醫療照顧的缺乏。在訓練有效的個人溝通中，提出克服晚年生活挑戰所需的溝通技巧，範圍包括了解溝通的動力與個人溝通文化的社會化情形，以及發展新的技巧，如主動的傾聽與使用「我—訊息」（I-messages）。衝突解決訓練提出的問題如住宅、與鄰居爭吵、家庭衝突、房東與房客意見不合，以及其他與老人有關的議題。所教授的技巧包括有效的溝通、衝突分析，及調停與談判技巧。倡導訓練是針對老人自我倡導的需求，以及他們爲其他人倡導的需求。所教授的技巧包括了解倡導議題、學習資源系統、評估系統與權力議題，以及清楚表達自己的意見。

參考書目

Gutiérrez, L. M. (1990). Working with women of color: An empowerment perspective. *Social Work, 35*(2) pp. 149–153.

Herzog, A. R., & House, J. S. (1991). Productive activities and aging well. *Generations, 15*(1), pp. 49–54.

Lowy, L. (1987). Human-service professionals: Their role in education for older people. *Generations, 12*(2), pp. 31–36.

Lowy, L., & O'Connor, D. (1986). *Why education in the later years?* Lexington, MA: Lexington Books.

McClusky, H. Y. (1973). Education for aging. In S. N. Grabowski & M. W. Dean, *Learning for Aging.* Washington, DC: Adult Education Association.

McGowan, B. (1978). Case advocacy in child welfare. *Child Welfare, 57*(5), pp. 275–284.

Moody, H. R. (1986). Education as a lifelong process. In A. Pifer & L. Bronte (Eds.), *Our aging society*. New York: W. W. Norton.

Pearson, L. (1988) *Neighborhood dispute resolution: Seniors helping seniors*. Washington, DC: AARP.

Pifer, A., & Bronte, L. (1986). *Our aging society*. New York: W. W. Norton.

Reissman, F. (1965). The helper therapy principle. *Social Work, 10*(2), pp. 27–32.

Simonton, D. K. (1991). Creative productivity through the adult years. *Generations, 15*(2), pp. 13–16.

Solomon, B. (1976). *Black empowerment: Social work in oppressed communities*. New York: Columbia University Press.

Truax, C. B., et al. (1966). Therapist empathy, genuineness, and warmth, and patient therapeutic outcome. *Journal of Consulting Psychology, 30*(5), pp. 395–401.

Zimmer, A. H. (1988). Self-help groups and late life learning. *Generations, 12*(2), pp. 19–21.

第八章
••

創造生存所需的收入所得與健康照顧資源

本章將討論老年人在企圖確保收入所得、健康照顧及其他生存資源時，可能面臨的問題，並且提出權能激發取向的處遇來協助他們滿足基本的需求。處遇強調以集體的方法來增加收入所得，如收入所得生產方案，並且強調志工方案，以便能累積服務信用。此外，有關獲得或擴展健康照顧服務的團體策略，也會一併在此提出。

收入所得與健康照顧需求的認可

收入所得事宜

對許多美國老人來說，收入所得相關事宜是一個很大的負擔。雖然，當社會大眾在熱烈辯論老年人口的議題時，強調老年人擁有相當多的財富，不過由一份人口統計資料的概觀可辨識出，其中仍有老人是非常的貧窮且遭到嚴重的剝削（Atchley, 1991; Bass, Kutza, & Torres-Gil, 1990）。舉例來說，在1987年，33.9%的黑人老人、27.4%的拉丁美洲老人與10.1%的白人老人，他們的收入都低於貧窮線（Bass, Kutza, & Torres-Gil, 1990）。雖然情況有改善，然而大約有20%的美國老人不是處於貧窮的狀況，就是有25%的貧戶是老人（AARP, 1991）。Jakobi (1990) 指出：

根據史料，老老人的一般經濟狀況是老人中較貧窮的一群，不過預估未來五十年會改善。然而這改善的情形將會拉大多

數老人與少數到老依舊貧窮的老人之間的財富差距。（p.85）

這種情況一點改變的跡象也沒有。1990 年的戶口普查證實，老人之間所得的差距變大了；存在生活富裕與生活拮据老人之間的差距，比任何其他年齡層都來得大（Kleyman, 1992）。

　　沒有普遍性的收入所得方案（universal income program）提供足夠的所得給美國的退休老人。現在是許多老年公民主要收入來源的社會安全制度，從未企圖成為老年人收入的唯一來源（Morris, 1985）。過去是額外收入所得來源的個人存款、私人年金，以及其他形式的收入，現在對許多人來說已經是不可行了。補充性生存者保險（Supplemental Survivors Insurance, SSI）是針對老年人和殘障者的一項所得補充方案（透過財產調查進行控制），它要求接受補助者的收入所得須低於貧窮線。在 1991 年，SSI 的最大補助金額為每人每月 407 美元，夫婦為 610 美元（Social Security Administration, 1991）。

　　大體而言，不完善的 SSI 方案，加上低水準的社會安全所得（這是上百萬老人對抗貧窮的唯一屏障），以及微薄的私人年金，使得許多美國老人不是沒有足夠的收入，就是很害怕輸掉他們與貧窮之間的戰役。再者，缺乏完整的健康照顧系統來支助長期照顧，更增加老人額外的負擔。很明顯地，儘管有部分的老年人口相當的富裕，但是社會工作者仍需要不斷地把焦點放在老人的生存資源上。所以，協助許多處於極度貧窮環境中的老人，尋找方法來補充他們的收入所得，對權能激發取向的社會工作者來說是一個持續性的挑戰。

　　社會工作實務者通常會與努力爭取獲得或維持生存資源的老年案主接觸。一般而言，其他的專業人員與社會均期待社會工作

者知道許多對老人有幫助的資格與服務。這些服務的知識（不論是政府或私人所提供的服務）與獲得這些服務的途徑，對社會工作者在協助老人與其家人處理立即性的事宜時是相當重要的。不過，權能激發取向的社會工作者免不了會發現，將個人連結到資源的過程比單單只知道現存的資源、資格要求、機構條約，以及服務輸送系統的其他細微差異要來得複雜。尋求生存所需的資源涉及價值觀、態度與信念、可使用性、權力關係、知識，以及策略之間的持續性動態的相互作用。

健康照顧事宜

健康照顧也是美國老人擔憂的一個來源。大多數的中產階級老人不是在確保資源能支付健康照顧時遭遇困難，就是生活在潛在醫療危機需要費用的恐懼中。雖然有些給付是專門針對所得非常低的老人，不過他們仍然會擔心。因為，補助例行費用（如藥方籤的費用）的資源有限，以及可利用的服務品質常常低於標準之下。

醫療照顧保險方案提供普遍性的健康保險給所有65歲暨65歲以上的美國人。不過，這個方案不夠完備，而且在一九九〇年代初期就縮減了醫療照顧保險所涵蓋的範圍，然後將各種類型的老人醫療保險保費調高。提高醫療照顧保險的保費與可扣除額的門檻、提高補充醫療照顧保險缺口的方案之保費，以及擴大這些方案所涵蓋的缺口範圍，使得健康照顧保險對大多數的美國老人來說，變成一項非常昂貴的項目。一個重要的缺口就是，醫療照顧保險無法涵蓋機構（護理之家）或社區（居家和以社區為主的服務）的長期照顧。相較之下，醫療補助是個較完備的方案，用

來提供貧民健康照顧。不過，每一州的醫療補助範圍與受補助者的資格要求各不相同。雖然護理之家的照顧與其他不包括在醫療照顧保險範圍內的服務，可由醫療補助提供，不過補助的額度是固定的，而且通常低於市價。在對健康照顧的可使用性有一番了解後，Kutza（1990）指出，「關於長期的照顧服務，聯邦與州政府支付約47％；剩餘的就是老人自己或他們家人的責任」（p.106）。

　　總括來說，健康照顧的資源是有限的，而且突然需要緊急且持續照顧的夢魘，則正威脅著許多美國老人與其家人。此外，州不斷地改變其有關醫療照顧保險的資格和涵蓋範圍層次之規定，使得貧民能獲得的資源非常貧乏。

價值觀、態度與信念

　　有關應該如何滿足個人需求的價值觀、態度與信念，是服務輸送中一個重要的層面。誰應該負責提供收入？所需要的協助是可被接受的嗎？期待子女提供幫助是對的嗎？在健康照顧的提供過程中，政府應該擔任什麼角色？這些與其他無數的問題，都和尋求生存與健康照顧資源的議題相關。社會的價值觀點（當時被認為可接受的價值觀）、老人與其家人和朋友的價值觀點，以及提供協助的專業人員與其機構的價值觀點，對資源的尋求都很重要。這些價值觀點不只應用在需求應該如何被滿足，並且用來判斷什麼需求是合法的。另外，什麼才是適當的收入、住宅、醫療照顧保險等等，也是以社會和文化的價值觀為依據（Goodin, 1990）。

　　工作者與老年案主兩者的價值觀，決定獲取資源或服務的策

略與方法，並且也決定是否要尋找特定的資源。在想辦法協助案主取得資源時，處遇基礎的認可是個重要的考量。社會認可的範疇從有法定的權利接受被給予的資源，或使某一特殊的需求得到滿足，到個人、團體或社會認為某一可察覺到的需求應該存在與被滿足的信念。簡言之，個人對一個人於必要時有權接受協助的價值觀，以及社會對提供協助與那些需要協助者的態度，都對服務提供有重大的影響。

用來處理收入所得與健康照顧需求的策略

無數個獲得生存資源或健康照顧的方法，不管合法或非法，都已經被有需求的人使用過。權能激發取向的實務者關切，他們用來協助案主確保生存或健康照顧資源時所使用的方法。因為，他們希望所使用的方法能保留案主個人的效益感，以及增加案主對周遭環境的權力感。雖然，在嘗試獲得適當資源時所面臨的問題，會依案主的經濟地位的不同而有差異。不過，因缺乏資源或感覺缺乏資源而產生的需求，對社會上許多的老人來說是普遍的。

在協助創造生存或健康照顧的資源時，權能激發取向的社會工作者為了使老年案主能參與一系列的活動，則必須運用創造力：

1. 提升對議題的意識，包括探索他們對需求與供給方法的認知與態度。
2. 學習如何使用實際的策略，來確保資格與慈善資源，以及管理現有的資源。

3. 在面臨年齡歧視與其他挑戰時，如何確保工作。

4. 發展共同的自助活動，來滿足個人化策略所無法達成的需求。

5. 透過改變社會—政治—經濟系統，參與致力於滿足需求的社會行動。

這章剩下的部分會討論老人在嘗試獲取適當的收入與健康照顧時，所面臨的議題，以及在滿足這些需求時，權能激發取向的實務者所使用的策略。雖然，所得水準通常是適當的健康照顧供給的關鍵，不過每個範圍都有特殊的議題。本章所強調的策略是用來增強獲得資源的活動，而這些活動已在第五章於討論影響服務輸送系統的方法時提過。

確保晚年生活的收入所得

確保晚年生活收入所得的問題有數個層面：價值觀、態度與信念；獲取資源的途徑；現有資源的管理；工作機會；與補充性所得。

有關收入所得與地位的價值觀、態度與信念

每個人對什麼是構成一份適當的晚年生活收入的認知差異很大；另外，每個人對一個人有多少錢的文化意義之敏感度也不能被忽視。誠如第二章所指出，與美國社會退休制度有關的社會政策，對平等化（equalize）老年人口間的地位並沒有多大的貢

獻，反而階級區別在整個老化過程中被大大地強化了（Estes, Swan, & Girard, 1984; Lockery, 1988; Minkler & Estes, 1991）。此外，當健康照顧的花費與通貨膨脹消耗一部分的固定收入時，中產階級與較低中產階級的個人在相較之下，通常發現自己正失去經濟的立足點。權能激發取向的工作者通常會晤那些感到羞恥的老年案主，因為他們愈來愈沒有能力維持他們覺得對自尊很重要的生活水準。這些案主都是第一次難以為自己提供基本的需求，如食物、醫療照顧與住宅。

察覺到的需求

　　探索老人對收入與其他資源的需求時，需要激發他們批判性的意識。根據 Marcuse（1964）所言，現代消費者主義與物質取向的社會需求，創造了「假意識」。他的研究在說明，社會化對一個人在形成什麼是他的基本需求之意識上所扮演的角色。舉例來說，一個人要住在什麼樣的房子、穿什麼樣的衣服、開什麼樣的車，以及有多少錢才算「快樂」或「負責」，是與社會化有密切的關連，而不是任何有限的需求衡量。

　　在檢視與澄清老人所察覺到的需求時，一對一的討論與團體過程都可能是很寶貴的。通常，人們在日常生活中最具有權能激發的經驗之一，便是在生活水準降低時，察覺到他們有達成與維持高生活品質的能力。價值觀的澄清或意識提升的策略，通常可以用來協助老年案主不重視物質的擁有，而去尋找生命中其他有意義的層面。團體過程是個有用的方式，可用來協助個人分析他們的信念，以及思考這些信念如何影響他們在當下環境中的生活。舉例來說，老人可以把注意力焦點放在不需要經濟性的財富，就能對家人、朋友與社區有貢獻的事務或活動上。

→→

案例：態度的改變與新的見解

　　一位在社會工作者介紹下而加入退休老人志工方案（Retired Senior Volunteer Program, RSVP）的老年女性，對她自己的經驗做了以下的評論：「當我應該忙著過日子時，我卻花很多時間擔心所有我無法負擔的事情。自從我加入了退休老人志工方案後，我因為太忙且太快樂，以至於沒時間想這些事情。」

　　一位由工作者介紹到一家食物銀行（food bank）工作的老年案主評論著說，「加入這家食物銀行後，不僅保住了我桌上的食物，也保住了其他人桌上的食物。我覺得好像我的工作有某種實質意義」。

　　一些已喪失安全駕駛能力的老年女性參加了一個特定的團體，此團體是被設計來協助她們重新評估開車對她們生活重要性的感受，教導她們使用公共交通工具，並且協助其他面臨相同問題的老人成功地處理這種失落。一位參與者說道：「我不知道為什麼我會認為如果我不能開車，世界會停止運轉。我想那意味著，我不再是獨立的。」

→→

沒有適當資源的感受

　　社會工作者指出，當老人沒有足夠的資源來滿足其需求時，會有以下的行為與感受：

1. 否認收入所得狀況的改變，並且透過縮減某方面的花費，如食物與健康照顧，來努力掩蓋在環境中可見的改變徵

兆，即使遭縮減的部分對生存與生活品質是必要的。

2. 因無力提供子女或其他重要人在金錢方面的支助，引發無用與沮喪的感受。

3. 對當下所得的不足感到丟臉，因為這種情況應該能透過提供一生生存安全的終身工作與儲蓄方式來預防。

4: 拒絕申請可用的所得支助，因為認為接受福利是「不好的」（許多老人甚至把社會安全包括在他們的福利概念中）。

老年案主通常表示，他們把社會安全與老年年金支票藏起來、拒絕使用食物券、躊躇要不要使用醫療保險或醫療補助，以及避免其他形式的協助。一位 89 歲的退休教師就陳述：「當我的資源用完時，也就是我該翹辮子的時候。」

策略與處遇

權能激發取向的社會工作者必須協助個別的老人，清楚地辨識他們自己的價值觀、態度、信念與需求層次，並且去挑戰那些阻礙生理／心理健康的價值觀、態度、信念。在處理這些層面時，有明顯的政治與個人的涵義，而且對某些人來說是非常困難的。所以，工作者必須要求老年案主，持續參與評估他們對數個重要議題信念的過程：

1. 個人的福祉權利。

2. 什麼是必要的，什麼是多餘的。

3. 分配財富時，什麼是公平，什麼是不公平。

4. 自我價值是個人財富的反映（對許多人而言，物質擁有對自尊的感受是重要的）。

這個過程通常引發重新評估與改變價值觀偏好的需求，以便達成

個人掌控當下環境或情境的權力感。一個人的心理與生理健康，通常依其參與這種過程的能力而定。

要有實際的改變之前，如使用公共交通系統，而不使用私人汽車，或提供陪伴和愛給子女與朋友，而不是金錢上的支助，可能要先花一段時間努力提升意識。權能激發取向的工作者需要發展技巧，以鼓勵個人面對他們的兩難與改變的掙扎，而不是去忽略他們生活中正在改變的環境與無助的感受。強調直接處理的態度與價值觀之意識提升團體，是權能激發在生存資源範圍中的一個要素。不過，不是每次使用同儕學習的經驗都能達到這個目的。一位工作者陳述與無法（或不願）參與團體過程的老人，以一對一的方式努力提出這種議題的經驗：

> 在資源需求很少的情況下，我花了很多時間在幫助與認識每個人。每當他們提及因為沒有足夠的錢而覺得有罪惡感或一文不值時，我便嘗試和他們談論這種感受。不過，這做起來很難，而且主題常常改變。最後，我開始把問題留到下次訪視時討論。基本上，我們使用的形式和討論的議題幾乎與在團體中進行的沒什麼差別：多少算是一份適當的所得？對我來說，什麼是最重要的需求？退休時，我們的基本收入所得權應該是什麼？等等。有時我會嘗試使用社會支持的方法，例如介紹人們彼此認識與鼓勵他們發展一對一的關係。當然，對團體與個人而言，他們的下一大步是從「說」進入到「行動」。

在改變與生活水準和被察覺到的需求有關的價值觀與態度的過程中，不僅要求要改變一個人的認知，並且還要調整其生活方式。工作者、團體與老人個人支持網絡中其他重要他人，對案主

而言有一重要功能，即是對這些改變給予支持。為了處理因收入減少而產生的壓力，老年案主可能需要改變其生活型態，例如分租房子、接受食物券、參與家庭公平改革方案（home equity conversion program），以及放棄使用私人汽車。不論用什麼處遇協助老人，使他們的權能能夠被激發來處理他們的財務情境時，面對與處理有關收入適當性的價值觀和態度之重要性，是不能被忽視的。

取得資格與慈善資源的途徑

資格

　　誠如在第三章討論層面一的活動時所提出的，社會工作者必須嘗試讓案主知道，所有他們可能可以使用的政府或民間服務的資格。不過，亦如在討論層次二與層次三（教育的協助與自助）的活動以及人際關係中權能激發工作時所指出的，鼓勵案主學習如何為他們自己辨識與獲取資源，以及如何把這資訊傳授給其他的老人，都是同等重要的。換言之，個人、團體與老人網絡都必須成為他們自己的諮詢與轉介專家。

→→→

案例：取得資源

　　在一棟老人綜合公寓裡，一群一開始為了社會化而聚會的住戶，發現他們自己涉及了資料的蒐集與轉介。對日常生活經驗的探討，引導了他們辨識交通與健康照顧可用性的問題。這個團體接下來的研究與資料分享，也引導成員成立了一個資源尋找與資

訊提供的持續性團隊，而工作者的角色大部分是在團體成員的工作中給予鼓勵和協助。有一個例子是，工作者提供一份常見的收入所得來源表（包括社會安全、當地家喻戶曉的國民與私人年金、州老年年金），以及一份熟悉這些與其他資源者的名單。工作者也建議團體成員如何建構此團隊，以創造一個有效益的外展方案。在這個計畫邁入第二年之際，一位73歲的資源團隊女性成員評論著說，「我們一開始是為了幫助我們自己，現在我們幫助每一個人。」

→-→

蒐集有關資源的資訊是一件困難的任務——不只是因為提供系統的特性難以捉摸而已。根據社會服務工作者部門表示：

有時對資源蒐集工作與資源人員提出問題是重要的。我們甚至在個別的老人開始蒐集資料前，進行排練或角色扮演。我想，如果不是有些人一開始就用心去了解並且發現他們原本不知道的權利，情況可能會更糟。

有一位工作者，他被指派到一所位於中低收入社區中的鄰里中心工作，報告了以下的成果：

我請團體列出一份所有可能的收入來源名單……我們把這名單分類，以便能更了解它們、取得相關的小冊子等等。然後，每個人列出他們可能符合資格的名單，互相幫忙申請。成果令人驚訝。我們討論人們與不同的機構和工作者接觸時所遇到的問題，並且腦力激盪出不同的處理方式。在處理完大部分的資格事宜後，我們把目標轉向教堂、市民團體與其

他私人慈善機構，了解是否能為假牙、房屋修繕、汽車修理等等找到錢。我想當每個人努力為自己與他人尋找資源時，烙印就會消失。真正的問題在於如何讓這種工作一直持續下去，以留意新的資源或可靠的資訊來源。雖然超過五十個人從中受益，不過只有六到七個人持續地參與工作。他們做了很多事，並且開始在本市的其他老人團體中活躍起來。

另一個例子是，一位協助老年女性從一家公立福利機構獲得無行為能力津貼的工作者表示：

我們（案主與工作者）必須學習了解有關的規定與規則，並且在我們能有任何斬獲之前，成為上訴過程的專家。不過，一旦我們開始協助其他老年女性與這個機構打交道時，他們之中的許多人加入了這個計畫，自己本身也成為助人者。當成員開始幫助其他人時，最大的困難似乎是，他們變得更積極，想到什麼意見就提出來，並且決定要達成。

六○年代晚期與七○年代早期的福利權運動，對確保資格的技術發展貢獻頗多（Pivin & Cloward, 1979）。透過為案主組織研討會、學習倡導技巧（例如如何使用上訴過程）與各種相關的活動，來取得有關收入所得與健康照顧資源的資訊是重要的。因為，這些能幫助個人和團體在與賦予他們資格的科層制度接觸時，能夠達到很高的權能激發的境界。這些在權能激發取向的實務模型中被確認為層面二與層面三活動的自助團體，通常會引發對層面四（社會行動）活動的明顯需求。

工作者的功能包括教導詢問資源的技巧、鼓勵參與重要的教育過程，以及協助使用技巧來組織與傳播訊息。在一項發展老年

志工調停者匯集的計畫中，志工決定成立 個電腦訓練座談會，以便能夠以更好的方法來管理計畫所需的資料。在這個例子中，工作者的角色只是提出可能的資源。雖然比將個人與資源連結的大多數個案管理方法來得更費時，不過這些類型的策略能夠讓案主自行管理服務資格與其他金錢資源的尋找。

慈善資源

想要取得私人慈善機構所提供的經濟補助，通常比獲取現有的政府資源還來得困難。有部分的原因是，通常沒有法令或法規規定擁有資源的組織要提供協助。所以，尋求協助的個人或團體必須嘗試對決策者提出具有說服力的論點。權能激發取向的工作者通常發現，他們自己面臨著揭開募款過程中神祕面紗的工作。Flanagan（1984）強調，所有的人都能募到款。她表示，「有兩個原因能說明為什麼人們不喜愛……募款。第一個原因是害怕……第二，人們從小就被教導不談論錢，所以你必須重新教導他們」（p.314）。也就是說，當在向慈善來源募款時，有關尋求協助的價值觀與態度就又再度變得很重要。當老人企圖取得私人機構的資源時，個別老人的經驗通常是他們最有力的老師。還有，當募款請求需要面對面的會談時，角色扮演的技巧是有用的，並且以團體方法進行書面募款的請求，對鼓勵老年志工的參與一直很有助益。

收入所得管理

收入所得管理是另一個與老人收入相關的議題，並且在進行收入所得管理時，也可以使用權能激發取向的策略。與老人一起工作，特別是與老年女性一起工作的社會工作者通常表示，配偶

死亡使得生存者第一次面臨要做經濟決策的情境。這種突來的責任可能導致無助感的增加，但也可能開啓開發不同形式財源的大門。權能激發取向的工作者可以鼓勵這些老人尋找不同種類的投資與資源開發方法的資訊。值得強調的是，這種財務資料在本質上應該廣泛，而且有各種不同的來源。

針對情境本身做討論，以及發現許多處於類似情境者所共同關心的事務，是有助於老人減輕因不知該做什麼而來的羞恥感。舉例來說，得知中產階級老人在負擔長期照顧時所共同面臨的經濟掙扎，或是許多老人靠著不夠的年金過活的困境，是可以增補有關如何管理金錢的活動。AARP 已發展出一些討論投資與保險選擇等問題的教育單元。此外，熟悉現今財務趨勢以及願意協助管理財務的當地資源人員，通常也是一個可行的方法。

權能激發取向工作者的重要任務是協助老年案主為他們自己尋找這類的教育，而不只是依賴「專家」管理他們的財務資源。也就是說，權能激發取向工作者的角色不是在為個別的案主尋找或提供獲得收入所得管理資源的途徑，而是激勵個人為他們自己尋找與獲得這些資源；若可能，與其他人分享這些知識。換句話說，其目標是鼓勵老人尋找與了解資訊，並且負起控制與管理他們自己資源的責任，而不只是提供他們有關某特定投資的資訊。

晚年就業

與收入適當性有關的另一個重要層面是發展晚年就業機會。就業的年齡歧視隱約威脅著失業的中年人與老年人，而老年女性與少數民族的老人在這方面更面臨著雙重與三重的危機。那些在社會現行的標準下已年滿 65 歲的人，照理應該退休，因此在職

場上不會有人同情他們。但因科技的快速變化，以及對重新訓練老年工作者所持的負面態度，導致一些人在40或50歲時就遭免職；即使重新被僱用，薪資通常很低，而且所擔任的職位也較不合意（Markson, 1983; Shultz, 1988）。

失業老人所經歷的挫敗、沮喪與害怕——通常是第一次——可能具有毀滅性。失去工作的共同原因包括公司裁員、家裡需要暫時性的照顧者，以及個人本身有暫時性的失能。當老人再度進入職場，他們通常面臨嚴厲的歧視。許多這類的工作尋找者就一再被拒絕，因為公司偏好較年輕的工作者來擔任他們自認非常合適的職務，他們對此情況感到沮喪、驚惶、憤怒與挫折。一位老人描述他的經驗：「我發現幫我面試的年輕人，對我所要應徵的工作知道得比我還少。不過，他們通常很客氣，但他們就是不會再打電話來——我收到很多『我們很遺憾』的信。」許多人表示，在經歷尋找且無法得到在職位、技巧層次與薪資上都比先前的職位低很多的工作之後，挫折感甚至更大。一位59歲、長期在中層管理階級工作的成功女性，描述她的情境：

> 在經過整整兩年持續求職失利之後，我最後開始尋找祕書甚至是接待的工作……有時他們會說我超過他們所要求的資格，不過大部分我是收到拒絕的信。然而這些年來我一直相信，不論我服務的公司發生什麼事，我總是能找到一份擔任祕書職務的工作。

那些發現自己處於這些情境的老人，描述他們經歷過無助、憤怒、自信心的喪失、孤立與自責。

「老人助人者」（Senior Aides）與其他老人就業方案存在的目的是要協助老年工作者，不過受限於資源很少，因此他們通常只

能從事職業介紹與有限的工作開發。年齡在55歲以上且在收入標準上有資格參與老人社區服務方案的大約有25%，不過只有大約1%的人參加（Gelfand, 1988）。權能激發取向的社會工作者可以發展外展服務，以便找出目前正承受工作歧視與免職影響的個人。不過，這種任務通常因老人本身認為失業是一種丟臉的私人經驗，並且努力要隱藏問題，所以增加其困難度。然而，一些公共教育方法，一方面可以提供失業普遍化的訊息，一方面可以協助界定與工作相關的政治議題，是有助於降低某些人的自責因素。舉例來說，老年女性聯盟（OWL）的簡訊就經常報導就業議題；有一個老年工作尋找者的團體就曾以這些資料為主，來討論他們自己的掙扎。之後，促使他們針對其他正承受工作歧視的人，展開外展服務和活動。

幾乎沒有社會工作服務是用來辨識正承受工作喪失的老人，並且提供權能激發取向的教育、相互支持、意識提升，以及其他有用的處遇。權能激發取向的工作者必須提供服務，將老年工作尋找者都連結起來，以便他們能分享彼此的經驗。這類型的處遇可以減少個人失敗、自責與孤立的感受，並且鼓勵共同探索選擇。支持團體可以辨識與分享訓練和工作的機會，並且整體的蒐集有關就業問題的知識。另外，針對老人還可以發起主動從事工作的開發。舉例來說，科羅拉多州的一個郡發展出老人賦稅救濟方案（senior tax relief program），允許市政府部門以每八十小時二百五十美元的薪資僱用老人，而此薪資亦可用來繳稅。這個方案提供了數個永久的兼職工作，以及許多持續的志工職位給參與者。在科羅拉多州西部城市的一位社會工作者，組織並訓練了許多失業的老年工作者，為他們自己與其他的老人展開工作開發的活動。這種自助策略對工作創造與政治教育是同時有效的方法。

集體行動和參與持續性社會行動的機會也可以被實現。一般而言，權能激發取向工作者的支持對動員這些努力是重要的。不過，由於關切就業議題的團體成員，因為工作關係，所以流動性很高。因此，那些能從事積極外展工作的持續性機構化方案之發展，對工作者與參與有關此議題行動的老年案主而言，是重要的。

創造補充性的收入所得

自助收入創造計畫的範圍很廣，而這些計畫對那些需要補充性收入所得的老人來說，是非常珍貴。國際性老人方案做了許多事，來激勵這方面的努力。用來發展收入所得創造計畫的方案，以及有關這些計畫發展和管理議題資訊的許多觀念，都是源自位於英國的美國國際老年與協助老人協會（American Association of International Aging and Help-Age）（Tout, 1989）。不管是否透過引薦而加入現在的方案，或是透過共同活動的成立而參與這些計畫，如公共菜園、小孩照顧方案、住家修繕方案、技巧銀行、藝術與手工藝合作社，都能替老年案主創造珍貴的補充性收入所得。舉例來說，食物可以取自城內的公共菜園、拾落穗計畫、食物購買合作社，以及每日蒐集和分送來自麵包店與飯店易腐敗的剩餘食物之方案。老年志工可以發起並參與許多這類的方案，以便能提供食物給他們自己與其他人（請參照 Moody, 1988, pp.169-189）。

這些計畫的發展與成功有賴於每一個團體的興趣、才能與資源，以及文化價值觀和歷史經驗。例如，一位「美國服務志工」（Volunteers in Service to America, VISTA）的志工就表示，依據退

休老漁民的需求與興趣，一個海岸邊的小城鎮成立了一家罐頭工廠。美國原住民保護區內的許多所得創造方案，有賴代代相傳的藝術與其他的技能。在一項自助方案中，一個西北方小城鎮裡的十三位女性，成立了一家罐頭公司，她們的年齡從72到91歲都有。她們利用了一家教堂的廚房，以及他人捐獻的瓶子與其他供給物。夏天時，這個團體利用社區成員帶給她們的水果和蔬菜，製作水果與蔬菜罐頭。三年後，這個方案成長為需要使用四組以上的設備與四十位以上的工作者。在評估這個方案時，社會工作者陳述，「所有的參與者都賺了錢，並且也能獲得有用的食物供給。不過，同等重要的是，他們從活動中得到了社區感與驕傲。」

有數個地區已經實行了證明文件或服務信用系統的方案。參與這些方案的老人，可以透過提供範圍相當廣泛的服務來累積信用點數，以便換取未來的長期照顧。鼓勵老人參與這些計畫以及協助他們的組織與行政工作，已成了權能激發取向社會工作者必須預備的服務範圍。雖然許多實務者表示，技巧銀行與其他勞力交換計畫可以是補充性收入所得的一個珍貴來源。不過，一位實務者告誡著說：

> 你必須一直努力不斷的招收新的技巧銀行成員。因為，需求在變，可是團體成員會隨著時間而變成失能、會死亡與搬家或失去興趣。為了使技巧銀行持續下去，需要許多人的參與……雖然要耗費許多的時間與精力，不過透過這種參與，人們對許多事愈來愈覺得寶貴，並且愈來愈活躍。

獲取有關合作社成立的法律與經營議題的資訊，是工作者與案主共同努力的舞台。退休的老人可以提供有關稅法、租賃談判

與登廣告的知識，

　　合作方案是收入所得補充的另一個範疇，未來很被看好，並且允許參與者獲得更多的權力，以便掌控與有限資源相關的問題。

　　簡言之，參與創造晚年生活就業與其他收入來源的相互支持以及團體活動，能協助案主確認共同關切的事物與需求。這種意識提升的過程是地方行動和參與全國團體的先決條件。在整個尋求解決部分老人收入所得不足的過程中，權能激發取向的工作者試圖履行動員者、教育者與伙伴的角色。動員老人追求價值觀的澄清、挑戰干擾生活品質的價值觀與態度、尋找慈善資源與資格、參與收入所得創造活動，以及主動加入針對確保工作機會與晚年生活收入的社會行動活動，是權能激發取向方法在處理老人收入所得議題的基礎。

確保健康照顧

　　創造健康照顧資源——不論是醫院照顧、密集的醫生服務，或用來支付社區長期照顧服務的經費——是一項和創造晚年生活收入所得一樣複雜的任務。由於公共方案在範圍上是有所限制，所以許多老人沒有被涵蓋在這些方案中。在繁文縟節與超高的健康照顧花費下，許多的老年公民成為犧牲者，留下他們與他們的家人獨自尋找資源以滿足健康照顧需求。這個過程引發需求的辨識，並且在某些情況中是需要重新評估有關健康照顧的信念與期待。

有關健康照顧的價值觀、態度與信念

　　價值觀、態度與信念對健康照顧議題的影響，就如同對收入議題的影響一樣重要。害怕使用醫療照顧或是害怕面臨與處理醫療問題，通常被服務的適當性與可用性的議題搞混。許多針對某一特定醫療機構「可怕的治療」的抱怨，經追查，結果發現，通常是由於對醫療照顧的恐懼；相反地，許多醫療照顧的懼怕是直接或間接的來自「可怕的治療」經驗。

　　有關誰應該支付健康照顧、什麼樣的健康照顧是可接受的，以及何時的健康照顧是適當的信念，因人而異。不同文化的態度與愈來愈多人對健康照顧的替代性方法感興趣，是造成這種差異性的強有力因素。所以，在企圖進行有關特定疾病、照顧替代方案，與如何成為一位見聞廣博與有效益的病人的教育活動之前，社會工作者必須對案主的健康照顧偏好和認知有透徹的了解。

　　面對案主的價值觀、信念與有關使用醫療照顧的恐懼，是協助案主做有關健康照顧決策的重要先決條件。社會工作者所接觸的老年案主，通常有強烈的健康照顧需求，但卻拒絕尋求醫療協助。「我看過的醫生沒有一個可信任的」、「我活了七十二年還沒看過醫生或住過醫院，所以我現在也不需要」，及「假如他們查出我哪裡有毛病，反正我也沒有錢付醫藥費」是一些常見的說法。所以，老年人醫療照顧使用的生活型態可能必須受到質疑。老年人的決定通常同時會受到價值觀、害怕、無知與對可用照顧品質的實際懷疑等因素的影響。權能激發取向的工作者必須激勵案主主動面對他們的害怕，將現實從想像中抽離出來，以及評估替代性方案。

針對健康照顧議題而成立權能激發取向團體，對那些面臨這些困難任務的老人而言，可以說是彼此相互支持的一強而有力來源。不過，假如團體支持是不可行的，工作者可以以個人爲基準，開始討論這些主題。因爲，這種一對一的情況對相關資料的呈現與處理是極佳的。另外，透過電話網絡或一對一的方式，將個別的老年案主與其他有類似擔憂的人連結起來。運用教育資料永遠是有助益的，不過若要用在特定的案主或案主團體上，可能沒有適當的形式可供使用。工作者可能需要修改用字遣辭讓人更容易了解、將資料翻譯成另一種語言，或以有利於聽力或視覺障礙的案主的形式來提供資料。

動員健康照顧的資源

　　一旦做了尋求健康照顧的決定後，系統回應的議題便開始了。第五章提出，在獲取服務上共同活動的重要性。在一個低收入的老年公民團體中，因討論在一些診所尋求協助時所面臨的個別困難，而有了密友系統（buddy system）的產生。老年團體成員自願相伴到醫療機構，以協助確定所接收到的服務，並且再次確認彼此尋找照顧的情形。其他不同的方法也可用在協助個人追求健康照顧的資源上。

　　自我教育與教育其老年案主有關現有的健康照顧資源，不是件簡單的事。一般來說，是需要調查研究的技巧。有許多的來源可以獲得有關老人醫療照顧保險與低收入戶醫療補助範圍的最新資訊（如社會安全部與州社會服務部門）。不過，要辨識適當與高品質的補充性保險計畫——常見的次級資源——是有問題的。而要找到資源來支付醫療費用、沒有包含在老人醫療照顧保險或

低收入戶的醫療補助的居家照顧，與長期照顧，更是一件不容易的工作。

　　為了找到值得信任的補充性保險，七位體弱的老人（日常生活需要協助的個人）組成一個團體，蒐集有關可能的補充性保險政策。然後團體成員將提供補充性計畫的保險公司名單分開，用事先準備好的問題明細與公司的代表會談，之後再把他們自己所獲取的資料集結成冊。這種活動讓團體所挑選出的公司代表，有機會在社區會議上提出他們的資料。然後，這個團體透過當地的一間老人中心，嘗試成立一個永久的來源，來提供這些政策的最新資料。

　　另一個老人團體則整理那些願意接受老人醫療照顧保險與低收入戶醫療補助的醫生資料。他們也提供有關合作安排的資料，而此合作安排是由當地的一個老人行動團體與個別的醫院所簽訂的。這個團體已與特定的醫院簽訂合約，來提供老人醫療照顧保險或低收入戶醫療補助中所委託的服務，並且以免費或低廉的收費來提供沒有被涵蓋在老人醫療照顧保險或低收入戶醫療補助中的服務。要成為贊助這項選擇的組織成員沒有什麼資格限制，只要繳交一筆為數極少的費用即可。這些活動提高個別老人對相關議題的意識，例如健康照顧費用、團體行動可能增加他們控制醫療花費的可能性等。

　　居家與長期照顧服務的費用和照顧品質相關事宜，與醫院和醫生的照顧相似。教導案主有關資源與支付服務費用的可能方法，成為許多權能激發取向實務者關注的焦點。老年案主需要相關的資料，來了解應對特定的服務要抱持什麼期待、如何尋找它們，以及如何控制這些服務影響他們的生活。由於他們的孤立，許多體弱的老年個體可能會遭受不合格的個人或無道德的組織剝

削。所以，鼓勵老人為他們自己與其他人，在管理服務方案上採取主動角色的處遇，也是重要的。第五章與第十二章提出一些在此方面有用的策略。

用來支付居家服務費用的資源，會因老人醫療照顧保險與低收入戶醫療補助的改變而受影響。許多老人缺乏必須的收入來負擔健康照顧服務。有幾個地區的基金會已捐出一些款項，為那些因沒有資格使用低收入戶醫療補助，而本身無法自己支付費用的老人支付長期照顧的費用。不過，這些經費在範圍與數目上皆有限制。其他針對這個目的的資源也有限制，若要降低這種限制，立法委員、社會工作實務者、需要這些服務的老人，與其他倡導者需要更努力。

目前在老人聚集的老人中心、老年住宅地區與其他的地方，有愈來愈多提供免費或低收費的診斷與健康維持測試方案。提供老人折扣的診所和健康照顧機構也是有的。老人團體通常以發起人或是外展服務協助者的角色參與此類的計畫。所以，他們在服務執行的過程中，同時也提供志工協助。

全國的老人、老人的家人與倡導者，每天都在創造與執行發展健康照顧資源的權能激發策略。不過，這些策略大都是屬於地方或州的性質。動員關心健康照顧議題的老人主動的參與全國決策過程，仍是當務之急。健康照顧的高費用與高科技的特性，限制了自助與當地努力的成就。所以，老人在參與這些活動後，強烈地意識到這些限制，以及認為有必要與全國的老人一起努力。

為健康與收入所得資源而參與社會行動活動

　　權能激發取向的教育，以及基於晚年生活對資源的需求而發生的自助活動，為相關的社會行動提供了情境。那些參與處理收入所得和健康照顧議題意識提升過程的老人，在誘導下開始質疑社會正義、承認職場的年齡歧視、辨識存在年金與健康照顧系統中的問題，以及學習了解可行的替代性系統。因為，透過主動的參與跟他們自己和其他人的情境有關的價值觀澄清與意識提升，許多老人變得更注意社會、政治與經濟議題。這個過程通常引發行動的步驟，以期能影響政策或方案。有位老人參加權能激發取向社區服務方案一年多，曾解釋說，「以前我認為，若沒有可行的解決方法，就會有很多問題。但現在我認為，有好多的工作等著做，而且有許多事可能會改變。」有位女性老人服務於同一個機構經營的手工藝合作社，她說道，「以前我認為，透過這家合作社來賣些被單是我所需要或感興趣的，但是我發現，我可以為其他人做更多的事。那就是我為什麼會如此投入這個會議的原因。」

　　社會行動在刺激老人對更廣的社會議題感興趣的過程中扮演重要角色，可是並沒有被以任何形式仔細地研究過。在服務或自助方案中的老年志工，變得能夠更了解他們自己與那些被協助者的環境、熟識各種不同的人，以及能夠理解那些更需要全神貫注的議題。權能激發取向實務者通常能夠利用老年人已增加的意識之狀態，來刺激他們參與針對較大議題的社會行動。一位工作者回憶著說：

使成員能夠區分他們在老人會議〔說明老人議題的全市社會倡導委員會〕中的角色，與身為機構〔一個多功能老人機構；幾個會議成員提供居家訪視、送餐服務，或服務於方案顧問委員會〕志工的角色，是我最辛苦的時候。不過很明顯的，這幾年來兩者的角色功能都是社會行動的重要要素。因為，他們身為志工時所發覺的情境與問題，是促使他們如同老人會議成員那麼有效益的原因。

當個人與團體嘗試尋找與取得資格的途徑或發展自助計畫時，他們會辨識有關晚年生活收入所得與健康照顧問題的社會、政治與經濟層面。社會行動策略成為確保服務的取得、在沒有資源的地方創造資源，以及解決生存問題之不可避免的一部分。當團體成員蒐集有關現有資源的資料時，他們揭露資源中的缺口、因接受公共的服務資格或私人救濟而來的烙印，以及許多形式的機構性歧視。當這種過程發生在團體中，想方法來強調這議題通常是第一個步驟。此時，權能激發取向工作者的教育角色在這連結點上是重要的；而來自團體或網絡成員的專業知識也隨時準備著。另外，社會工作者也必須提供與適當的社會行動團體有關的最初連結。

結　論

許多的老人與團體都沒有適當的收入與健康照顧資源。權能激發取向的工作者協助老年案主提出存在於缺乏適當生存資源問題中的所有層面議題。當案主對需求的態度與信念對生活品質構

成阻礙時，他們必須仔細地評估他們的態度與信念。為了確保資源，老年案主也必須取得相關的知識與技巧。另外，運用共同的努力通常是完成這些目標的重要部分。

權能激發取向的工作者必須協助案主辨識使用健康照顧與獲得收入的資格，以及來自私人社會福利部門的可能補充性資源。動員個別與共同的努力，來增加工作機會與其他支持形式的權能激發取向策略，在協助老人時也是重要的。此外，自助收入所得創造的計畫，以及處理相關立法與機構政策的社會行動，也受到強烈的鼓吹。

參考書目

AARP. (1991). *Aging America: Trends and perspectives* (1991 ed.) (DHHS Publication No. FCOA 91-28001). Washington, DC: U.S. Department of Health and Human Services.

Atchley, R. (1991). *Social forces and aging* (7th ed). Belmont, CA: Wadsworth.

Bass, S. A., Kutza, E. A., & Torres-Gil, F. M. (Eds.). (1990). *Diversity in aging*. Glenview, IL: Scott, Foresman.

Estes, C. L., Swan, J. H., & Girard, L. E. (1984). Dominant and competing paradigms in gerontology: Towards a political economy of aging. In M. Minkler & C. Estes (Eds.), *Readings in the political economy of aging*. Farmingdale, NY: Baywood.

Flanagan, J. (1984). How to ask for money. In F. M. Cox, J. L. Erlich, J. Rothman, & J. E. Tropman (Eds.), *Tactics and techniques of community practice* (2nd ed.). Itasca, IL: F. E. Peacock.

Gelfand, D. E. (1988). *The aging network: Programs and services* (3rd ed.). New York: Springer.

Goodin, R. E. (1990). Relative needs. In A. Ware & R. Goodin (Eds.), *Needs and welfare*. London: Sage.

Jakobi, P. L. (1990). Public policy and poverty among the oldest old: Looking to 2040. *Journal of Aging and Social Policy, 2*(3/4), pp. 85–99.

Kleyman, P. (1992). Census shows U.S. safety net fails many vulnerable elders. *Aging Today, 13*(4), p. 1.

Kutza, E. A. (1990). Responding to diversity: Is America capable? In S. A.

Bass, E. A. Kutza, & F. M. Torres-Gil (Eds.), *Diversity in aging*. Glenview, IL: Scott, Foresman.

Lockery, S. A. (1988). Minority aged and income policy. *Generations, 12*(3), pp. 65–68.

Marcuse, H. (1964). *One-dimensional man*. Boston: Beacon.

Markson, E. W. (1983). *Older women*. Lexington, MA: D.C. Heath.

Minkler, M., & Estes, C. C. (1991). *Critical perspectives on aging: The political and morale economy of growing old*. Amityville, NY: Baywood.

Moody, H. R. (1988). *Abundance of life: Human development policies for an aging society*. New York: Columbia University Press.

Morris, R. (1985). *Social policy of the welfare state* (2nd ed.). New York: Longman.

Pivin, F. F., & Cloward, R. A. (1979). *Poor people's movements: Why they succeed, how they fail*. New York: Vintage.

Shultz, J. W. (1988). *The economics of aging* (4th ed.). Belmont, CA: Wadsworth.

Social Security Administration. (1991). *SSI supplemental security income* (GSA Publication No. 05-11000). Washington, DC: U.S. Government Printing Office.

Tout, K. (1989). *Aging in developing countries*. Oxford, England: Oxford University Press.

第九章

••

家庭照顧

本章將討論與家庭照顧相關的問題和議題，包括誰是照顧者、照顧的種類、與照顧有關的壓力、家庭衝突、被照顧者的認知，以及提供給照顧者的社區服務。模型中四個活動層次的權能激發取向處遇，在第三章雖然已經介紹過了，不過在本章的案例中會再提出來討論與說明。

　　家庭照顧在老年領域中是個重要且適時的議題。家庭遺棄老年成員的迷思，已被徹底消除。人口群中85歲及85歲以上的老人需要最多的照顧，而這個年齡層人口明顯的成長意味著，當愈多的家庭發現他們自己是在從事照顧與照顧決定時，照顧的議題會持續加溫。長期的照顧對照顧者造成許多負擔與壓力，而且很可能使照顧安排瓦解，並使照顧者的健康和福利惡化。照顧者的權能激發取向處遇包括服務仲介、家庭教育、諮商、調停、支持團體與其他形式的互助、網絡，以及政策改變的政治行動主義。

照顧是家庭議題

　　大多數的老人居家服務是由家庭提供。據估計，家庭供給80%的居家照顧給那些75歲及75歲以上處於長期失能的人（Hooyman & Lustbader, 1986）。然而，導致老年人需要協助的常見情況，包括：

1. 生理疾病與失能，包括股關節受傷、關節炎、骨折、心臟病、癌症、中風、視力與聽力的受損。
2. 智力退化，如癡呆、記憶力喪失、沮喪和妄想症。
3. 因生理損傷或財務困難而導致的社會隔離。

雖然老年與疾病不是同義詞，不過產生慢性病或失能的可能性是隨著年齡的增長而變大。雖然大多數不住在機構中心的老人能夠照顧自己，不過大約有五百一十萬住在社區的老人，在某方面的個人照顧或住家管理上需要協助（AARP, 1986）。年齡在65-74歲之間的成年老人中，只有5%需要協助來執行一種或一種以上的基本日常生活活動（如購物、家務處理、準備三餐或處理金錢），不過在75-84歲的年齡層中，需要協助的比例卻增加到33%（AARP, 1986）。人口的老化或「銀髮化」（graying）在未來四十年，將會使行動受限的人數增加一倍，而導致對家庭與正式服務輸送系統提供服務的需求會變得更多（Ory, 1985）。

在65歲及65歲以上的老年人口中，大約4-5%患有阿茲海默氏症或其他嚴重的癡呆症，11-12%患有輕微到中度的癡呆症（Schneck, 1982）。在每一個癡呆症受害者的網絡中，至少有兩個人因照顧責任而在情緒或財務上受到某些程度的影響，而單是受到癡呆症影響的人數估計大概有九百萬人（Pilisuk & Parks, 1988）。

誰來提供照顧？

照顧很少是一種團隊活動。這種責任幾乎總是落在家庭中某一個人的身上，而且通常是落在本身也有健康問題的老年人（35%的老人照顧者超過65歲，而超過75歲的則多於10%）、那些無能力去負擔購買協助的較貧窮者（三分之一的照顧者是窮人或接近貧窮），以及女性的身上。

照顧者的平均年齡是57歲；不過，25%的照顧者是介於65到74歲之間，10%是75歲或75歲以上。丈夫是最年長的一群，

有42%是75歲或更老（Greenberg, Boyd, & Hale, 1992）。

數目最多的照顧者是女性。老年女性聯盟估計，大概四個照顧者中就有三個是女性，或是72%的照顧者是女性，總人數為一百六十萬。女性照顧者和被照顧者最常見的關係為女兒（29%）與配偶（23%）；另外有20%是遠房親戚（Sommers & Shields, 1987）。男性所提供的照顧雖然佔所有照顧的25%，不過他們傾向受僱出外工作，所以較不可能從事直接的「實務」（hands-on）照顧（Hooyman, 1988）。毫無疑問，也有些男性是致力於提供傳統的照顧給予其配偶或年邁的雙親。不過，在那些擔任主要照顧者的子女中，女兒與兒子的比例為3：1。

為何女性通常是主要照顧者的原因很多，而且這些原因也被詳盡記載著：

1. 在這個社會中，照顧被界定為女性的角色，不論是照顧小孩子、看護病人，或照顧老人與其他家庭成員。
2. 在社會化的過程中，女性被教導成若沒有負起社會指派給她們的照顧角色，就深感罪惡。
3. 女性若確實負起照顧的角色，在私底下會間接的受到獎勵。
4. 在社會化的影響下，女性通常認為她們應該能夠獨自執行照顧的責任，所以傾向拒絕向家庭的其他成員尋求協助。
5. 因為社會化的經驗，女性總是無法在自由或合理的情況下來選擇擔任照顧者的角色，而是在社會與其家庭認為照顧是女性的工作下，被逼迫就範。

不過，照顧的角色通常與愈來愈需要女性負擔家計的需求產生衝突。除了愈來愈多的家庭需要有兩份的收入之外，高離婚率

也使更多的女性與兒童生活陷入低收入的情境中，因為女性成了經濟支持的唯一來源（Hooyman & Lustbader, 1986）。雖然有三分之一的照顧者是受到僱用外出工作，不過無論是男性或是女性的照顧者，皆比非照顧者較不可能受僱外出工作（Greenberg, Boyd, & Hale, 1992）。照顧的需求可能危及到就業。根據Stone、Cafferata與Sangle（1986）的報告，在他們所研究的女性照顧者中，雖然只有12%確實為照顧失能的親戚而離職，不過照顧對就業身分的影響比上述數字所表達的還要來得大。因為許多人表示，他們因照顧工作而減少工作時數、改變工作表，並且扣薪請假（請參閱Bunting, 1989; Pilisuk & Parks, 1988）。

男性與女性之間仍存在同工不同酬的現象，而且女性在勞動職場上沒有充分的途徑獲得高薪的工作。不過，這之間的差距至少有12%要歸咎於女性須撥出一些時間給其他人，因而對其就業產生了干擾（Soldo & Agree, 1988）。故，照顧角色妨礙女性縮小她們與男性之間的經濟差距。因此，在職場上經濟的差距與照顧者缺乏社會支持的雙重束縛，使得男女之間的差異更加懸殊。

女性在擔任照顧角色時還有其他方面的壓力，包括大多數女性所身負的多重角色。許多女性若同時照顧超過一個世代的家庭成員時，會處於「三明治」的情況中（Brody, 1985）。大約有25%照顧年邁雙親的人與33%的其他照顧者（除了配偶），家中都有年齡低於18歲的孩子（Greenberg, Boyd, & Hale, 1992）。即使女性在外工作，家事依然要做，而負起的照顧者角色通常只會更加重女性的責任。另外，由於無法免除其他的角色，所以女性沒有時間與精力來盡照顧老年親屬的責任。因此，老年女性照顧其生病的配偶是日趨普遍的照顧安排。一般來說，那些照顧丈夫的妻子之平均年齡為65歲（Sommers & Shields, 1987）。所以對

年老的配偶來說，提供這種照顧通常會加速老化本身的嚴重情況。

照顧的種類

家庭成員提供給那些年老力衰者的協助形式種類繁多。Arling 與 McAuley（1984）描述五種一般的照顧種類：

1. 管理家務。
2. 準備餐點。
3. 個人照顧（協助穿衣、盥洗以及用餐）。
4. 持續的監督。
5. 護理照顧。

這些照顧中有許多是超出社會情緒的支持關係，特別是監督與護理照顧，因為通常要求生活安排的分享。有四分之三的老人照顧者就是與需要照顧的人住在一起。通常，主要照顧者平均一天花超過六小時的時間，協助被照顧者處理個人衛生、醫療照顧、家務瑣事、購物，以及交通（Pilisuk & Parks, 1988）。

從一週一次的訪視到與被照顧者住在一起提供二十四小時的照顧，這之間是有差異的。照顧任務不是提供直接的照顧，就是僱用、監督和監控照顧者，以及做相關的決策。與照顧有關的家庭決策可能集中在一些議題上，如出院規劃、安寧醫院的安置、護理之家的安置、協助性的生活安排與居家健康照顧安排，以及需要什麼種類與層次的照顧、由誰來提供照顧、照顧方式為何、誰支付費用與支付多少費用。任何關心老人福祉的人都可以是決策過程的參與者，如老人本身、老人的子女與兄弟姊妹、被指派

為照顧者的家庭成員，以及老人的朋友與鄰居（Parsons & Cox, 1989）。

哪些壓力與照顧有關？

長期的提供照顧是與照顧者健康狀態逐漸惡化的情形有密切關連。Ory（1985）曾指出，長期照顧（或是沒有支持與慰藉的照顧）與主要照顧者的健康情形嚴重惡化有關。沮喪與焦慮的症狀、無助感、士氣低落與情緒枯竭，都和照顧有關（Greenberg, Boyd, & Hale, 1992）。許多照顧者發現個人自由的喪失、缺乏時間從事社交與休閒活動，尤其是行動受到限制特別令人心煩。低生活滿意度與臨床上的沮喪，可能來自日積月累的照顧負擔。Ory（1985）的報告也指出，那些與老人住在一起的照顧者，是比那些沒有與老人住在一起的人經歷更多的壓力。

Cutler（1985）摘錄出下列的照顧壓力：

1. 為滿足老人每日例行的生活活動（穿衣、用餐、盥洗、大小便、交通、移動、洗衣以及打掃家裡）所需的協助而產生的生理緊張。
2. 孤立與寂寞（因參與社會和社區活動的機會逐漸減少所致）。
3. 缺乏睡眠（許多照顧者表示，因缺乏睡眠所導致的身體虛脫、精神衰弱，是他們壓力的最大來源之一）。
4. 因所愛的人健康情形每下愈況與預期死亡的情緒反應，引發了悲傷的過程。
5. 適應多一個人住在家裡。

6. 財務壓力（來自協助支付健康照顧與監督等服務的費用，與照顧者外出工作賺錢的機會減少）。

7. 家庭悲痛（這裡的家庭含括主要照顧者的所有近親；孫子女對處理祖父母身心惡化的情形特別有困難，並且對他們的情況無法忍受）。

8. 來自受扶養老人在生理與情緒上的虐待，尤其是當受扶養老人患有癡呆症。

9. 照顧者缺乏來自其他家庭成員或服務部門的慰藉與支持，而導致休閒活動受到限制與無能力來滿足個人的需求＊。

主觀與客觀負荷的二分法，通常是相關研究的範疇（Mont-gomery, Gonyea, & Hooyman, 1985; Parsons, Cox, & Kimboko, 1989）。主觀負荷（subjective burden）與照顧者對照顧情境的態度和情感有關。客觀負荷（objective burden）指照顧者在健康、收入與時間方面的實際壓力。Ory（1985）發現，主觀負荷引起非正式照顧安排的式微，並且導致進住機構的情形比客觀負荷或照顧實際所需的層面要來得更頻繁。照顧情境的變異性很大；有些家庭與其他的家庭比起來，就有比較好的支持網絡與因應技巧。主觀負荷與客觀負荷之間沒有直接的關係，反而是和下列各因素可能較有關連：照顧者與老年被照顧者之間的關係（Cox, Parsons, & Kimboko, 1988）、老人因疾病而個性改變的程度、家庭動力的過去歷史、照顧者的因應能力、社會支持可利用的程

＊ 改寫自〈照顧者園地〉（"Counseling Caregivers" by L. Cutler, in *Generations, 10*(1), 1985, pp.53-57. Copyright © 1985 by the American Society on Aging）。

度、針對照顧者的時間提出其他的要求，以及人口統計資料如性別、年齡、收入與種族背景（Ory, 1985）。

因照顧所引發的衝突

家庭衝突通常源自於照顧工作。雖然家庭照顧很普遍，不過在進行有關這類安排的決策時很少是和和氣氣的。家庭衝突的解決之道已被發現，是居家健康照顧機構的社會工作者最常使用的五種處遇之一（Levande, Bowden, & Mollema, 1987）。超過半數的照顧者將家庭衝突描述為一種照顧壓力（Rabins, Mace, & Lucas, 1982）。另外，因照顧工作所引發的衝突很可能導致老人受虐（Circirelli, 1986），所以通常是家庭治療主要解決的問題（Montalvo & Thompson, 1988）。

家庭衝突的來源包括：

1. 家庭成員因對所需的照顧缺乏參與或是抱持負面的情感而產生的罪惡感。
2. 與老年家庭成員健康喪失有關連的悲傷反應。
3. 對老人的照顧安排有不同程度的投入與關心。
4. 由於照顧的可利用資源稀少，需要家庭成員的投入與實質的犧牲。
5. 因決策過程，再次掀起舊有的家庭衝突動力（Parsons & Cox, 1989）。
6. 缺乏共同做決定的經驗。

衝突的主要來源之一，是家庭成員之間的照顧負擔分配不均。通常是由一個人從事照顧的實務工作，並且一般而言這個人

是女性。雖然女性從事大部分的照顧工作，不過在進行有關照顧工作與整體狀況的決定時，她們卻不常被諮詢來提供意見。反而，那些與被照顧者最親近的兄弟姊妹或子女（一般而言都是男性），才是對決策最有影響力的人。但那些沒有參與決策卻被要求從事照顧工作的家庭成員，可能會埋怨他們沒有被邀請參與決策過程。因為，當家庭成員被排除在決策過程之外時，他們認為較無法對照顧情境提供協助。因此，反功能性的家庭動力可能因這種情境再度被掀起，而且如果沒有解決，可能損及照顧（Parsons & Cox, 1989）。沒有得到解決的家庭衝突通常會使大家的努力分散並瓦解老人的支持網絡，而這種情形與逐漸增加的機構化（Berkman, 1983）和老人受虐有關（Knight, 1985）。

老人本身對照顧的認知

在照顧關係中，由於大部分的焦點都放在照顧者上，使得被照顧者的經驗沒有被考量到。有關老人對照顧安排的滿意度與認知，曾在一項針對三十四位老年被照顧者的研究中被評量過（Parsons, Cox, & Kimboko, 1989）。研究結果指出，老年被照顧者的滿意度與他們和照顧者之間的關係組成有關，而不是和老年人所承受的健康損害程度有關。在照顧情境中，老人最在意的似乎是害怕成為其他人的負擔。在這項研究中，幾乎沒有一位受訪者表示他們被分派了任務或在家裡察覺到一種共同責任的感受。有趣的是，被照顧者很不願意將他們的困擾告訴他們的照顧者，因為他們認為照顧者「本身的困擾已經夠多了」。因此，被照顧者藉由不對照顧者訴說他們的情感，以避免加重他們認為自己是個負擔的事實。然而毫無疑問的，「這種不願意」降低了被照顧者

與照顧者之間的溝通與問題解決能力。另外，老年的被照顧者似乎將他們自己與照顧者視爲不快樂環境中的受害者，所以認爲應該將這種不快樂的情境減至最低，並且少談論它，以防止其惡化。

照顧家庭的社區服務

許多的時間、精力與金錢已經被消耗在老人的社區照顧上。不過，由於競相爭取原已不多的經費，因此創造了一個較無效率或效益的服務系統，來協助家庭扮演他們的照顧角色。傳統上，政府對家庭的照顧活動或功能並不給予支助（Biegel & Blum, 1990）。在提供照顧的家庭中，不到10%得到社區機構提供的支持性服務。一項針對五十四個照顧家庭所作的研究，提供了下列有關服務利用的資料，並且指出照顧者通常不會利用服務，即使這些服務是可用的（Cox, Parsons, & Kimboko, 1988, p.432）：

被利用的服務（從最常被利用到最不常被利用）：

1. 社會的與休閒的。
2. 個人照顧。
3. 護理照顧。
4. 交通。
5. 持續性的督導協助。
6. 餐點準備。
7. 電話確認。
8. 物理治療。
9. 日間照顧。

不被利用的服務（從最被需要到最不被需要）：

1. 身心評估。
2. 社會的與休閒的。
3. 餐點準備。
4. 諮詢與轉介。
5. 個人照顧。
6. 持續性的督導協助。
7. 管家服務。
8. 護理照顧。
9. 交通。
10. 電話確認。
11. 物理治療。
12. 日間照顧。

由於服務方案的不完整，所以滿足的只是照顧者的部分需求，而且社區所提供的服務與照顧者的需求之間差距愈來愈大。另外，資格限制的政策限制了取得社區照顧的途徑，而且老人醫療照顧保險範圍擴大的權力主要是在各州的手上（Pilisuk & Parks, 1988）。醫療補助只針對貧民，並且在美國老人法案中指示用來提供這類服務的經費也已遭到刪減，這使得原已不完整的服務輸送系統存在著更多的漏洞。雖然證據在在顯示，廣大的民眾認為政府應負起照顧老人的責任（Gilliland & Havir, 1990），不過提供照顧的家庭仍不見政府協助的蹤影。

在政治方面的問題是，沒有人想要支付原本就是免費的事。不過，這件事的重點是這種服務不是免費的——只是提供這種照顧的家庭沒有將成本計算出來罷了。這種家庭成本是隱藏在家庭

成員的健康衰退，以及因為缺乏對照顧者的支持而須將老年被照顧者提前安置在護理之家之中。因此，家庭成員不應該在沒有適當的支持下被迫犧牲。

家庭照顧的權能激發取向處遇

權能激發取向處遇的最初目的不只是達成與案主直接的問題或所提出的問題有關的結果，並且還要向案主傳遞他們在為自己與他人採取行動時所需的知識與技巧。整體的目的則是要動員接受服務的老年消費者、他們的家庭與社區，朝自我照顧與主動參與創造一個更好的環境而努力。為了達到這個目的，權能激發取向的工作者必須嘗試教導案主更好的技巧與知識，使得他們比在接受專業協助之前更知道如何因應他們的環境。

設計來達成權能激發目的的活動，已在第三章討論焦點的四個層次時一起被概念化了；這些活動的範疇涵蓋了意識與問題評估，從私人困擾（內在）擴展到公共議題（外在）。所以，處遇活動的四個層次是從個人到社會政治（**表**9.1 列出與照顧情境有關的四個層次活動）。

最初的接觸與評估

當大部分的問題影響著老年人口時，照顧者的壓力與需求經常透過個人轉介來引起服務輸送系統的注意。這些轉介可能來自醫生、牧師、醫院或他們自己的家人。如果與家庭的最初接觸是經由個人轉介，那麼處遇則從第一層次開始，進行透徹的評估

表9.1 問題了解、評估，以及照顧者和被照顧者處遇的層面

處遇的四個層次	明確的活動例子
個人和／或家庭*	針對老人與其家人進行評估、教育與諮商
	將案主與基本服務連結起來
	發展關係
	與案主分享有關問題情境與可行的解決方法之訊息
	教導案主如何尋找與使用可利用的資源
個人、家庭與小團體	學習技巧與知識去處理問題
	發展支持網絡
	形成電話確認網絡
	參與有關這些議題的推廣教育
個人、家庭、團體、組織與網絡	參與自助與協助他人
	形成與加入支持網絡
	參與共同問題的解決
	形成與加入互助團體
	安排共有的照顧工作
個人、家庭、團體、網絡、組織、社區與較大的社會政治系統	創造新方案
	採取政治行動
	遊說
	為政治行動組織團體與網絡
	努力改變社會政策

* 此層次的活動是由社會工作者執行或引導；而其他的活動則可由工作者或案主本身來引導。

（參考**圖9.1**）。評估一開始先評量老人的功能與需要照顧的層面。此外，亦包括評估照顧情境的壓力、來自家庭成員與正式和非正式支持系統之支持，以及照顧者的健康情況與負荷。評估工作同時也必須判斷家庭對問題的認知——從私人困擾到公共議題。

　　多數的家庭傾向相信，與照顧有關的問題是私人困擾，而且

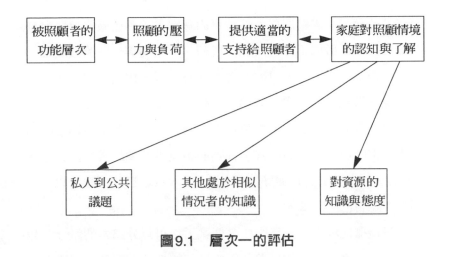

圖9.1 層次一的評估

照顧是他們的工作。如果他們正經歷壓力與緊張,他們會認為這些問題只有他們有,因此應該自己想辦法解決。他們通常不知道社區裡有基本的資源,至少可能解除他們部分的負擔。一般而言,家庭可能會拒絕外來的支持與協助,因此,評估必須包括評量罪惡感、痛苦、否認的程度,以及家人,特別是主要照顧者所表現出的不切實際之期望。為了使照顧者與專業助人者對問題、問題的原因與可能的解決方法達成共識,則照顧者對較廣的照顧議題、對處於相同情境的其他人,以及對其他人發現有助益的解決方法之認知必須加以擴展。

　　用在照顧家庭的處遇含括了在第三章已介紹過模型的所有層次。這些層次將於下面章節再做深入的探討。

層次一的處遇

　　層次一的一個主要活動,是針對照顧者的社會個案工作,協助他們能將照顧情境處理得更好。社會個案工作包括探索情感、

緊張、負荷、需求與服務；釐清壓力與需求；評估服務選擇與獲取的可行性；形成工作的共識；持續解決問題與有關照顧議題的教育（Getzel, 1981）。照顧者常常沖昏了頭，因此設定合乎實際的目標，可以帶給他們一些希望（Cutler, 1985）。除此，大部分針對照顧者的社會個案工作包括教育與意識提升，使照顧者能夠做出適當的決定。一般而言，在照顧情境中普遍的議題為罪惡感（因為照顧者無法獨自做好他們的工作）、缺乏自我照顧，以及照顧者否認自己的需求。

在這種情境下，完整的社會個案工作可以分為六個部分：教育、支持、家庭成員的參與、因應技巧的教導、資源的倡導與家庭紛爭的調停。

教育

照顧者的主要教育需求是醫療資訊，因為這些資訊能提供照顧者對被照顧者的情況、處遇預斷與疾病管理有基本的了解。照顧者也需要知道與疾病有關的一般行為、老化過程、家庭對照顧壓力的常見反應，以及家庭可利用的社區資源。

支持

照顧者通常在被轉介至專業助人者的面前時，已耗竭了他們的因應能力。他們需要排解他們的情緒、述說他們的故事、被傾聽、得知他們的感受與那些處於相同情境者相似。除此，專業助人者需要帶領家庭去了解更多有關照顧的情況。

家庭成員的參與

層次一處遇的另一個重要工作，是評估家庭成員參與的程度與嘗試使家庭成員協助照顧工作。通常那些擔任主要照顧者角色的老年配偶，認為照顧是他們自己的工作，很不情願打擾他們的子女或其他的親戚。工作者必須與照顧者一起探索其他家庭成員

參與的可行性。如果家庭成員間因衝突而無法一起工作，工作者可以提供調停或其他衝突解決的策略。

因應技巧的教導

　　有關如何因應照顧的資訊來源有很多，其中包括為照顧者而寫的書以及由支持機構（如阿茲海默氏症與相關失調協會）發行的小冊子，都含有來自照顧者本身所提供的建議。社會工作者需要熟悉這些書面資料，假若照顧者無法離家參加教育與支持團體時，工作者應該把這種資料帶到照顧者的家中。

可用資源的倡導

　　對照顧者而言，最重要的是提供有關社區中直接服務的資訊給他們的家庭，並且將這些服務與他們的家庭連結起來，以及為他們的家庭仲介和倡導這些服務。下列是部分的社區服務，大多數的社區都有這些服務（Eldercare Management Group, 1988）：

　　成人日間照顧。 社會日間照顧中心主要的服務對象，是那些患有記憶喪失、孤單、沮喪或其他社會或心理障礙的成人。他們通常是在醫院待過一陣子之後需要復健的人，或是那些患有慢性病需要例行性護理照顧的人……。

　　隨侍照顧。 嚴重失能的人可能需要全天候的照顧，協助其用餐、盥洗與其他重要的活動。

　　居家健康照顧。 係指在家裡進行的護理服務（如藥物注射與換繃帶）。這些服務通常是在入院治療之後被要求的。

　　安寧照顧中心。 提供持續性的醫藥、社會與心理服務給末期病人。安寧照顧中心的病人可以在家、在醫院或是在如護理之家之類的機構中接受服務。

　　居家支持服務。 提供個人照顧方案，如協助盥洗、穿衣，以及家務服務如購物或打掃家裡。

餐食。在人群聚集的地方如教堂、學校或老年公民中心，只要有少量的捐獻就能得到營養的餐食。對那些無法到供應餐食地點的人，則有送餐服務。

喘息照顧（respite care）。喘息照顧可爲那些照顧體弱或失能者的家庭，提供從照顧職務中獲得短期休息的機會。例如成人日間照顧、週末或假日的機構照顧。

社會服務。社會服務是由營利機構、非營利機構、志願組織以及政府單位的工作員或志工所提供。社會服務的協助種類如下：交通與護送、個人照顧與家務服務、友善的訪視與電話確認、個案管理（照顧協調）、諮商、諮詢與轉介，以及財務管理。*

家庭紛爭的調停

社會工作者可透過促進家庭衝突的解決，使家庭成員能一起努力來支持老年成員，並且改善彼此相互對立的情況。社會工作者這樣的處遇活動對權能激發取向的實務工作有卓越的貢獻。調停是在處理問題解決過程中的衝突，並且嘗試找出行爲取向的解決之道。衝突可能來自實質的議題，也可能來自某一個議題所引發的情緒動力，或是來自彼此之間價值觀的差異。雖然，衝突也可能直接因情緒動力而引發，不過它通常仍被界定爲實質且具體的問題。換句話說，家庭可能尋找實質的議題，來象徵他們情緒的差異，或是合理化他們情緒的差異。因此，調停者在引導參與者注意實質議題、發起談判與達成協議之前，必須尋找一個方法

來排解這些感受或情緒（Parsons & Cox, 1989）。調停者的目標包括：

1. 引導家庭成員談談他們對問題的看法。
2. 在衝突中，將議題獨立出來。
3. 協助家庭成員將他們的關心和需求，與他們的慾望和願望分開來。
4. 傾聽、支持與認可家庭成員的痛苦經驗。
5. 協助家庭成員尋找替代性的解決方法與資源。
6. 促進家庭成員進行有關於替代性方案的決定。
7. 協助家庭擬定執行協議的計畫。

雖然並非每一個家庭衝突都是容易被調停，不過若不加以理會，許多可能需要調停的誤解或溝通不良的情境會擴大，而且會製造更嚴重的衝突。所以，除了其他的家庭處遇技巧之外，社會工作者還需要知道如何促使衝突解決的方法。社會工作者作為調停者的主要角色，就是與照顧家庭一起處理衝突，一同解決許多方面的問題。

層次二的處遇

在層次二的處遇中所進行的活動，可能與層次一所描述的大同小異。不過，其中一個不同點是，更多的處遇是以團體而非個人的形式進行；另一個不同點則是更重視教育。照顧者可以參加提供支持與教育的聚會——有無工作者陪伴皆可。從權能激發取向的觀點來看，這類的活動有許多好處。因為，團體提供了在權能激發過程中被視為必要的共同經驗。這種「同在一條船上」的

感覺可協助照顧者了解,他們並不孤單,其他處於相似情境的人也有相似的問題,以及照顧者壓力所造成的影響是正常的。另外,從了解或承認問題的觀點來看,這個層次的處遇提供機會給照顧者去了解,他們有的感受(而且長久以來可能感到羞愧的)不只正常而且很普遍,並且其他人想出來的解決方法可能對他們有幫助。

學習如何與老人溝通、學習如何解決家庭衝突、學習了解老化的過程,以及學習使用支持與電話確認的網絡,可以協助照顧者給予與接受支持,並且與處於相同情境的人維持聯繫。照顧者支持團體被發現是一項有效的處遇,它提供支持者的網絡,並且協助照顧者增加他們社區資源的知識、處理焦慮、為自我照顧找時間、與其他家庭成員一同分擔責任、增加問題與議題處理方面的人際能力,以及改善與被照顧者間的關係(Toseland, Rossiter, & Labrecque, 1989)。所以,有許多好的教育方案可供照顧者使用。至於對那些被困在家裡而無法外出與其他人會面的照顧者,可透過錄影帶、簡訊、書籍及其他資料,將此類的處遇帶到家裡(Aronson, 1988; Jacobsen, 1988; Springer & Brubaker, 1984)。

層次三的處遇

一旦照顧者開始從較廣的觀點了解他們所經歷的問題,並且開始從處於相似情境的人那兒尋求接觸與支持時,他們就可以接受層次三的處遇。這類的處遇與層次二的沒什麼多大的差別,除了提供給照顧者的協助是由照顧者他們本身來指導與控制,而不是在專業助人者的指導之下。故此層次的大部分活動是參與自助團體。

增加成員因應的能力是自助與互助團體的目標。這些團體所著重的重點是，促進成員之間彼此實際交換服務、成員一起解決問題，以及成員彼此提供建議與分享資源。另外，成員可以彼此教授新的技巧，如有關家庭調停與衝突解決、行為管理與其他因應技巧。有關自助團體的研究文獻指出，這些團體對成員的自尊、生活滿意度與沮喪的層面有正面的影響（Toseland & Rossiter, 1989）。

　　基本上，自助團體是由成員而非專業人士所引導。雖然，這類的團體可以決定以各種不同的方法來讓專業人士參與，可是團體仍在成員的掌控中。不過，為了團體的結構與團體進行時的情境脈絡，機構的贊助經常是必需的。一般來說，照顧者的自助團體通常是由醫院、社區中心、阿茲海默氏症與相關失調協會的分會，以及其他的社區機構所贊助。玩偶製造者（The Dollmaker）（Schmall & Stiehl, 1987）是個套裝方案，是特地為自助團體所設計，其中包括給照顧者觀看的錄影帶。

　　對老人與他們的照顧家庭來說，非正式的支持網絡是重要的。照顧者通常發現，與某個神職人員或家庭醫師討論情緒問題，是比跟專業的社會工作者來得容易。因為，非正式協助本身不會有烙印，而較正式的專業協助可能會有烙印。非正式協助包含各種不同的有用服務，從同儕諮商、訓練與教育、或支持，到同伴之間的友誼、協助到超級市場購物，或只是好的建議。同儕諮商團體可能從這類的活動衍生而來，而在此團體中，照顧者彼此成為個人與家庭的指導顧問。在這方面的一個革新是，在照顧者間創造了合作性的喘息照顧安排。這些安排是建立在兒童照顧合作社的想法上，允許一個家庭以照顧其他家庭的老年成員來「存」照顧時數，以交換照顧他們自己的老年成員。這種安排人

人負擔得起，並且若與使用正式機構的喘息照顧服務比較起來，有些家庭會覺得比較安心、自在。

層次三的活動對權能激發過程來說是重要的，因爲照顧者與家庭不僅成爲服務的接收者，而且是他人服務的輸送者。這類活動建構案主對以下信念的基礎：他們能改變他們自己的生活與其他人的生活。另外，這些活動是自尊的建立者，不僅能夠使照顧者變成更好的照顧者，並且讓他們較不覺得自己是受害者，而是解決他們問題的主動參與者。但是，這類的活動絕不是用來代替照顧家庭所需的基本服務，而是補充這些服務，並且使權能激發過程能夠發生。

層次四的處遇

當照顧者在公共議題的情境下界定問題，並且了解他們正面臨的情境，有部分是因爲缺乏適當且負擔得起的老人社區服務所引起的時候，層次四的處遇是有用的。處遇把焦點放在政治舞台上，而不是私人舞台。處遇的目的是在創造與照顧有關的方案，以及改變與照顧有關的政策。照顧者參與這類活動時，可能是在從事主動照顧之後或期間。這類的活動通常由照顧者引導，因爲他們有這些議題的第一手知識。除此，他們可能會參與關心類似議題的全國組織，如 AARP 與 OWL。

雖然美國沒有完整的公共政策，來支持家庭在照顧中所擔任的角色，不過有些零星的政策提出一些相關的議題。有些州對家庭照顧者採用了減稅或稅金信用（tax credit）方式；有些州付錢給提供居家照顧的家庭成員；美國老人法案於 1984 年再次提出，必須對照顧阿茲海默氏症病患的照顧者給予支持與訓練

（Kane, 1985）。不過，整體上來說美國對照顧並沒有強而有力的政策。所以，當家庭照顧或相互支持團體被證實是較便宜的替代方案時，社會對它們的喜愛勝過機構式的照顧（Pilisuk & Parks, 1988）。有些公共機構如公共衛生協會（Public Health Association），雖然表達了需要一個有關照顧的全國政策，不過仍是需要由老人的家人組成一個組織，來遊說立法者在州與全國層級的會議上提出照顧的議題。

接下來的案例將說明處遇的四個層次如何與某特定個案產生關連。

⇢⇢⇢

案例：一個家庭照顧的情境

Jim 現年78歲，是一位退休的保險業務員。剛退休時非常活躍，不過過去這八年來，他變得愈來愈無法正常生活。因為他患有癡呆，而這似乎是由阿茲海默氏症所引起的。大約兩年前，他開始需要他太太密切的看護。Mary 是 Jim 的太太，現年74歲，除了心臟有些毛病與有中度的關節炎外，健康情況還算不錯。她從事陶藝的工作，而且喜歡在當地的手工藝品展中展出她的創作。所以，自從從保險業中擔任秘書一職退休後，她的生活就非常活躍且忙碌。

當 Jim 的情況惡化，Mary 就變得無法如其所願地追求她在手工藝方面的興趣。事實上，Mary 的生活在過去這六個月中也發生劇烈的變化。她本來接個案替個別的客人製作陶藝品，但是她被迫停止，因為Jim需要看護的需求增強。她無法再相信留Jim一個人在家是安全的。她覺得要保護Jim，所以努力不讓她的女

兒、妹妹與社區的人知道Jim健康快速惡化的情形。她很爲未來擔憂，不過也試著隱藏她的憂慮。

Mary的女兒Sue，與她的家人就住在附近。Sue有兩個十幾歲的兒子，她和她的先生都有份全職的工作。雖然，他們很關心Jim和Mary，不過他們的生活實在太忙，以至於無法提供太多實質上的支持。Sue常常和她媽媽通電話，也能體會她媽媽的處境，並給予口頭上的支持，不過她並不是眞的清楚她爸爸現在需要多少照顧。有時她甚至覺得她媽媽把她爸爸的情況誇大了。因爲對她來說，將她的爸爸視爲一個有嚴重癡呆的人來看待是件痛苦的事。當她在她爸爸身邊時，他的情形並不像她媽媽描述的那麼嚴重。她爸爸在他們那個相當小的社區裡，受到許多人的尊敬，她想要保護他的名聲與地位。所以，Sue否認他的情況。

Mary的妹妹Jane，現年65歲，最近才退休，也住在附近。她已經注意到她姐姐與其姐夫Jim生活情況的改變。她曾經主動提出要幫忙，不過Mary婉拒了她。她嘗試與Mary談及她對他們的關切，不過Mary總是把話題岔開。

在秋冬交替之際，Mary與Jim找了藉口不上教堂、不參加社區活動、婉拒與親友餐聚的邀請。Jim的癡呆變得愈來愈明顯，但是Mary決意要保護他，使他免於感到尷尬，並且退出她的所有支持系統。十一月初，Mary的心臟情況惡化；因爲她有過一次輕微的心臟病發作，必須經常躺在床上休息。一位在老人健康診所服務的社會工作者，從出院計畫會議中得知Mary與Jim的處境。

在開始評估這個個案時，社會工作者邀請Sue一起討論Mary與Jim的情況。Sue非常擔心她的父母親，不過她認爲她與她先生可以幫助她的父母親，他們會請人前往她父母親的住處提供部

分的照顧、準備餐點，以及協助家務處理。她計畫經常訪視與核查他們，而且她著手與社會工作者一起找出她父母親所需的協助。

在幾個小時之內，社會工作者接到Mary的妹妹打來的電話。Jane想要和社會工作者談談Mary與Jim的情況，並且和社會工作者約了時間。她前來討論她對在Mary仍是主要的照顧者的情形下，請兼任工作者到家裡幫忙的顧慮。她生她甥女Sue的氣，認為Sue正在策劃一個會殺了Mary的計畫。在Jane的觀念中，Mary不能成為Jim的主要照顧者，即使有兼任工作者的幫忙。

在與Mary本人討論時，Mary說出她對接受外來者協助的考量，不過她也接受她妹妹堅定的立場，承認她自己力量的有限性。之後，社會工作者決定召開一場家庭調停會議。會議的目的是要每個人表達對問題的看法，然後集思廣益想出可行的解決方法。社會工作者也蒐集了可能對這個家庭有用的相關資源之資料。因為，社會工作者知道家庭照顧必須是整個家庭而不是單獨一個人的責任，所以工作者嘗試儘可能把所有的家庭成員聚集起來，一起參加調停會議。Sue、Sue的先生和兩個十幾歲的小孩同意參加，而Jane和她的先生也一樣。Mary與社會工作者決定讓Jim也一起參加討論。

首先，社會工作者發給每個人有關阿茲海默氏症的漸進性本質與照顧議題的資料。工作者讚許Mary過去獨自負起照顧工作的努力，不過還是要尋求其他的家庭成員一起共同分擔照顧的責任。在會議期間，Sue與Jane之間正在發展的衝突被拿來仔細地分析：在一些額外的協助下，Mary與Jim的生活是否能維持不變；或是Jim必須被安置在一所照顧機構，好讓Mary有機會得到

她所需的休息？社會工作者要求參與者說出有關這些問題的所有看法與感受。工作者確認這些感受，並且澄清彼此的立場與認知。工作者也努力使參與者在目標的定義上達成共識，並且對資源與替代性方案有共同的了解。另外，透過這會議，工作者教導了每個人去發現與了解有關他們所處情境的本質。

在最初的會議以及一個與 Mary、Sue 和 Jane 的追蹤會議之後，對於 Jim 的照顧做出了一些決定。Jim 將待在一家日間照顧中心至少六個月；Sue 與 Jane 志願接送他往返。晚上，有一位鄰居會到 Mary 與 Jim 的家過夜；在 Jim 有任何需要時，可協助Mary。

當 Mary 的情況得到改善並且恢復她的體力時，社會工作者協助她加入一個照顧者的支持團體。在此團體中，她可以處理因無法給予 Jim 她想要提供的照顧而產生的罪惡感。她與其他處於相同情境的人接觸之後，發現像她情況一樣的人當中，有許多的需求並沒有得到回應。她了解不放棄她個人的健康、關係或甚至興趣的重要性，這樣她才能繼續支持 Jim。而 Sue 在工作者的鼓勵下，學習了解一些事實，如父親的疾病，以及提供全天候照顧給一位患有癡呆症老人的議題與所隱藏的危險。她拿到一些錄影帶與其他的資料，來協助她了解她的父母親正經歷的生活。媽媽與女兒都受到鼓勵，不再去隱藏 Jim 的情況，而是和別人分享她們的經驗。如此一來，她們不僅得到更多支持系統的協助，並且教導其他人一些共同的處境。

Mary 與 Jane 開始在教會的聚會上發言，告訴其他人有關照顧患有癡呆家庭成員的經驗。她們的教會團體有興趣發起喘息照顧給有需要的教友。Jane 與 Mary 要求社會工作者提供一些訓練給教會團體，這樣喘息照顧的服務才能開始。當社會工作者在授

課時，她把有關雇主為老人照顧所提供的福祉，以及與此問題有關的其他政策議題的資料也包括進去。

Sue 提出她的老闆提供老人照顧福祉的議題。另外，Sue 請求社會工作者協助她，尋找有關採用這類政策的公司資料。她也開始探索喘息照顧的方案，並且跟她的朋友談論有關這類服務的需求。

即使 Mary 無法如其所願的活躍於社區，不過她發現她在家中也是可以做許多事。她組織照顧者的電話網絡，並且協助發行強調照顧活動的簡訊。另外，與處理相同議題的人接觸，使她更知道如何處理她自己的情境，以及了解問題與問題解決的範圍。當她獲悉老年女性聯盟正為家庭照顧的公共支持從事立法遊說的工作時，便加入此聯盟，成為這組織的一員與支持者，並且在情況允許下會參與聚會。由於她與其支持系統的成員已獲得有關此疾病、與照顧有關的問題、獨自處理照顧的危險，以及可用資源的相關知識，所以他們能夠用相關的技巧來面對照顧的議題，以及樂意代表他們自己與像他們一樣的其他人，來面對此議題。

Mary 變得比較不那麼緊張，也較願意要求與接受協助。她不只看問題的角度不同，連她對自己的看法也改變了。她得知她自己的健康、關係與支持系統，對她的幸福與照顧 Jim 的能力是重要的。

在正式照顧機構與非正式支持網絡如她的教會與家人的協助下，Mary 繼續在他們家裡看護與照顧 Jim。她不覺得接受協助是可恥的，並且協助其他像她一樣的人接受他們所需的協助。當她無法在家裡再照顧 Jim 的時候來臨時，她會知道她有哪些選擇，並且能夠馬上做出回應。

結　論

　　家庭照顧非常普遍，不過卻常常犧牲參與者的生活品質。照顧是在犧牲家庭成員的財務、情緒與生理健康下被執行。常見的壓力有孤立與孤寂、缺乏睡眠、情緒與體力枯竭，以及家庭衝突。大多數的主要照顧者是女性，她們的經濟情況原已不穩定，而且照顧的工作只會使情況更糟。

　　照顧引發了許多可以透過權能激發取向處遇來處理的問題與議題。這些針對照顧者的處遇必須處理與照顧行為和缺乏可用服務相關的問題，以及引起服務不足的社會政策。照顧者權能激發取向處遇的明確活動焦點，是隨著四個層次處遇而有不同。

　　層次一的處遇包括社會個案工作，其涉及了問題界定；需求、資源、負擔與壓力的評估；服務的選擇與服務獲取的可行性；形成工作共識；以及規劃問題的解決。完整的個案工作也包括教育、支持、鼓勵所有家庭成員參與照顧工作、教導因應技巧與資源獲取的方法，以及衝突的調停。層次二的處遇轉而著重有關照顧議題與其他晚年生活議題的教育，主要是協助照顧者權能的激發，比如學習與被照顧者溝通、了解衝突本質和其解決之道，以及參與相關的互助活動。層次三的處遇包括自助團體，以及有關問題、問題解決方法、資源、服務提供的自我教育與他人教育。層次四的處遇包含照顧議題的公共與政治面，政策與方案的改變則是這類活動的目的。

參考書目

AARP. (1986). *A profile of older persons: 1986*. Washington, DC: AARP.

Arling, G., & McAuley, W. J. (1984). The family, public policy and long-term care. In W. H. Quinn & G. A. Hughston (Eds.), *Independent aging: Family and social systems perspectives*. Rockville, MD: Aspen.

Aronson, M. D. (1988). *Understanding Alzheimer's disease*. New York: Scribner's.

Berkman, L. F. (1983). The assessment of social service networks and social support in the elderly. *Journal of American Geriatrics, 31*, p. 745.

Biegel, D. E., & Blum, A. (Eds.). (1990). *Theory, research, and policy*. Newbury Park, CA: Sage.

Brody, E. (1985). Parent care as a normative family stress. *The Gerontologist, 25*(1), pp. 19–30.

Bunting, S. M. (1989). Stress on caregivers of the elderly. *Advanced Nursing Science, 11*(2), pp. 63–73.

Circirelli, V. G. (1986). The helping relationship and family neglect in later life. In K. Pillemer & R. Wolf (Eds.), *Elder abuse: Conflict in the family*. Dover, MS: Auburn House.

Cox, E. O., Parsons, R. J., & Kimboko, P. J. (1988). Social services and intergenerational caregivers: Issues for social work. *Social Work, 33*(5), pp. 430–434.

Cutler, L. (1985). Counseling caregivers. *Generations, 10*(1), pp. 53–57.

Eldercare Management Group. (1988). A listing of community-based services. *Personnel Journal*, September, pp. 65–67.

Getzel, G. S. (1981). Social work with family caregivers of the aged. *Social Casework, 62*, pp. 201–209.

Gilliland, N., & Havir, L. (1990). Public opinion and long-term care policy. In D. E. Biegel & A. Blum (Eds.), *Aging and caregiving*. Newbury Park, CA: Sage.

Greenberg, J. S., Boyd, M. D., & Hale, J. F. (1992). *The caregiver's guide*. Chicago: Nelson-Hall.

Hooyman, N. (1988). Gender, caregiving, and equity: A feminist perspective. Invitational paper presented at the annual program meeting of the Council on Social Work Education, Chicago.

Hooyman, N. R., & Lustbader, W. (1986). *Taking care*. New York: Free Press.

Jacobsen, J. (1988). *Help! I'm parenting my parents*. Indianapolis, IN: Benchmark Press.

Kane, R. (1985). A family caregiving policy. *Generations, 10*(1), pp. 33–36.

Knight, B. C. (1985). The decision to institutionalize. *Generations, 10*(45), p. 45.

Levande, D. I., Bowden, S. W., & Mollema, J. (1987). Home health services for dependent elders: The social work dimension. *Journal of Gerontological Social Work, 11*(3/4), pp. 15–17.

Montalvo, B., & Thompson, R. F. (1988). Conflicts in the caregiving family. *Networker,* July/August, pp. 31–35.

Montgomery, R. J., Gonyea, J. G., & Hooyman, N. R. (1985). Caregiving and the experience of subjective and objective burden. *Family Relations, 34,* p. 19–26.

Ory, M. G. (1985). The burden of care: A familial perspective. *Generations, 10*(1), pp. 14–18.

Parsons, R. J., & Cox, E. O. (1989). Family mediation in elder caregiving decisions. *Social Work, 34*(2), pp. 122–127.

Parsons, R. J., Cox, E. O., & Kimboko, P. (1989). Satisfaction, communication and affection in caregiving: A view from the elder's perspective. *Journal of Gerontological Social Work, 13*(3/4), pp. 9–20.

Pilisuk, M., & Parks, S. H. (1988). Caregiving: Where families need help. *Social Work, 33*(5), pp. 436–440.

Rabins, P. V., Mace, N. L., & Lucas, M. J. (1982). The impact of dementia on the family. *Journal of the American Medical Association, 248,* pp. 333–335.

Schmall, V., & Stiehl, R. (1987). *The dollmaker.* Corvallis, OR: Department of Gerontology, Oregon State University.

Schneck, M. K. (1982). An overview of current concepts of Alzheimer's disease. *American Journal of Psychiatry, 139,* pp. 165–173.

Soldo, B. J. & Agree, E. M. (1988). America's elderly. *Population Bulletin, 43*(3), p. 31.

Sommers, T., & Shields, L. (1987). *Women take care.* Gainsville, FL: Triad.

Springer, D., & Brubaker, T. (1984). *Family caregivers and dependent elderly.* Beverly Hills, CA: Sage.

Stone, R., Cafferata, G., & Sangle, J. (1986). *Caregivers of the frail elderly: A national profile.* Washington, DC: National Center for Health Services Research.

Toseland, R. W., & Rossiter, C. M. (1989). Group interventions to support family caregivers: A review and analysis. *The Gerontologist, 29*(4), pp. 438–488.

Toseland, R. W., Rossiter, C. M., & Labrecque, M. S. (1989). The effectiveness of three group intervention strategies to support family caregivers. *American Journal of Orthopsychiatry, 59*(3), pp. 420–429.

第十章

....

被照顧者

◆晚年生活的失能

◆如何因應開始接受照顧

◆針對被照顧者問題之處遇

◆如何因應接受來自照顧者的協助

◆被照顧者權能激發取向工作中的特殊挑戰

◆結　論

◆參考書目

個體會因生理機能的衰退,而變得無法顧及他們自己的生理需求,以及社會和情緒需求,因此,第十章將討論因依賴而產生的權能激發議題。本章除了提供有用的處遇給那些必須接受他人協助的老人之外,有關接受私人照顧者(家庭成員與朋友)和專業照顧提供者協助的議題,也會一併提出來討論。(第十二章將探討有關由支薪照顧者所提供的居家服務之額外議題。)

晚年生活的失能

大部分的人在其一生當中,偶爾需要來自私人或專業照顧者的照顧。但是,依賴的程度與處於依賴狀態的期間,會因生理失能而大幅增加,而生理失能通常源自慢性疾病。需要來自朋友與家庭成員長期照顧的生理機能喪失,或許是最令人害怕的依賴形式。在65到69歲的年齡層中,有超過15%的老年人,以及49%的85歲或是更年長者,在日常生活中至少有一項或是更多項的活動,是需要他人的協助才能完成的(AARP, 1991)。而目前年近90歲的人數更是快速地增加中。當一個人因為生理機能逐漸衰退,而需要他人的直接協助時,受到個人所極力推崇的獨立,將會受到強烈的衝擊。特別的是,當個人需要協助才能完成維持日常功能運轉的個人活動時,如用餐、盥洗與穿衣,那麼個人對日常生活的隱私權與掌控感則嚴重地受到威脅。Rzetelny (1985)說明老人因健康衰退的結果,可能承受的失落:

> 健康的喪失……可能因中風而突然發生,或因慢性疾病如肺氣腫而慢慢發生。疾病對一位老人來說,可能具有毀滅性,

特別是所引發的失能維持了一段很長的時間，或失能是永久性的。另外，有部分的失落是因為生理失能所引發的，如獨立的喪失、移動性的喪失，以及參與社會、職業與非職業活動機會的喪失。（p.142）

如何因應開始接受照顧

與老人相處中，照顧者所面臨的最困難問題之一，是被照顧者對於接受協助的態度。不過幾乎沒有處遇是特別用來協助被照顧者處理依賴與生理機能逐漸衰退的議題。所以，權能激發取向工作者在老人一開始與引起失能的疾病掙扎時，可以扮演重要的角色。

價值觀的角色

價值議題以及問題的其他個人和政治的層面，都必須再次接受審視。在美國社會裡，主要的經驗是終身去爭取文化上所認同的獨立，因為這與達成財務安全和社會地位有關。來自各種不同社會與財務背景的美國人，都同意以下的價值系統：強調個人成就和競爭，以及期待物質財富、體力和自治力、與逐漸攀升的社會地位之結果。但是，這些價值觀不鼓勵相互支持與接受任何形式協助之行為。

今日的美國老人終其一生都與這種強調個人主義、成就取向的環境在互動。Lowy（1989）指出：

當人變老時，獨立／依賴狀態的社經層面特別重要。允許自
己去依靠他人的支持通常很難做到，特別是當我們的文化推
崇獨立、支配、活動、行動為優勢，而把依賴其他事物
（人、服務、機構、科層制度）視為弱勢。現今的老年人口
群也在社會化的過程中接受了此種文化與價值觀，經常認為
「依賴」是種個人的缺陷。生理疾病的個案非常能夠解釋這
個觀點。因此，希望獨立的慾望通常與希望被照顧的慾望相
衝突。（p.139）

　　當被照顧者被視為焦點時，權能激發取向工作者不僅需要協
助案主處理疾病方面的問題，而且還要協助案主將注意力集中在
有關「誰應該在什麼情況下提供所需照顧」的價值觀與態度。有
關誰應該在老人需要生理照顧時提供照顧的信念，至今仍未從老
人本身的觀點進行廣泛的探討。一般的假設皆認為，美國社會的
老年成員期望家庭成員（特別是配偶與子女）來提供這類的照
顧。雖然，研究結果證實80-90%的照顧確實是由家人提供
（Taeuber, 1990）。不過，幾乎沒有什麼研究文獻是在說明老人對
於這種情境的真正感受。

　　記載老人及其照顧家庭情況的個案記錄顯示，老年被照顧者
對他們的情境各有很不相同的感受。大多數的人從來沒有想到，
他們會需要一位家庭成員來提供照顧。在一項針對三十三個正在
接受他們家人照顧的老人研究中，Parsons、Cox 與 Kimboko
（1989）發現，大部分的人滿意他們的照顧安排，不過滿意的程
度是與老人和照顧者的關係性質有關。約有20%的人不滿意他們
的安排。幾乎沒有人認為，他們能對照顧情境有什麼貢獻。老人
最常表達的認知是，他們是照顧者的負擔。此外，許多老人不願

對照顧者表達他們的關切與不滿意，因為他們不想再加重他們覺得已經是個重擔的照顧工作。

有些老人認為子女或配偶應該提供照顧，而且他們有權得到這種照顧的感受，會被其他老人認為他們若需要任何協助，就是丟他們子女的臉之感受所抵銷。老人對家庭成員為了照顧他們所作的犧牲，有著不同程度的關心與罪惡感。這類的犧牲可能包括因工作量所引起的壓力與體力耗盡、就業狀態的改變，或因照顧老人而導致沒有餘力去滿足其他家庭成員的需求。在老年被照顧者中，對有義務回報家庭成員所提供的照顧，以及對這種回報本質的認知，差異也很大。有些老人嘗試用金錢來回饋，有些報以情緒與社會獎勵；其他的人則認為他們沒有這種義務，而且對他們的照顧者要求很多。

老人就像大多數的美國人，對晚年生活照顧的適當來源有著不同的看法。有些老人相信，他們應該有能力從市場上購買他們可能需要的任何協助。其他人則相信，他們以前的雇主應該要提供照顧他們需求的福祉，或是適當的服務應該由政府、教會或私人慈善機構提供。

發展性的任務

從發展性理論學家的觀點來看，一般的晚年生活任務包括：「適應各種不同的失落與減少、重組願望、自我形象與時間觀點，以及參與重新評估與接受自我生命的存在意義」（Malick, 1982, p.116）。Peck（1956）描述三個主要晚年生活的發展性任務：「(1)自我辨別vs.工作角色的投入：『什麼vs.誰』；(2)身體超越vs.身體專注；(3)自我超越vs.自我投入，也就是說，藉由自

我探索，老人能在處理死亡的期待時，抱持著較不畏懼的態度」（p.193）。

經歷生命的最後階段——不論是從心理、經濟或社會觀點來看——是一個最好的挑戰，即使沒有任何嚴重的疾病。另外，從這個社會極力推崇的獨立觀點來看，這也是千眞萬確的。「疾病帶來焦慮、無助與脆弱的感受，而且能引發否認、主觀的投射，與其他在生命早期所發展出的原始防衛」（Malick, 1982, p.116）。

適當回應的重要性

強調獨立性的價值觀與照顧需求之間的衝突若沒有解決，可能導致依賴的增加。不適當的處遇與照顧可能會造成生理機能衰退，反之則可避免。Lowy（1989）陳述，「允許人們變依賴，並且協助他們了解此情形是百分之百『正常』的作法，被發現能給老人許多力量；事實上，這種方式用在心理治療上效果非常好」（p.139）。解決與照顧有關的依賴問題之要點，是要去面對以下的事實：若是要讓承受疾病之苦的老人，能夠重新獲得先前的力量或防止更多的失落，則私人的照顧是必要的。另外，直接面對接受適當照顧的挑戰，是一個最重要的步驟，因爲通常可促使老人朝維持最高可能程度的個人完整性與獨立性前進。

學習而來的無助感之現象，在處理嚴重的生理疾病與失能時，也是個很重要的因素。如先前所提，疾病通常一開始會帶來壓倒性的無助感，而此無助感可能被併入老人正在處理疾病的型態裡。此外，老年案主對適當協助的回應方式，以及對有關適當協助來源的信念型態，也會有非常不同的癖好。

Seltzer 與 Charpentier（1982）描述，社會工作者在處理面臨

失能情況老人時的角色：

> 相關的議題，如自我形象的變化、生活方式的改變、生產力
> 降低、體力變差、依賴性增加、角色對調、與負面的生命態
> 度，都必須公開被討論與檢視……。傳統的個案工作技巧，
> 如協助表達情感、正當化情感的表達、合理化因生理機能喪
> 失而產生的悲傷反應，以及利用助人關係中的主觀元素，都
> 必須與客觀性的、有計畫的方法結合起來，教導案主與其家
> 人新的因應策略和溝通方式。（p.71）

很明顯地，假如要使經歷失能疾病的個人，能夠成功地處理所面
臨的情境，這種處遇是需要價值觀的澄清與改變。

簡言之，權能激發取向的工作者必須與他們的老年案主一起
評估，有關接受協助的價值觀與認知，以及誰應該提供這種協助
的價值觀與信念。在處理接受照顧的角色時，這些對接受照顧的
內化層面可能是危險的障礙，或也可能是明確的資產。然而，在
尋求適當的方法來處理這些內在層面的價值與認知時，可能需要
改變取向（change-oriented）的處遇。協助老年被照顧者了解需
要協助是可被接受的生命事實，以及接受協助並不代表無助或是
會產生其他負面反應的處遇，將會加速權能激發的過程。

針對被照顧者問題之處遇

針對老年被照顧者問題之權能激發取向處遇，必須是協助案
主去清楚了解他們對接受照顧的信念與感受、去接受生理機能的
喪失是無可避免的、去尋找新的活動或新的生命重要性來取代那

些已喪失的，以及有效率的使他們的照顧者能夠幫助他們達到這些目標與提供生存照顧。涉及到否認需求、不滿照顧者、假定性的無助與其他負面反應的處理方式，必須用正向的自我提升行為來加以取代。

誠如在第三章所討論的，權能激發取向實務模型是把焦點放在問題定義與意識的四個層次。在與那些正面臨生理失能或死亡的老年被照顧者一起工作時，權能激發取向的工作者通常會發現他們的案主所面對的明確問題。而在權能激發取向實務模型中的四個層次之處遇，是可以用來解決這類的問題。

面對生理失能的事實

對一位經歷失能的老人而言，最困難的任務或許是接受所面臨的情況是不可逆轉的過程。與此任務有關的主要挑戰包括：

1. 克服因疾病帶來的最初否認、恐懼、憤怒與無助感。
2. 學習有關疾病或生理失能的知識。
3. 參與抗拒過度依賴的掙扎，同時接受防礙康復或回到先前健康狀態但卻無法克服之阻礙。
4. 透過自我照顧的藥物與情感／社會方法，學習最好的可能方法來處理目前的疾病。
5. 尋找方法來替代某一特定失落的重要組成。

悲傷過程

社會工作者可能會被要求去協助一位老年案主，處理因慢性

病或是突然、非預期的生理喪失而引發的悲傷過程。這種工作通常藉助有共同問題的老人團體，以及一對一的互動來促成。通常，互動的焦點主要是放在因疾病、失能與死亡而產生的感受上。

　　沒有給失能老人機會來處理悲傷反應，是成功照顧活動的常見阻礙。錯置的憤怒感受與不斷的否認失能是經常發生的問題，同時也使得照顧者與被照顧者之間的關係變得困難。在這些情況下，權能激發取向的工作者必須引發悲傷的過程，來協助他們的案主釋放他們的能量，進而才能積極地處理疾病。Kübler-Ross（1975）辨識出了因任何失落所引起的悲傷階段：否認、憤怒、討價還價、沮喪與接受。她建議經歷這五個階段是必要的，因為如此才能適應失落，才能使生活恢復正常的運作。因此，工作者一定要評估每位老年案主所處的階段是否適當，如果是，便促使這些階段的進行。人們通常說，老人經歷如此多的失落，而且是一種失落引發另一種失落，接二連三的來。所以，他們總會陷在這五個階段中的其中一個，而這個階段通常是沮喪階段。

　　不過，了解悲傷過程除了是使用階段式的模式之外，仍須對個別的差異性抱持開放的態度。因為，這些階段的順序和期間，以及是否每個階段都會被經歷，每個人之間存在著很大的差異。Levine（1982）是幾個對這種階段式概念提出警訊的作者之一。他們認為，如果相信這種階段式的概念是所有人處理悲傷所必要且唯一正常的方法，而不僅僅將它視為一種了解常見感受的有用方式時，誤解可能會因而產生。Levine 也警告工作者不要過度依賴有關過程的先決觀念，而使得這些觀念干擾他們對每個人需求的所有反應。

　　Retsenas（1989）討論老化過程本身對臨終反應的影響。她

與其他研究老人臨終習俗的工作者提出，老人在直接面對死亡之前，可能已經完成許多臨終的心理層面工作。不過，如果能夠與個人和家庭一起熟悉悲傷常見的反應，不論是以一對一或團體的方式進行，都是有效的工作方法。

可以將團體當作一個媒介，來教育老人與其家庭了解有關悲傷的過程，以及學會如何協助自己與其他人處理悲傷的方法。團體也提供一種媒介來探索這個社會——包括它的社會服務機構——處理失能與死亡的方式。即是，提供最少資源來處理失能者的特別需求、否認死亡是生命的過程，以及在有些情況孤立和怪罪臨終者的社會傾向。

老人與他們的家庭在公開討論有關死亡是生命的一部分時，可以成為有價值的資源。至於層面三與層面四的處遇，有些倡導者相信葬禮的高費用與死亡過程中固定的其他花費，只有在「否認死亡是生命的過程」被承認與公開討論時，才可能更明確地被檢視。

克服無助感

工作者必須經常協助病危或失能的人處理無助感。這些感受通常出現在失能或疾病發生的早期階段，但是在經過一段時間的調適後就會減退。不過，假使失能或疾病一直持續且情況惡化，這些感受可能還會再度出現。雖然，透過與工作者的互動來討論這些感受，以及正當化這些感受的存在是有用的。不過，把經歷同樣問題的個體連結起來，然後將其感受記載在文獻上，是個有效的工具。因為分享共同的感受，並且再次確定這些感受在此情況下是正常或可被接受的，是權能激發過程中重要的層面。假

若,當工作者無法使個別的案主參與團體過程的這些層面時,將團體的過程製成錄影帶可能有幫助。此外,也可發起電話支持網絡。即使都沒有這些有用的處遇,工作者與案主間的對話也可以作爲腦力激盪的媒介,來思考當感受被正當化之後,接下來該做些什麼。

生命回顧過程

另一個協助案主獲知他們自己的優點,然後進而使這些優點影響當前挑戰的有用策略是,使用生命回顧過程。生命的回顧與回憶,以及常常運用在老年人口群的處遇,都是把重點放在增加士氣、生活滿意度與情感福祉的目標上。這些策略在權能激發取向實務中是有用的,因爲他們能依主題範圍做調整。在生命回顧過程中,權能激發取向的社會工作者不論是進行個案工作或是團體工作,都可以提出有關下列主題的問題:

1. 扮演依賴角色的態度與信念。
2. 過去處理依賴與獨立的方法。
3. 有關接受他人協助與共同解決問題的態度。
4. 人一生中重要的政治與經濟事件,以及這些事件對當前功能運作與態度的影響。
5. 變老的感受與對變老的情緒反應。

討論這些主題可以提高對生命循環的察覺,包括對依賴與生存的需求。所以,工作者可以協助老人重新建構他們對依賴的認知,並且可以促進在這社會中有關健康照顧現況的意識提升。

教育與相互支持

協助被照顧者在克服因處理疾病與失能而產生的無助感上,教育與相互支持也必須扮演一個重要的角色。健康教育引導他們

去辨識老人生活型態的各個層面，而這些層面可能是負面健康情況的禍首，也可能提高他／她成為一個健康照顧消費者的效益。藉由降低症狀或對藥物治療反應的驚訝因素，認識疾病的本質可以進一步的促進老人的權能激發感。這種了解也可以使正處理疾病的老人，能在照顧決策上採取一種更加主動的角色。在一項政府的老化計畫中，Lidoff 與 Beaver（1983）為了健康教育的運作，分析了全美國的老人同儕團體。他們發現，同儕團體的經驗增加了老人有關健康的知識，發展了他們的自我倡導技巧如健康消費者，並且提倡促進良好健康的行為實務。

特別是針對共同問題的相互支持團體，他們提供有關如何因應這些問題、互助（如果有需要），以及被照顧與被支持的感受之相關資料。Roberto（1988）對骨質疏鬆症（osteoporosis）的社會層面所進行的研究，記載了個別受害者的極度孤立感，因為旁人無法了解他們患有的特殊疾病之特質。例如，有一位受訪者描述，當她婉拒與她先生和子女參加各種的社交聚會時，他們似乎感到生氣。對他們而言，她看起來不錯而且有能力。她能夠自己在家到處移動並且做大部分的家事，不過她一直活在怕把骨頭折斷的恐懼之中。來自其他有類似症狀者的支持，對克服她的孤獨感可能會非常有幫助，或許對改善她與其家人的溝通也會很有效。

權能激發取向的工作者通常會參與活動，例如尋找適當的健康照顧資料、促成承受相同疾病或醫療問題的個人之初次連結、組織團體、鼓勵從未參與過相互支持團體的個人參加團體活動，並且至少在團體剛開始時促進團體的發展。一般來說，不同性質的團體需要工作者協助的需求亦有不同；潛在的團體成員也可能有不同層面的失能（聽力受損、疼痛、有困難前來參加聚會

等），而需要工作者特別的關照。另外，環境的本質（如醫院裡的一個出院前團體）也可能影響社會工作者的角色。

尋找適當的教育性資料，需要與消息最靈通的當地健康專業人士合作。專業機構如癌症協會、中風協會等等，通常有最新的教育性資料（有關協助團體成員和個人確認與獲得這類資源的建議，請參閱本書第五章）。然而，鼓勵案主持續的參與這類資料的搜尋，是比獲得有關某種情況或疾病的特定資料來得更重要。

在相互支持的氣氛中，教育性團體通常引導出互助的效應（自助通常是最後的結果）。因為在團體中，個人開始分享他們處理失能的成功策略。舉例來說，一個團體可能發展出一份具有可行性的替代方法之清單，來完成原本因生理上的改變而變得困難的日常活動。

團體在討論健康照顧時，問題的政治層面通常很快就會被搬上檯面。在一個小團體中，交談內容從討論一位參與者不時發生頭痛的經歷，很快地發展到熱烈討論，他們在一家所有人都去過的老人診所尋求服務時，所遭遇到的繁文縟節與「遁辭」，然後計畫全體一起前往那家診所，更清楚表達他們的照顧需求與服務要求。根據文獻的描述與實務者的陳述，這種過程在老人團體中是很平常的。例如，Nahemow（1981）發現，「健康教育參與者與支持團體似乎致力於擔負起他們自己的責任，以保持本身的主動性與獨立性。不過，他們認為社會需要與他們妥協……。這些老人對與健康照顧系統之間的對話最感到興趣」（p.14）。

與權能激發取向實務模型所有層面都有關的活動，可以在一次聚會的短暫時間內進行。對一些老人而言，源自於健康教育團體的相互支持與社會行動（有關健康照顧系統）的活動，可能成為因失能或疾病而被剝奪的重要活動，或其他受重視的生活層面

之主要代替品。

喪失貢獻、社交和參與的機會

協助老人尋找不需要用到已喪失的能力，就可以來貢獻、從事社交與參與生活的方法之重要任務，對許多老人與服務他們的社會工作者而言是個艱鉅的挑戰。一般而言，焦點必須放在老人「能」做什麼。老年案主為了發展出嶄新且有意義的生活方式，必須經常分析自己的價值觀、信念與態度。例如，志願充當一個失明小孩的朗讀者而不是帶孫子去郊遊，可能聽起簡單，但是對那些認為這種交換應該只限於家庭成員的老人而言，可能需要相當大的調整。生命回顧此方法在協助老人尋找與其生命經驗調和的可替代性活動形式時，通常是有用的。因為，舊有的才能與興趣可以重新被拾起，而在先前逆境中所發現的力量則可以提供鼓勵。

如何因應接受來自照顧者的協助

除了處理嚴重的慢性病或失能一開始所產生的各種問題外，還要處理接受來自私人或專業照顧者協助的挑戰。對被照顧者而言，有必要對「接受協助」發展正向的態度，並且學習如何避免產生學習來的無助或過度依賴。

有效的使用私人照顧者提供的協助

權能激發取向的工作者必須熟知相關的知識與技巧，來促成被照顧者有效的使用來自私人照顧者的協助，並且必須找出方法來確認，此重要的資訊是被傳遞給老年被照顧者。以下被照顧者的技巧或行為，會使得他們比較容易去接受照顧者所提供的協助，以及維持與照顧者之間的關係：

1. 學習陳述照顧需求或請求協助。
2. 學習陳述獨立的需求或對他人的協助提出限制。
3. 學習對他人的照顧表達感激之意。
4. 學習不要把對疾病或失能的憤怒發洩在照顧者的身上。
5. 學習自我照顧的特定技巧（例如，機械輔助的使用、自我注射的藥物治療、特殊的運動，或行使日常生活工作的替代方法）。
6. 對復健治療的意見或照顧者所建議的其他處遇，抱持著開放的態度，並且負起做決定的責任。
7. 不論快樂或沮喪，學習對自己的想法負責，而不是暗示應由照顧者負責。
8. 儘量避免可能引起照顧者罪惡感的行為，並且協助照顧者克服他們的罪惡感。
9. 考量照顧者的需求，並且想出辦法來協助他們（例如，傾聽他們的困擾，並且對他們的挑戰與成功保持興趣）。因此，避免一心只想著自己的疾病與需求。
10. 願意考慮參與可能減輕照顧者負擔的新方案，如成人日

間照顧方案與照顧者合作社。

11. 在私人照顧者需要有自己的時間或因工作的關係不克提供照顧時，願意接受支薪居家服務提供者或其他親戚與朋友的協助。

12. 在能力許可之下，做些工作來協助照顧者（如幫忙照顧小孩、聽電話、付錢，以及當有人必須在家讓維修進行時，提供監督維修人員的協助）。

13. 嘗試儘可能讓照顧者有自己的時間，並且有與其他家人相處的時間。

14. 在學習有關影響被照顧者和照顧者資源與生活的方案與政策上，採取主動的角色（例如，寫信給立法者，要求他們制定相關法律，允許照顧者有支薪的照顧假，來盡照顧老人的責任，或是支持成人日間照顧）。

　　這些行為範圍通常是被照顧者團體或與被照顧者一對一聚會時，討論的極佳話題。把注意力集中在他或她自己在照顧關係中的角色，允許被照顧者負起責任，並且在整個過程中成為一位有所貢獻的家庭成員或朋友。

關於專業的照顧者

　　接受專業人士的協助，以及與專業人士維持有效的關係，是承受疾病與失能的老人必須學會的另一項任務。通常，大部分的人與專業照顧者的接觸經驗非常有限。不過，那些在晚年生活患有嚴重疾病的老人，卻發現自己常與醫生、社會工作者、護士與其他助人專業人士接觸。然而，這些專業人士未必與他們的老年

案主能有效的溝通。

Coe（1987）曾檢視過醫生與病人之間的溝通。雖然，Coe發現幾乎沒有什麼研究是特別針對老年案主，不過卻從一般文獻中得出幾個重要的結論：醫生的溝通能力影響他／她對病人「安慰劑」作用的程度；醫生缺乏溝通技巧可能與病人疾病由醫師行為所引起有關（因治療而引起）；醫生的溝通方式如使用專有名詞，有時是被用來掩飾知識的缺乏或醫生的不確定性；聽從與良好的溝通之間，應該是成正比的關係。Mishler（1984）指出，「醫生努力去強加科技主義的意識，以及用醫學的聲音來掌控生命聲音的行為，嚴重的阻礙與扭曲彼此對話與人道互動的必要條件」（p.104）。這些洞察說明了，老年病人與他們的醫療提供者之間溝通關係的複雜性。

下面列出一些社會工作者與他們的老年成員，在努力改善與醫療工作人員溝通時所遭遇的障礙：

1. 專有名詞的使用。
2. 將優勢地位的利用視為合理的情形，以避免溝通的責任。
3. 先入為主的文化刻板印象、年齡歧視與性別歧視。
4. 使用封閉式的問題，以及其他容易切斷與病人或案主溝通管道的溝通方式。

雖然，有些方案與重要的行動試圖去改善專業人士在提供照顧給失能老人時的態度與知識層面，不過許多專業人士極缺乏有效溝通所需的人格特質。因此，老年被照顧者通常必須擔任發起改善溝通過程的角色。

在確認是否有效使用「專業提供者」時，下列的措施通常是重要的：

1. 學習如何查驗提供者的資格，尤其是那些沒有經過甄選的居家健康照顧提供者。

2. 獲取有關病人更換專業照顧者的權利，以備照顧提供不適當之需。

3. 學習如何尋求其他的看法，以及到哪裡找可替代的方法，包括那些不常為當今系統所鼓勵的方法（如針灸、手療法、按摩與腳病治療）。

4. 得知有關健康照顧保險的範圍與限制、補助申請程序、當有問題時與誰接觸，以及可能對自己或朋友有助益的方案之資格要求。

5. 尋找並參與那些處理財務或健康照顧服務品質的社會行動。

總而言之，被照顧者要能夠有效的取得專業協助，是需要評估與專業人員之間原有的態度與溝通技巧，並且發展新的態度與溝通技巧。然而，有些技巧是權能激發取向的工作者與同儕可以協助案主發展出的。例如，同儕的支持通常可以協助案主改變那些會妨礙他們有效使用照顧的專業人員與案主關係之認知，並且可以鼓勵提出個人或共同的要求，以獲得專業人員適當行為的回應。較大系統的議題——如專業人員的適當性與敏感度訓練、支付所需照顧經費的有效性、著重老人的醫療考量，以及支持私人照顧者需求的立法行動——通常經由共同或是「工作者對案主」的討論而產生。

專業照顧者與老人之間的差距

在大部分的情況下，被照顧者要學習有效地與專業照顧者相處，是需要克服幾個範疇的差距：知識上的差距、辭彙上的差距、地位上的差距，以及經常發生的種族、性別與年齡的差距。權能激發取向的工作者必須協助老年案主填補這些差距。

知識上的差距

知識上的差距通常能有效的在同儕團體情境中被提出，如先前所討論的那些團體情境，其焦點是在某一特定的疾病上。因此，成員們變得熟知有關他們情況的資料、替代性的治療，以及經常使用的藥物之作用。這些團體通常能獲取最新的研究資料，然後變得非常精通與他們情況有關的醫藥資訊。工作者常使用的其他策略，包括製作書面或有聲資料以供取用、協助案主設立或獲取電話資訊線，以及鼓勵案主去了解他們的情況。不過，遇到不想了解他們自己情況的案主也是常有的事。「那些是醫生的事」與「那種事我做不來」是老人在討論他們的疾病時，普遍所做的陳述。之前的社會化與信念系統可能也會強烈的強化這種行為，可是如果案主與專業人員之間的知識差距要縮短的話，那麼他們必須接受挑戰。很幸運地，對那些確實從事資料尋找的人來說，許多來源已經被發展成允許非專業人員去提升他們的健康照顧知識。因此，那些熟知自己情況資訊的老人發現，在平等的基礎下與專業人員的互動是較可行的。

辭彙上的差距

辭彙上的差距與知識的差距非常有關連。對大多數的醫療照顧消費者而言，照顧提供者所使用的醫療專有名詞似乎很複雜，

而且通常無法理解其意涵。當然，當病人聽力受損或英文不太流利，或當提供者與病人之間有不同的溝通方式時（可能因階級的關係），這種情況會惡化。

許多策略已經被嘗試用來改善醫生與病人（任何年齡）之間的溝通。老人可以使用下列的行為範例，來確保他們能接收到適當的訊息：

1. 學習用明確的方式問問題。
2. 請醫生放慢速度重複他們剛剛講的，而且如果有需要，請他們寫下來，這樣就可以與他人分享。
3. 請求說明每一種藥物的使用與預期的結果，包括與任何其他被服用的藥物的可能交互作用。
4. 看病時帶個同伴隨行，以提供支持與再確認。

簡言之，對抗專有名詞的戰爭，以及奮力維護個人權利去了解專業照顧者嘗試傳達的內容，在同儕與實務者的協助下，老人可以獲致勝利。這個過程的關鍵是老年案主要培養一個信念，而那個信念即是：解釋與說明他們的實務工作是專業照顧者的責任，而且要求資料並不意味著就是一位嘮叨的病人。在處理把溝通問題全部歸咎是消費者問題的行為時，必須用清楚溝通的期待來奮抗到底。

地位上的差距

地位上的差距通常是病人與專業人員在溝通方式上的一個問題，而這差距是專業人員與地位較低的團體成員兩者在社會化後的結果。想要在一個平等的立足點上與某些社會地位較高的個人尋求溝通，可能需要相當多的努力。地位高的專業人員的時間被認為很寶貴，而地位較低的個人去佔用這些專業人員時間的權

利，可能同時受到專業人員與消費者的質疑。如之前所提的，專業歧視可能妨礙溝通的能力與意願。舉例來說，專業人員的主要目的可能是希望病人聽從醫療指示，因此不需考慮某項特定照顧計畫的文化或是個人的意義。

在有些個案中，專業提供者可能察覺，他們的病人無法了解情況或是治療的複雜性。另一方面，被照顧者可能覺得不值得或太麻煩了。另外，生病的老人也可能沒有精力，去面對一位看起來似乎無法捉摸的照顧者。所以，權能激發取向的工作者可以協助處於病人或案主角色的老人，重新評估他們與專業人員的關係，並且可以加強在專業照顧中病人權利的層面。挑戰個人自卑或專業人員優越的信念，通常不僅需要改變個人對專業人員與案主關係的觀點，並且要多多練習確信的行為。

種族、性別與年齡的差距

種族、性別與年齡的差距通常在專業照顧者與他們的案主之間佈下了障礙。照顧者本身所持的種族歧視、性別歧視或年齡歧視的態度與信念，可能不只是嚴重溝通不良的來源，也是造成提供不適當照顧的原因。例如，普遍認為許多老年女性是憂鬱症患者的信念，可能導致無法提供正確的診斷。這類的障礙必須被確認並處理。同儕團體或一對一的互動，有助於探索這些議題，以及找出有矯正作用且適當的策略。

被照顧者權能激發取向工作中的特殊挑戰

如何進行外展工作，並且辨識出需要協助的被照顧者，逐漸佔據社會工作實務者的心思，而且成為一個主要的挑戰。另外，

為此性質的服務尋找經費補助的問題，亦困擾著他們。目前正接受私人照顧者照顧的許多老人，是住在他們自己的家裡或家庭成員的家裡。所以，這些人通常被孤立起來，並且與服務機構沒有接觸。因此，工作者需要用多重面向的方法來辨識被照顧者。除了使用服務網絡之外，工作者可以透過教會、大眾傳媒與地方性的市民團體，以及非正式的場所如美容院與社團，與老人進行接觸。

即使當老年被照顧者被找到了，而且經費補助的問題也解決了，可是促使被照顧者的權能激發仍是個挑戰。因為，工作者被要求去協助那些必須依賴專業或私人照顧者的人，去進行許多的改變與擔負起許多新的工作。由於，老人的自我形象通常受到被迫去處理生理的失能與必須接受協助兩者的威脅。所以，工作者發現他們自己正協助案主重新評估他們評價自己的標準，並且協助他們尋找新的管道，來滿足他們對有意義生活定義的改變。與此同時，工作者還必須提出此問題情境的個人與政治層面。

尋求一個能夠有助於被照顧者共同意識提升過程的媒介，通常是困難的。需要生理照顧協助的許多老人，通常處於被孤立的狀態。因為，交通問題、缺乏體力與其他的生理限制，可能妨礙被照顧者參與聚會。團體過程雖然被證實，在處理健康情況方面是個非常有效的策略，不過可能行不通。因此，是需要創新的策略來協助被照顧者與經常精疲力竭的照顧者，把他們的注意力放在共同的議題上，而此議題是與他們現在特定情境的個人與政治層面有密切的關連。自助與共同策略需要相當多的努力，而政治與社會行動也是一樣。不過，權能激發取向的工作者通常能夠協助案主尋找方法，來處理有關個人生命改變的議題，並且清楚表達他們進退兩難的共同本質。

結　論

　　許多老人被迫接受來自私人或專業照顧者某些程度的協助。
因此，對權能激發取向工作者來說相當重要的工作是，發起處遇
鼓勵老人接受照顧，以及鼓勵這些需要照顧的老人有效參與此過
程，並且與他們的照顧者能夠維持伙伴的關係。通常在開始主動
參與自我照顧之前，有關依賴的價值觀與態度必須先處理。權能
激發取向的工作者鼓勵同是被照顧者的案主，依照權能激發取向
模型的四個層次，來參與問題的解決。因此，許多有關支持性服
務、專業術語、特定疾病、溝通技巧與特定自我照顧技巧等相關
知識，都可以被發展出來的。影響照顧資源的政策議題之知識，
對關心晚年生活照顧的案主也是重要的。事實上，關注被照顧者
的需求也是照顧者相關工作的一個重要伴隨品。通常，能夠擁有
所需的知識與技巧的老人，在他們自己的照顧上將會是一個有用
的伙伴。

參考書目

AARP. (1991). *Aging America: Trends and projections.* Washington, DC:
　　U.S. Senate Special Committee on Aging.
Coe, R. M. (1987). Communication and medical care outcomes: Analysis
　　of conversation between doctors and elderly patients. In R. A. Ward
　　& S. S. Tobin (Eds.), *Health in aging.* New York: Springer.
Kübler-Ross, E. (1975). *Death: The final stage of growth.* Englewood Cliffs,
　　NJ: Prentice-Hall.
Levine, S. (1982). *Who dies?: An investigation of conscious living and
　　conscious dying.* Garden City, NY: Anchor.

Lidoff, L., & Beaver, L. (1983). *Peer groups for health education,* Vol. III. Washington, DC: National Council on Aging.

Lowy, L. (1989). Independence and dependence in aging: A new balance. *Journal of Gerontological Social Work, 13*(3/4), pp. 133–146.

Malick, M. D. (1982). Understanding illness and aging. In G. S. Getzel & M. J. Mellor (Eds.), *Gerontological social work practice in long-term care.* New York: Haworth Press.

Mishler, E. G. (1984). *The discourse of medicine: Dialectics of medical interviews.* Norwood, NJ: Ablex.

Nahemow, L. (1981). *People care for people.* Final report submitted to the Administration on Aging, Washington, DC.

Parsons, R. J., Cox, E. O., & Kimboko, P. J. (1989). Satisfaction, communication and affection in caregiving: A view from the elders' perspective. *Journal of Gerontological Social Work, 13*(3/4), pp. 9–20.

Peck, R. (1956). Psychological development in the second half of life. In J. Anderson (Ed.), *Psychological aspects of aging.* Washington, DC: APA.

Retsenas, J. (1989). A theoretical reassessment of the applicability of Kübler-Ross's stages of dying. In H. Cox (Ed.), *Aging* (6th ed.). Guilford, CT: Dieshkin.

Roberto, K. (1988). *Women with osteoporosis: Physical, psychological, and social adjustment.* Final report submitted to AARP/Andrus Foundation, Washington, DC.

Rzetelny, H. (1985). Emotional stresses in late life. In G. Getzel & J. Mellor (Eds.), *Gerontological social work practice in the community.* New York: Hawthorne.

Seltzer, G. B., & Charpentier, M. O. (1982). Maximizing independence for the elderly: The social worker in the rehabilitation center. In G. S. Getzel & M. J. Mellor (Eds.), *Gerontological social work practice in long-term care.* New York: Haworth Press.

Taeuber, C. (1990). Diversity: The dramatic reality. In S. A. Bass, E. A. Kutza, & F. M. Torres-Gil (Eds.), *Diversity in aging.* Glenview, IL: Scott, Foresman.

第十一章

....

在護理之家的權能激發取向
社會工作

社會工作實務者發現，散佈在全國各地的護理之家，所提供的社會服務品質非常良莠不齊。因此，在這個領域的專業人員被要求清楚界定他們對此情況的潛在貢獻，並且找出方法來落實。本章將描述影響護理之家生活品質的議題，以及處在那環境中專業社會工作者所面臨的挑戰，然後根據權能激發取向模型（請參考第三章）中的四個層次，提出適當的權能激發取向策略。

背景與最新的議題

　　雖然，偶爾有人是以研究、書面或是口頭的方式來褒獎護理之家，但是大多數的老人與其家庭對護理之家照顧的可能性，仍抱持著強烈的負面感受（Smith & Bengston, 1989）。一般來說，老人的畏懼是基於一些憂慮，包括：

1. 與他們的家人、朋友及熟悉的家庭環境隔離，然後被貶謫到與「陌生人」同住。
2. 他們的生命被護理之家的人員「接管」或「經營」。
3. 喪失隱私權與尊嚴——例如，把他們與不認識的人放置在同一間房間裡。
4. 護理之家照顧的金錢花費很高。
5. 害怕死在一個陌生的環境裡。

另一方面，他們的家庭成員通常會有罪惡感，是因為：

1. 他們認為將老年親屬送進護理之家，會被視為壞配偶或壞子女。

2. 他們認為將老年親屬送進護理之家，會被視為無法為其老
   年親屬的生活福祉做有效的倡導。

相關研究描述在護理之家真實生活情況的許多實例，證實了
這些憂慮的確實性。三十年前，Goffman（1961）描述「全然的」
（total）機構對人類的完整所造成的負面影響。在 1974 年，
Mendelson 出版她個人相當有名的著作，來揭發護理之家產業的
情形，書名為《憐憫情的貪婪》（*Tender Loving Greed*）。此書是
一些描述護理之家居民遭受虐待的著名報告之一。Gutheil（1990）
指出：

> 脆弱與疾病使居民很難去監督或抗議他們的權利受到侵害。
> 此外，因為無力感以及害怕被所依賴機構的照顧者報復的恐
> 懼，經常阻止居民站出來為他們自己講話。這些因素再加上
> 一些在護理之家發生的虐待嚇人事件，明確顯示需要有人來
> 倡導與保護那些待在長期照顧機構居民的權利。（p.532）

她對現況的檢視證明了，當老人被送進護理之家時，他們所面對
的問題依舊存在。

自主權與福祉

在探索控制位置的概念、學習來的無助感，以及他們與沮喪
的關係時，重要的工作已完成（請參閱 Abramson, Seligman, &
Teasdale, 1978; Benson & Kennally, 1976; Cohen, Rothbart, &
Phillips, 1976; 及 Seligman, 1975）。制度化對控制位置與學習來的
無助感之影響，也會一併探討。Keddy（1987）陳述，強調效率

而非機構中老人能力提升的制度，會助長學習來的無助感。這些發現明白地暗示，在機械式護理之家環境中的生存情形。被送進機構中的老人被剝奪做決定的權利，即使是有關日常生活中最基本的層面，譬如何時起床。除此，許多護理之家還規定老人要穿什麼。因此，老人影響結果的能力一旦喪失，很可能會產生學習來的無助感。一般來說，因機構化而來的無助感似乎與認知損害的惡化、退縮或活動的減少、沮喪的加劇，以及死亡人數的增加有關（Kart, Metress, & Metress, 1988; Weinstein & Khanna, 1986）。

支持這些結論的其他資料，是來自最近對生活在護理之家中有關晚年生活自主權概念的探索。Hofland（1988）將發現摘要如下：

> 有相當多現有的心理學研究焦點，是在探究被機構化的老年人之自主權層面，不過通常是在「控制」、「因醫師治療所引起的依賴」與「學習而來的無助感」的標題之下。雖然研究的方法與情況各不相同，不過研究發現所表現的趨同現象，是令人印象深刻的。缺乏控制對護理之家居民的情緒、生理與行為福祉有負面的影響。（p.5）

Jameton（1988）肯定許多實務者的觀點，認為讓居民有機會為他們自己的照顧與為協助他人負起責任，是他們表達自主或對抗無助感能力的一個重要層面。他增加一個重要的向度來思考自主權。他也引述，被分派工作或被操控而從事活動，與居民相信那是他們自己的責任而願意去執行，這兩者之間的意義是不同的。Wetle、Levkoff、Cwikel與Rosen（1988）提出一個重要的議題，是有關護理之家的老人在決定自己的醫療照顧時所扮演的

角色。他們的研究發現都指出，雖然居民之中對想要獲得有關他們醫療情況資料的程度，有相當大的個別差異存在，不過近20%的人希望有更多的資料，並且在他們的醫療照顧中想要有更多的發言機會。

社會工作者必須經常與護理之家的居民一起做一些決定：有關他們的照顧與他們希望涉及自己的照顧。當居民因認知損害而無法參與時，他們的親戚就全面臨著兩難。然而，幾乎沒有研究是特定描述護理之家居民與其家人之間的相處情形。由Steen、Linn與Steen（1986）所做的研究已確認，護理之家的居民有能力陳述他們所接收到的照顧品質，以及他們有這個機會去表達的重要性。

居民的觀點

在一項由丹佛大學老人學研究所（1988）所做的研究中，他們針對位於科羅拉多州的護理之家隨機抽樣出二十家進行研究。研究結果發現，居民對控制他們的環境與決定有關他們日常生活的角色，都表達壓倒性的無助感與無力感。下列的評論是這份研究中具有代表性的樣本，在針對特定問題時所表達出的考量：

為什麼不在居民代表大會上把所關心的事表達出來：

「沒有人會對我需要什麼感興趣——我只是個麻煩。」
「他們會聽，但是不會做什麼——所以我乾脆不講了。」
「沒有人會關心。」
「沒有解決之道——只是在浪費時間。」
「不會有任何幫助的——只會把人逼瘋。」

「都是由工作人員在經營管理，他們只聽他們想要聽的。」

「一旦他們生你的氣，你一切都完了。」

「我們付錢，請他們來經營這個地方。」

「我再也不在乎他們做什麼，反正我只要能生存就好了。」

「我累得不想再抗爭了。」

「反正你都是獨自一個人——假裝有人會聽你講也沒有用。」

居民覺得不安的事：

「晚餐時其他人坐了我的位子。」

「我再也不會因任何事而覺得不安。」

「每件事……但誰在乎？」

「協助不足；這使得每個人的生活變困難。」

「食物糟透了，不過每個人喜歡的都不一樣，所以我們也沒辦法。」

「反正抱怨了也沒有人會聽。」

「房間兩個人住太小了。」

「很多時候工作人員都沒有空，人們必須等，即使上個廁所也一樣。」

「我需要有個人幫我，好讓我能走動……但是沒有人有時間。」

「人們總是讓我等，然後他們就不再過來。」

「我討厭被困在這裡——我想要多到外面走走。」

提出建議的機會：

「對，我可以建議，但是沒有人會在乎。」

「在這裡，我們不被認為是重要的。」

「沒有用；生命了無生機。」

「我只是在這裡等死 —— 我不需要他們生我的氣。」

「當然，不過不會有什麼改變。」

「對，但是我沒有。這不關我的事 —— 這些事是老闆的事。」

大體上，這些評語支持了有關護理之家的社會科學研究之發現，並且這強烈地暗示著，居民的生理與心理健康受到無力感與無助感的威脅，而此無力感與無助感是因機構化的環境所引起的（Cohen, 1990; Coons, 1991; Hofland, 1990; Kane, Freeman, Caplan, Aroskar, & Uru-Wong, 1990）。故，對權能激發取向處遇的強烈需求，因這些發現而被確立。

護理之家中社會工作者的角色

雖然社會工作在護理之家存在了四十年，但是有關社會工作的發展記錄卻很粗略。社會工作在護理之家的功能，一開始是試圖將研究「學習而來的無助感」理論學家的研究發現，與社會工作實務連結起來。Hooker（1976）曾指出，學習而來的無助感對誘發沮喪與退縮反應的重要影響，以及需要社會工作者協助對抗這些影響。Beaver 與 Miller（1985）把護理之家需要社會工作服務的需求摘要如下：

根據 Linstrom（1975）以及 Brody 和 Brody（1974）的看法，在全國的護理之家中最多且最常發生疏忽的地方，是照顧的心理社會層面。Kosberg（1973）也指出，病人的社交需求通常被忽視，而導致社會與心理能力退化。

由 Halbfinger（1976）所做的一項研究認定，在護理之家的病人因為沒有被提供社會支持，因此，挫敗、無助、絕望與無力感在他們之中蔓延。Mercer 與 Kane（1979）表示，當病人給予機會做些選擇與行使一些支配他們日常生活的權利時，無助與無望的感覺可以被減到最低。而這個部分是社會工作者可以提供他們寶貴的貢獻，來改善病人生活品質的地方。（p.198）

Silverstone 與 Burack-Weiss（1982）陳述：

雖然，護理之家中社會工作服務的重要性，習慣上是被排在護理與醫療之後。不過，從協助案主適應一種非常不同的生活方式之觀點，以及用確保輔助功能實行的角度來看脆弱的人，社會工作服務的重要性卻勝過一切。（p.27）

儘管社會工作實務者非常了解，心理社會層面對護理之家居民生活與其家庭生活的重要性，不過護理之家的社會工作角色卻不受重視，也沒有地位。所以，整個護理之家產業只分配有限的資源給機構中的社會工作服務，並且主要支付給護理之家服務費用的醫療經費來源，也沒有鼓勵多分配資源給社會工作服務。

進入護理之家的途徑與在護理之家的地位

權能激發取向社會工作者所面臨的第一個且令人最沮喪的挑戰，是以任何身分取得能接近護理之家的居民與其家庭的工作。最明顯的替代方法就是受僱於某一特定機構，但是有時這是不可能的。因此，受僱為調查民隱以保障民權的公務員（ombudsman），或是從事其他社區服務，而跟隨案主進入機構化的環境，是另一個替代方法。州立與私立護理之家之間的不同，是對輸送社會工作服務給居民的資格要求。社會工作被指派者（designees）（被分配在護理之家執行社會服務的人）可能在任何其他的學科中接受訓練，所以他們有不同層次的教育程度。然而，在大多數的州立護理之家內，這些被指派者是在一個有限制的教育基礎上接受監督，或偶爾可向擁有碩士學位的社會工作者提出諮詢。

　　丹佛大學老人學研究所的社會工作研究生曾做過一項研究，是針對科羅拉多州州內的護理之家的專業社會工作活動進行探究。研究發現，科羅拉多州州內的護理之家，所聘僱的社會工作者是少於二十位的。大部分接受調查的社會工作者都提到，他們遭遇到很嚴重的困難，而此困難主要是來自他們的看法與護理之家的管理發生了衝突。因為，社會工作者希望把注意力放在居民的權利和生活品質上，但是護理之家是以滿床和維持成本效益為當務之急。所以，努力增加居民自決的機會，是與護理之家用來確認服從與運作順暢的精確例行工作和其他技巧，正好相互牴觸。有限的員工、員工集中管理，以及員工快速的流動率，都嚴重地限制了社會工作者的能力，以致無法提供居民所需要的個人關切，來強化他們在護理之家的自我照顧、調適與個人成長的努力。其他影響社會工作者表現的阻礙包括了，地位低與薪資少、被指派的任務與工作者的訓練和能力無關，以及繁文縟節和過多報告要求等常見的問題。

　　為了使社會工作者的能力有顯著的增進，以便於協助需要護理之家照顧的老人（特別是身為護理之家的工作人員），有許多立法與組織的改變是必要的。為了改善狀況，社會工作者必須主動參與全國社會工作者協會（National Association of Social

Workers, NASW)、全國護理之家改革聯盟（National Coalition of Nursing Home Reform, NCNHR），與當地和全州的護理之家倡導團體（包括居民與家庭成員的團體）的活動。

護理之家社會工作實務的目標與認可基礎

　　儘管社會工作者面臨困難的阻礙，不過許多人仍在護理之家的環境中有重大的貢獻。一些長期照顧的專業人士已提出護理之家中社會工作的目標。如 Brody（1977）表示，需要專業的社會工作者來辨識居民的社會情緒需求與處遇方式，並且應該提供與指導社會服務。Beaver 與 Miller（1985）表示，此人口群的處遇主要目標是，提升個人功能中最好的可能層次，同時預防進一步的退化。

　　根據 Abrahamson（1988）的看法，護理之家的社會工作應傾向把焦點放在下列幾方面：

1. 照顧的心理層面與照顧的個別化。
2. 視爲一個系統的家庭與家庭資源。
3. 視爲一個系統的社區與社區資源。
4. 居民與他／她的家庭、同儕、工作人員和社區的互動。
5. 居民透過持續的照顧所產生的轉變。

許多其他對護理之家議題特別注意的作者都同意，這些全是焦點範圍（請參閱 Beaver & Miller, 1985; Freeman, 1989; Hancock, 1990; Silverstone & Burack-Weiss, 1982）。

　　權能激發取向的實務涉及以上所述的相同全盤目標與關心的範圍。不過，權能激發取向的實務一直很重視與老年居民發展伙

伴關係，因為這層關係將鼓勵他們儘可能的參與他們本身問題所有層次的問題解決活動，包括政治層次。一位在護理之家工作超過十年的實務者這麼說：「或許在機構的照顧中最困難的兩難是面臨以下的挑戰：與老人一起持續不斷的評估，如何在他們無法自我滿足時滿足他們的需求，與鼓勵和允許他們個人去做他或她能為自己所做的事之間，拿捏得當。」事實上，與護理之家的權能激發有關的許多掙扎，就是深植在這兩難之中。

　　社會工作者通常使用有關居民權利的規則，作為權能激發取向活動認可的主要來源。有關居民權利的最新焦點，在1987年通過的「Omnibus Reconciliation Act」中被強調。這個法案重視提供適當的照顧給患有心智失能的居民，並且提出居民權利的其他重要層面。這個立法增強居民自主權的重要性，所以可以給權能激發取向的處遇，提供一個強有力且有支持作用的政策架構。

　　矢志提倡居民在護理之家生活中應有的權利，以及爭取組織的與社會的改變以支持此志向和努力，是護理之家居民與其家庭的權能激發取向社會工作的精髓。用來處理居民所面臨問題的所有層次之處遇，可以一起被併入到這個焦點中。居民的權利至少包括下列：

1. 被完全告知。
2. 參與自己的照顧。
3. 依自己的意願來做選擇。
4. 擁有隱私權與被保密權。
5. 享有尊嚴、尊重與自由。
6. 財產受到保障。
7. 停留在機構中。

8. 訴怨。

要實現這些權利，需要居民、他們的家庭與社會工作者不斷的努力。接下來的章節會提出一些數量有限的策略，而這些策略是社會工作者爲達此目的所發起的。

在護理之家環境中的權能激發取向處遇

社會工作者最初在接觸需要護理之家照顧的老年案主時，通常會發現居民或潛在的居民都感覺極度的無助與孤立。最初的接觸常常發生在案主或家庭或兩者正處於決定是否要進住護理之家的過程中。不過，即使這類的接觸是後來才發生，無論如何被機構化的老人通常覺得無力，這可從早先被引述的居民評論中得到證實。許多護理之家的居民相信，他們的行動與所表達的願望，對他們的環境與生活幾乎不會有什麼影響（Kautzer, 1988）。

幾乎沒有護理之家的居民是他們生活環境的主動參與者。因此，權能激發取向工作者面臨的挑戰是，在護理之家環境中發起權能激發取向的團體，以及執行個別處遇，來動員居民掌控更多他們自己的生活。可是，這種過程通常會與目前存在於護理之家的高度例行性活動相互牴觸。另外，居民與他們的親戚表示，他們害怕在自我表達與要求更多自主權後，報復會隨之而來。

層次一與層次二的活動：察覺共同關心的事

在協助居民處理無力感的認知或內化層面時，團體討論可以

是重要的第一步。澄清感受、互相探索產生這些感受的原因、討論他們的消費者身分之意義，以及考慮解決共同問題的各種不同方式，可能是讓老年居民參與權能激發過程的關鍵。這類型的團體討論，通常能夠引導生活在護理之家的老年居民，再次肯定個人的權利、價值感與目的感。Feil（1983）提供案例，證明團體工作可以幫助居民獲取方向與目的感，即使是那些有嚴重的心智受損者。Lee（1983）指出，「自我感（sense of self）是透過社區，以及透過提供回想的機會被重建，而回想可經由做事、交談和分享共同的感受來達成」（p.43）。

如 Lee（1983）所提，權能激發取向的方法使用團體活動，是為了使居民能了解，透過權利的經驗練習可獲得更多自主權的可能性。要求工作人員，不論是一個人或一群，在進入居民的房間前先敲門，即是一個行動步驟的例子。而這個行動步驟在團體努力辨識問題下，可能會被採納。下列的主題可能會有用，因為可作為在護理之家環境中，權能激發取向團體最初聚會時討論的焦點範疇：

1. 我們可以對護理之家的生活有什麼期待？
2. 什麼是照顧品質，什麼又是生活品質？
3. 什麼是居民的權利，而這些權利又是如何被界定？
4. 我們如何能把這些權利併入我們的日常生活中？
5. 我們如何處理接受生理照顧的需要，而且我們如何協助工作人員來協助我們？
6. 我們對家人的訪視感覺如何，我們如何做才能使我們的訪客有好的訪視經驗？

這些和相似的主題通常引導居民表達與辨識他們對他們現今生活

情境的感受，以及可以對替代方案做深入的探討。

「居民的權利賓果」（Residents' Rights Bingo）遊戲，是使老年居民能夠敏感察覺他們權力的有效工具。這個遊戲是由科羅拉多州調查民隱以保障民權的公務員 Virginia Fraser 所創造的，並且在全國各地被使用。此遊戲可以辨識超出七十五種生活在護理之家環境中老人所擁有的權利；此外，它還可以提供討論問題給社會工作者或志工，作爲詳盡陳述這些權利之用。圖11.1 展示一張遊戲卡樣本，說明當促進者喊出號碼時，不同的權利如何被強調。對小團體的討論而言，這個遊戲是一個有效的補充資料，而且經常被用來做爲一種休閒活動。

相關規定要求所有的護理之家都要設立居民會議（resident council）；這類的團體亦是權能激發取向處遇的焦點。在有些護理之家，社會工作者有機會成爲居民會議的工作人員。居民會議可以在與行政單位和其他居民溝通時，扮演一個重要的角色；同時，也可以設定居民的權利在護理之家環境中被履行的方式。

許多居民採用的角色不是「好（順從的）病人」就是「壞（憤怒或苛求的）病人」（Taylor, 1979）。這種行爲可能是機構化「抗爭—或—逃避」反應的同義詞，而這種反應在所有高度緊張氣氛的情境下是常見的。不論一個人幾歲，居住在一個機構性的環境中，對人的自主權與完整性是個挑戰。被迫搬到護理之家的老人，也正對抗製造依賴的疾病。雖然，有愈來愈多的老人，以他們的年齡進住到護理之家，是一件確定的事。不過，卻沒有幾個人能預想這種經驗會像什麼；也沒有幾個人能在情感上或理智上事先做準備，以便在護理之家的環境中達到高層次的自主權。有關明確表達照顧、居民權利的性質，以及與其他居民共同實踐這些權利的知識，通常不是在搬到護理之家之前就獲得的。事實

居民的權利賓果

權　　利

8 出院計畫	22 APPROVED 受過訓練的護理人員	41 調查民隱以保障民權的公務員之資訊	51 選擇醫生的權利	75 經費受到保障
7 不願繼續進行化學治療的自由	25 ? 提出疑問	31 DO NOT DISTURB 請勿打擾 (不願見訪客)	49 營養的餐點	67 與自己所選擇的人溝通
13 適當的健康照顧	23 Como está usted? 用自己的語言來溝通	FREE	50 EXIT 只在某些特定的理由下遷出	73 APPEAL 有權以書面的方式陳情
6 RIGHTS 有關權利的資訊	26 SURVEY 檢視調查結果	33 保障個人財產的安全	56 治療過程中的隱私	63 充裕的水分
3 私人衣櫥空間	17 舒適的溫度	37 良好的社會服務	46 生命安全	66 PLEASE KNOCK 隱私

取自：Colorado Ombudsman Program by Virginia Fraser. Copyright © 1990 by the Legal Center Serving Persons with Disabilities. All rights reserved. Reprinted by permission.

圖 11-1　「居民的權利賓果卡」展示了 75 種權利中的一部分

上，所有的居民都有一些生活經驗，假設這些經驗可以被轉移到新環境中，那麼這些經驗對生活在新環境中的他們是有價值的。例如，這類的經驗可能已教他們了解科層制度是如何運作的、自我照顧的技巧，以及人際關係的技巧。

在一對一的接觸中，工作者透過尊敬居民來展現居民權利的本質。工作者也可以促進與居民一對一的交談，討論先前提供給團體討論的話題。在這些場合中，工作者嘗試協助居民了解他／她與其他處於相同情境者的共同處。工作者也嘗試與在社交上較為孤立的居民，分享其他老人對這些共同情境的經驗智慧與見解。老年居民之間的團體討論錄音帶，是可以與被孤立的案主一起分享。一位工作者在被問及有關權能激發取向工作在護理之家環境中所遭遇的挑戰時，說道：

> 對權能激發而言，最困難的障礙之一，是護理之家的許多居民習慣保持孤立的狀態。通常得花上好長的一段一對一的工作時期，使居民了解他或她對周遭的人有興趣。因為，居民通常太專注於他們自己的恐懼，而使得他們對其他居民的關心有限。不過，我一旦使他們建立起小型的支持網絡，那麼通往互相關懷的路途就不會那麼難行了。例如，在一所護理之家，有六位居民是來自鄉村的農場。我規劃了一些最初的活動使他們彼此交談，最後他們每個人都變得非常親近。

團體與個人的處遇都是用來促進自助與教育性的策略（Lee, 1983）。透過協助，居民發現有關他們的權利與這些權利在不同的護理之家已被實現的方式等資料。工作者的角色與他們在其他環境的角色相似：協助個人尋找教育性的資料，並且提出方法，使團體成員可以彼此協助或協助其他居民可以自主性的做決定，

以及參加對彼此都有助益的活動。自助策略是源自這些活動。比如，居民通常會想出方法來提供適當程度的自我照顧；想出與工作人員溝通的方法，告知工作人員他們想要盡可能的為自我照顧負起責任的需求；想出方法來獲得工作人員的尊重與合作。

　　護理之家的居民所參與的自助活動如下，但不只限於此：

1. 彼此相互協助日常生活的活動。

2. 尊重彼此對隱私權的需求。

3. 相互協助彼此能與工作人員清楚的溝通，並解決與工作人員的紛爭。

4. 相互協助彼此獲得有關的資訊：護理之家非正式的組織系統、在護理之家與社區中可利用的方案與服務、住在護理之家時成為一個好的家庭成員的方法、住在護理之家時成為有價值的社區成員的方法，以及使護理之家變得更像居民的家的方法。

5. 促進主動參與居民會議活動及其他有益全體居民的活動。

6. 彼此提供情感上的支持。

7. 相互協助彼此尊重與應付「難纏的」居民伙伴。

8. 處理族群的需求與族群的議題。

9. 為每個人做些小工作，來協助改善照顧的品質（分發信件、為其他的居民梳頭等）。

10. 協助所有的居民更加尊重其他人的個人財產，並且找出方法來確保個人的財產。

11. 提供有關處理疼痛、失能與醫療反應的資訊與支持。

12. 協助工作人員的工作，以改善對每個人的照顧品質。

13. 學習了解相關的社區資源（包括經費來源，如政府對貧

民的醫療補助、政府提供給 65 歲以上老人的醫療照顧保
險，以及眼鏡、假牙、衣服等），以及如何為自己與他人
確保這些資源。

14. 尋找方法來接近那些不參與活動，而且看起來孤單與被
孤立的居民伙伴。

15. 學習倡導與調停的技巧，以便促進自我照顧的努力與改
變自己的環境。

16. 學習如何充分參與有關醫療照顧的決策。

17. 學習有關生存意向的知識，與其他有關死亡和臨終過程
的決定，以及表達對生存意向與有關死亡和臨終過程決
定的感受。

18. 參與為護理之家的居民舉辦的同儕諮商訓練。

在居民找不到適當的方法參與時，社會工作者將可以為居民執行
許多以上所提的任務。

層次三與層次四的活動

　　McDermott（1989）描述一種方法，是可以促進居民權能激
發，以及鼓勵與護理之家生活有關的問題解決活動。在她的例子
中，一項居民的權利運動在一所護理之家被組織了起來。這運動
結合了教育、相互支持、明確的執行活動（共同的行動），與持
續的支持團體。

　　一個以科羅拉多州為主的護理之家社會工作者的團體，提供
了下列的見解，企圖協助居民在他們的決策行為中，實踐自主權
（University of Denver Institute of Gerontology, 1990）：

1. 為了使居民達成更能控制他們環境的目標，與工作人員一起努力是必要的。假如，在護理之家的重要工作成員重視居民的獨立，並且強化這些活動，那麼許多的任務可以被達成。如果其他的工作成員不熱衷社會工作者所支持的權能激發取向活動，那麼這類的活動通常會被視為「顛覆的」（接下來的章節會更詳盡地處理這個議題）。

2. 教育性的方案與組織性的策略不會維持長久，除非社會工作者能找到方法，將這些努力整合到一個持續的結構中。

3. 居民會議可以是有助益的，但是如果要使一些居民充分參與居民會議，強化會議活動的小型支持團體是關鍵所在。

4. 新來的居民需要盡快的被併入權能激發取向的活動中。
（pp.28-30）

這四項觀察強化了「權能激發取向的社會工作者存在於護理之家是必要的」之論點，因為社會工作者能動員居民在生理與心理健康上所需的活動。另外，他們強調一個事實，即工作者必須非常清楚以下的目標：要將決策權轉移至居民手中，以及使居民參與確保護理之家對他們的自主行為有回應的過程。

或許最難誘導護理之家居民去參與的舞台是政治舞台。護理之家居民可以參與的層次三與層次四的活動，包括如下：

1. 透過小團體或居民會議來提升居民的權利至行政層面。

2. 打電話或寫信告知該州負責調查民隱以保障民權的公務員，或關心護理之家議題的其他倡導者。

3. 打電話或寫信給立法委員，表達缺乏經費來提供足夠的照顧或有關其他影響他們生活的情況。

4. 準備與傳達證據給適當的聽（觀）眾。

5. 參與媒體發表會。

在護理之家的社會工作者通常非常關切組織性改變、外部資源（私部門與公部門）的產生、立法議題，以及護理之家居民與較大社區之間的整合。另外，他們會在需要有較多的努力投入的情況下與居民一起合作。Silverstone 與 Burack-Weiss（1982）指出，「在護理之家，追求改變的原因各不相同：為了改變限制太多的規則與規定、增加員工充實與訓練的機會、增加工作人員之間以及工作人員和病人之間的溝通」（p.29）。

許多阻礙權能激發取向目標達成的障礙，已由科羅拉多州的社會工作者所辨識（University of Denver Institute of Gerontology, 1990）。下面列出一些他們所辨識出的障礙實例：

1. 不重視照顧的社會情感層面。
2. 煩人的文書工作與報告要求，侵害到服務及案主處遇的時間。
3. 居民想要自主以及參與他們自己的照顧和影響他們生活各個層面的決定之需求，與基於例行工作和集體處遇的運作效率之間的明顯衝突。
4. 不重視護理之家與較大的社區之間的連結。
5. 不重視家庭成員在居民生活中所扮演的角色。
6. 居民的需求與護理之家對滿床需求之間的衝突。
7. 自費 vs. 公費的議題，特別是有關狀況的變換（自費的居民變得貧窮，而且必須尋求政府的醫療補助經費）。
8. 由於護理之家的護佐人員、社會工作者與其他工作成員的薪資低廉，因而時常導致品質差的服務與高流動率。
9. 擔心缺乏足夠的資源，而無法以有助於提升居民生活品質

的方式來經營護理之家。

很明顯地，這些議題不僅關係到居民與社會工作者，一般而言，還關係到居民的家庭、老人學學者與社會倡導者。不過，居民可以在有關這類議題的倡導與社會行動上，扮演重要的角色。護理之家的居民對這些問題的辨識與相關文件記載的投入，是一個重要的關鍵，而且居民有潛力成為強而有力的參與者，做為改變的倡導者。

Kautzer（1988）提供了一個例子，說明在護理之家中有極大的潛能來進行社會行動。他檢閱「為老人進駐」（Living In For the Elderly, LIFE）這個組織。此組織是在1972年由麻薩諸塞州貝得福（Bedford, Massachusetts）退伍軍人醫院（Veterans' Administration Hospital）的社會工作者所成立的。「為老人進駐」（LIFE）組織的服務範圍已擴展到包括在大波士頓區域五個地區的一百所護理之家。「為老人進駐」組織已有超過一千位的居民成員，並且試圖組成聯盟，來遊說麻薩諸塞州的眾議員有關護理之家居民的權利，與在護理之家的生活情況。「為老人進駐」組織的成員藉由參與在州議會大廈的遊行、打電話和寫信給立法者，以及在立法聽證會上作證，來動員支持「為老人進駐」組織所贊助的法令。這個方案提供權能激發取向的工作者一個極佳的模式，因為為了補救護理之家居民共同的問題，他們正在尋找居民參與層次四活動可能性的實例。

對護理之家的社會工作者在處理層次四的活動時，特別有用的兩個重要的可用資源為：調查民隱以保障民權的州政府公務員方案與「全國公民護理之家改革聯盟」（National Citizens' Coalition for Nursing Home Reform, NCCNHR）。調查民隱以保障

民權的州政府公務員方案，可以提供有關聯邦與州政府的政策、全國護理之家方案與居民權利等豐富的教育性資料，以及提供相關的資訊給家庭。大部分的調查民隱以保障民權的公務員方案，會贊助特殊的教育性方案，而且全部的方案都有工作人員協助居民與他們的家庭，處理他們的抱怨與特別關心的事。調查民隱以保障民權的工作人員與志工通常會應護理之家居民或工作人員的要求，在護理之家提供特殊的方案。全國公民護理之家改革聯盟（NCCNHR）同樣也有各種不同的教育性資料與有關護理之家法令的最新資訊。這個組織的目標是要達成下列事項：

1. 高品質的醫療照顧。
2. 護理之家居民的權利與自決。
3. 使護理之家的居民與其家庭有途徑取得社區服務、接觸社區倡導者與參與調查民隱以保障民權的方案。
4. 爲護佐人員與其他的照顧者提供訓練，以及改善他們的工作環境和薪資。
5. 將護理之家的居民重新融入社區生活。
6. 提供服務以滿足護理之家居民的社會需求。
7. 長期照顧提供者爲所支領的納稅錢應有的責信表現。
8. 不會因種族或民族、醫療情況，或支付能力而有所歧視的政策與處遇。
9. 重視良好照顧服務輸送的經費補助系統。
10. 針對護理之家和養護之家制定有效的規定，以及監督相關標準的執行。
11. 使護理之家居民與健康照顧提供者能相互了解與合作。

全國公民護理之家改革聯盟參與特殊的計畫來教育消費者，

以及在護理之家的生活品質與照顧品質方面，創立檢定方案（certification programs）。這些計畫對在機構環境中努力達成權能激發的嘗試給予支持。

如何與其他工作成員共事的權能激發取向策略

一般而言，護理之家的文化是與權能激發的目標完全相反。此文化的共同特質，包括：

1. 利潤是最重要的考量因素，或是在非營利的情況下，要有足夠的運作資源。
2. 醫療模式的強大影響與重視照顧的生理層面。
3. 高程度的例行性工作傾向，是與強調彈性化和個人化的服務相反。
4. 時常使用化學治療與生理限制來處理行為上的問題。
5. 工作人員的沉重工作量。
6. 工作人員的高度流動率。
7. 冗贅的組織性繁文縟節與強迫性的責任議題。
8. 在地理性的社區方面，它是個相當封閉的系統。

社會工作者把焦點放在權能激發的必要工作上，以降低這些因素對居民日常生活的影響，並且獲得護理之家的其他工作成員對此努力的支持。

在大部分的情況下，工作成員都努力完成每日的工作量。所以，要向他們介紹一個哲理，以支持居民權利、自主權、自助，以及全面的權能激發，不是一件容易的任務。更何況全面的權能激發是與護理之家、影響護理之家的較大政策議題有密切關係。

然而，這是一個重要的挑戰，而且必須由權能激發取向的社會工作者儘可能的來克服。曾經嘗試改變護理之家工作人員態度與獲得他們支持的許多社會工作者表示，在企圖為護理之家工作人員辦理訓練，直接說明自主性、自決與其他社會心理支持對居民心理與生理健康的重要性之前，通常要花好長一段時間，來培養他們對人的尊重態度。協助工作人員處理居民提出的行為問題、調停涉及居民與他們家庭的棘手情境，並且發現急迫需要社區資源來協助其他工作人員的社會工作者，是能夠建立所需要的關係，開始與其他工作人員溝通有關權能激發的議題。另外，居民福祉中的共同利益，也提供了許多以個案為基礎的機會，來強調權能激發取向工作的重要性。

要證明心理健康在生存的生理層面扮演重要的角色，有時是可能的。不過，挑戰過度嚴厲的例行化工作、提供社會與情感支持，並且證明替代照顧方法可取代生理限制與化學治療，通常是在良好的關係穩固的被建立後才會有效用。阻撓工作人員支持權能激發取向哲理的一個重大障礙，是他們對這類方法的成本效益抱持負面的認知。很不幸地，成本效益通常與允許居民自己決定何時就寢或用膳等所花的時間有關，而不是以對居民身心狀況的正向影響為基礎來評量。

為了維持其他工作成員對權能激發取向策略的支持，社會工作者必須不斷地向其他的工作成員保證，他們的共同利益是在居民的福祉之中，並且舉例證明這些方法如何符合他們對居民的承諾。假設，當護理之家的行政管理者與擁有者都在支持者的名單上時，通常都可以成功的獲得護理之家工作人員的支持。並且，他們的支持會視法令與法規的強化情形而定。因此，要能成功的與其他的工作人員一起工作，社會工作者需要參與問題解決的所

有四個層次。

家庭成員的權能激發取向處遇

　　護理之家居民的家庭成員在他們陷入痛苦的掙扎時，幾乎沒有社會工作處遇服務可以來協助他們。Solomon（1983）辨識被送到機構中的老人，他們生活中有四項事件，通常刺激其家庭成員對社會工作處遇的需求：「(1)決定搬到機構；(2)搬進了機構；(3)生理狀況改變，需要更密集的照顧層次；以及(4)老年居民的死亡」（p.85）。

安置過程

　　丹佛大學老人學研究所（1989）在大都市丹佛地區，針對護理之家居民的五十五位家庭成員進行深入的訪談研究。他們的研究發現強烈地支持了其他研究的發現（Hancock, 1987; Ory, 1985）。這些研究指出，當家庭成員沒有社會工作處遇的協助時，他們會有無助感、罪惡感、沮喪與失落感。因此，因決定把老年親屬送到機構而產生的罪惡感；因沒有足夠的倡導技巧，來保護與支持老年親屬在機構化後的需求，而產生的無能感；沒有足夠資訊的感受與家庭衝突，是這些受訪者列出的一些共同問題。下面是一些典型的評論：

　　「在我們放棄並決定採用護理之家之前，我們嘗試了各種我們能找到的方法。……我們已身心俱疲。」
　　「每件事情都好急迫。他們把媽媽直接從醫生的辦公室帶到護理之家。」
　　「太恐怖了……把她留在那裡，我心裡一直很難受。」

「這是我生命中最糟的經驗之一；粗糙、令人不滿意的過程。法人組織的護理之家冷酷，且一點也不爲別人著想。他們簡直就像售貨員。」

「帶出許多的過去失落……一種體力逐漸耗竭、情感的過程。」

「困難。媽媽不想待在那裡。她很生氣。」

「我內心依然充滿罪惡感。我那時應該尋找其他的替代方法。」

由丹佛大學老人學研究所（1989）所做的研究也指出，在將老年親屬送往機構的過程中，家庭成員的需求嚴重地受到忽略。只有23%的家庭成員表示，他們曾接受過關切他們情感的支持；只有50%的回應者憶起，曾收過有關調查民隱以保障民權方案的任何資料；只有20%參與過他們親屬在護理之家的照顧計畫；並且只有36%表示在他們把親屬安頓妥當之後，護理之家的工作人員曾協助他們努力維持一種家庭的感覺。另外，有一些家庭對過度使用鎮定劑、給予太多的限制或其他可能發生的虐待，表達了嚴重的擔憂。社會工作者通常表示，他們護理之家案主的家庭成員之中，也有這類的擔憂（Hancock, 1990）。

時間限制經常阻礙權能激發取向社會工作者的能力，使得他們無法針對居民的家庭執行足夠的處遇。因此，有需要與其他機構的社會工作者合作，因爲他們能從護理之家的基礎上來做補強。例如，見聞廣博的醫院社會工作者，特別是那些負責出院計畫的社會工作者，能提供寶貴的協助。另外，與居家健康照顧機構一起合作的個案管理者，或是其他可能與護理之家居民的家屬接觸的機構個案管理者，也可以提供寶貴的協助。與這些有資源

的人密切合作是重要的，因為他們有足夠的資訊，來協助未來的居民與他們的家庭做明智的選擇。因此，居民權利與自主權的概念，可以在這個時機提出，並且成為安置決定與居民期待的一部分。

老年人被送進機構後，其家屬的需求

在老年人居住在護理之家這段期間，其家屬的擔憂與需求仍然需要社會工作者的關注。事實上，社會工作者可以協助護理之家居民的家屬，來處理他們的需求：

1. 提供有關護理之家行政作業流程與社區資源的資訊（包括醫療照顧保險與醫療補助）。
2. 協助處理情感的議題。
3. 調停家庭衝突或溝通不足。
4. 協助進行成功的訪視。
5. 協助處理老年親屬逐漸衰退的生理與心理能力。
6. 協助家屬成為護理之家居民的有力倡導者。
7. 協助處理老年親屬的死亡。

許多家庭成員不知道如何表達這些需求，或是他們不知道可以尋找協助來處理這些需求。工作者可以使用許多方法，把權能激發取向的策略併到他們滿足家屬需求的努力中。不過，必須要保持住協助家庭成員增加知識與技巧項目的處遇焦點。通常，家庭成員的權能激發取向團體是一種有效的處遇方法。因為，家庭成員有許多的擔憂是相同的。但是，像居民一樣，他們經常在他們的問題情境中感覺到孤單。家庭成員團體給予他們機會，分享感覺與所關心的事，以及獲得重要的資訊。居民權利、護理之家行政、有力的倡導與立法議題，都是適合家庭成員團體的教育性

主題。

　　權能激發取向的社會工作者、家庭成員及其他的倡導者都發現了，為家庭成員成立全州性的自助與支持組織，對處理問題的政治層面而言是個有效的工具。這類型的組織擁有有效解決問題所有層次的潛能，不過對層次三與層次四來說（護理之家組織性的改變，以及州和聯邦立法的改變），可能特別有效力。因為，這種團體不是在有限制的環境下辛勞的工作。不過，對與某些特定的護理之家有關連的家庭成員團體來說，事實上他們的環境是受到了限制。接下來的案例，是描述一個全州性的組織，它證明問題解決的層面之間是互有關連。

＞＞＞

案例：親屬關係計畫

　　親屬關係計畫（Project Kinship）是科羅拉多州護理之家居民的家庭成員所組成的一個組織，其目標如下：(1)發展有關護理之家議題的共同教育；(2)發展自助與相互支持的機制（如電話支持專線）；以及(3)發展共識，一同為改善科羅拉多州州內護理之家居民的生活品質而努力。在第一年期間，會員人數成長超過一百三十人。不過，每月聚會的出席人數平均在十到二十人之間。較大型的聚會一年舉辦好幾次。這些較大型的聚會是社區教育會議，主要討論特殊的議題或所關心的事項，如新法規的執行、限制的使用等等。較小型的每月聚會，主要是討論教育性的主題與人際間的支持。

　　這些年來，三至四位的成員與社會工作者，對社會行動產生了興趣。然而，由於「親屬關係計畫」此組織當初的創立，是獲

得某一基金會兩年一期的小額經費贊助，而此基金會對用在社會行動上的經費是有所限制的。更何況，社會行動的相關議題不是由「親屬關係計畫」組織正式提出。於是，在第二年結束之際，一個獨立的社會行動委員會於是成立。這個委員會由十二位以上的「親屬關係計畫」組織成員所組成，其功能結合了教育、支持與社會行動。這個團體的行動焦點來回變換，甚至在一次的聚會期間都會不同。社會工作者的角色，包括介紹資源、提供個別成員在面臨危機時所需的支持，以及把成員彼此連結起來發展相互支持系統。

➔➔

就整體來說，實務者發現了範圍廣闊的需求，以及可能針對護理之家居民的家庭成員之權能激發取向處遇。在護理之家環境中的社會工作者，因職務內容受到限制與沉重的工作量，所以經常限制他們能與家庭成員在一起的時間，或是限制可能提供給他們的服務本質。因此，權能激發取向的工作者受到挑戰，他們必須尋找一個提供服務的基礎，為那些關心老年親屬安置在護理之家情形的家庭成員，或是關心與居住在護理之家的老年親屬維持持續性良好互動的家庭成員，提供他們所需要的社會工作服務。

結　論

住在護理之家，通常是一種令人害怕的經驗，而且對老年人而言，是最後的選擇。機構化的過程容易助長無助感與無力感。護理之家的工作人員、家庭成員與老年居民，通常需要權能激發

取向的處遇。有關居民權利與確保他們會受到尊重的策略等知識，是重要的。另外，社會政策對護理之家生活品質與照顧品質的影響，以及用來影響這些政策的策略等相關知識，也是重要的。服務於護理之家與相關環境的權能激發取向社會工作者，努力使老年居民、他們的家人以及護理之家工作人員，參與有關護理之家生活問題的所有層面活動。實現這個目標的處遇，可以以一對一或團體的形式，或透過參與全州性的自助與支持組織來實行。

參考書目

Abrahamson, J. (1988). Social services in long-term care. In G. K. Gordon & R. Stryker (Eds.), *Creative long-term care administration.* Springfield, IL: Charles C Thomas.

Abramson, L. Y., Seligman, M., & Teasdale, J. D. (1978). Learned helplessness: Critique and reformation. *Journal of Abnormal Psychology, 87*(1), pp. 49–74.

Beaver, M. L., & Miller, D. (1985). *Clinical social work practice with the elderly.* Homewood, IL: Dorsey Press.

Benson, J. S., & Kennally, K. J. (1976). Learned helplessness: The result of uncontrollable reinforcements of uncontrollable aversive stimuli? *Journal of Personality and Social Psychology, 34,* pp. 138–145.

Brody, E. M. (1977). *Long-term care of older people: A practical guide.* New York: Human Sciences Press.

Cohen, E. S. (1990). The elderly mystique: Impediment to advocacy and empowerment. *Generations, 14* (supplement), pp. 13–16.

Cohen, S., Rothbart, M., & Phillips, S. (1976). Locus of control and the generality of learned helplessness in humans. *Journal of Personality and Social Psychology, 34,* pp. 1049–1050.

Coons, D. H. (1991). Improving the quality of care: The process of change. In D. H. Coons (Ed.), *Specialized dementia care unit.* Baltimore: Johns Hopkins University Press.

Feil, N. (1983). Group work with disoriented nursing home residents. In S. Saul (Ed.), *Group work with the frail elderly.* New York: Hawthorne.

Freeman, I. C. (1989). The consumer's role. *Generations, 13*(1), pp. 31–34.

Goffman, E. (1961). *Asylums*. New York: Doubleday.

Gutheil, I. A. (1990). Long-term care institutions. In A. Monk (Ed.), *Handbook of gerontological services* (2nd ed.). New York: Columbia University Press.

Hancock, B. (1990). *Social work with older people*. Englewood Cliffs, NJ: Prentice-Hall.

Hofland, B. F. (1990). Why a special focus on autonomy? *Generations, 14* (supplement), pp. 5–9.

Hooker, C. E. (1976). Learned helplessness: Reading 2-1. In B. Compton & B. Galaway (Eds.), *Social work processes*. Homewood, IL: Dorsey Press.

Jameton, A. (1988). In the borderlands of autonomy: Responsibility in long-term care facilities. *The Gerontologist, 28* (supplement), pp. 18–23.

Kane, R. A., et al. (1990). Everyday autonomy in nursing homes. *Generations, 14* (supplement), pp. 69–71.

Kart, C. S., Metress, E. K., & Metress, S. P. (1988). *Aging, health and society*. Boston: Jones and Bartlett.

Kautzer, K. (1988). Empowering nursing home residents: A case study of Living In For the Elderly (LIFE), an activist nursing home organization. In S. Reiharz & G. D. Rowles (Eds.), *Qualitative gerontology*. New York: Springer.

Keddy, B. A. (1987). The institutionalized elderly: Custodial versus rehabilitative care. *Activities, Adaptation and Aging, 9*, pp. 85–93.

Lee, J. (1983). The group: Chance at human connection for the mentally impaired older person. In S. Saul (Ed.), *Group work with the frail elderly*. New York: Hawthorne.

McDermott, C. J. (1989). Empowering the elderly nursing home resident: The resident rights campaign. *Social Work, 34*(2), pp. 155–157.

Mendelson, M. A. (1974). *Tender loving greed*. New York: Alfred A. Knopf.

Ory, M. G. (1985). The burden of care: A familial perspective. *Generations, 10*(1), pp. 14–17.

Seligman, M. (1975). *Helplessness: On depression, development, and death*. San Francisco: Freeman.

Silverstone, B., & Burack-Weiss, A. (1982). The social work function in nursing homes and home care. In G. S. Getzel & J. M. Mellor (Eds.), *Gerontological social work practice in long-term care*. New York: Haworth Press.

Smith, K. F., & Bengston, V. L. (1989). Positive consequences of institutionalization: Solidarity between elderly parents and their middle-aged children. In H. Cox (Ed.), *Aging* (6th ed.). Guilford, CT: Durkheim Publishing Group.

Solomon, R. (1983). Serving families of the institutionalized aged: The four crises. In G. S. Getzel & J. M. Mellor (Eds.), *Gerontological social work practice in long-term care*. New York: Haworth Press.

Steen, S., Linn, M. W., & Steen, E. M. (1986). Patients' perceptions of nursing home stress related to quality of care. *The Gerontologist, 26*(4), pp. 424–431.

Taylor, S. E. (1979). Hospital patient behavior: Resistance, helplessness or control? *Journal of Social Issues, 35,* pp. 156-184.

University of Denver Institute of Gerontology. (1988). *The state ombudsman program: A formative study.* Unpublished manuscript.

University of Denver Institute of Gerontology. (1989). *Family members of nursing home residents: Family member perceptions.* Unpublished manuscript.

University of Denver Institute of Gerontology. (1990). *Social work in Colorado nursing homes: Social workers' perspectives.* Unpublished report.

Weinstein, W. S., & Khanna, P. (1986). *Depression in the elderly.* New York: Philosophical Library.

Wetle, T., Levkoff, S., Cwikel, J., & Rosen, A. (1988). Nursing home residents' participation in medical decisions: Perceptions and preferences. *The Gerontologist, 28* (supplement), pp. 32-38.

第十二章

••

晚年生活的住宅與居家服務

◆歷史背景

◆現今政策議題與趨勢

◆價值觀與信念的角色

◆解決住宅與居家服務問題的權能激發取向處遇

◆結　論

◆參考書目

本章將說明有關晚年生活的住宅與居家服務議題的一些歷史背景，並且提出一些處遇，來協助老人選擇適當的住宅，與取得住宅和居家服務的資源。另外，適當的住宅和居家服務，與老人生存和生活品質之間的相互關係，也會被視為權能激發的一項重要因素來闡述。

歷史背景

六〇年代早期的老人學學者很少觸及住宅的相關議題。雖然，當時的貧窮老人在尋找適當的住宅時需要協助，不過他們仍有居住單位（living units）可供選擇與使用。這些單位通常年久失修，而且住在貧民窟的屋主是全國社會服務部門（公共福利部門）老年協助工作者們共同關心的焦點。老年屋主，特別是獨自住在維修不足房子內的老年女性，同樣也引起社會工作者的注意。不過，社會個案工作服務和健康照顧的提供者，以及出席1961年白宮老人會議的人，在辨識議題的優先順序時，卻將住宅議題視為次要的事。相較之下，先前在全國老人議程上已投入許多努力的營養、交通、健康照顧、社會工作服務，甚至休閒議題，得到較多的關注。

同樣地，居家服務也在六〇年代開始才被承認是美國老人一項日漸重要的資源。來自全國的政府福利機構的個案工作者，會訪視那些一年收到一次或兩次老年年金的案主，其目的為：(1)再次確認接受經濟協助的資格；(2)評估有關心理社會與經濟方面的需要；以及(3)對所需的資源做適當的轉介。此外，若有需求，會持續提供社會個案工作服務。因為，公共救助部門會透過他們的

個案工作系統，提供範圍廣泛的社會工作服務，包括與老年案主和他們的家庭或重要他人一起建立社會支持，並且增加自我照顧技巧。大部分的居家照顧是由親戚和一位老人支持網絡的成員提供，或是由老人直接從非正式的提供者那裡獲得。在六○年代晚期，許多福利部門已發展出家務員服務，來協助那些年長者或失能者，以及無法處理他們自己家務的失依兒童家庭。因此，萬一案主的健康有了問題，是可以轉介給居家健康照顧提供者（六○年代的主要提供者是政府贊助的訪視護理服務）。

這個系統與仍在英國運作的系統非常相似。社會工作者個案量很重，有時一位工作者負責的個案數超過二百件。不過因為外展服務已被併入此系統中，所以對領有老年年金的老年人口群之心理社會需求，至少還能保留一些關注。這個人口群與最近被界定的「最需要的人口群」相當類似。社會安全法案在1967年修正後，有些服務可以為所有收入階層的老人使用；不過，好景不長。六○年代服務的另一個重要的層面是，護理之家普遍成為那些老人與那些體弱且需要護理監督失能者的主要長期照顧選擇。

在六○年代晚期與七○年代早期期間，社會政策的兩項改革徹底改變了這個居家服務系統。首先，在1965年通過了醫療照顧保險與醫療補助法令，導致老人服務逐漸醫療化。第二，公共福利系統中服務與資格分離，結果使福利部門中的社會服務轉移到項目XX的經費下。新制度於七○年代初期即開始實行。在此新制度下，曾經依據老年年金的資格而接受社會服務工作的老人，不再有社會工作者訪視他們，除非他們被認定可能特別需要這方面的服務。所以，與領有老年年金者唯一強制性的接觸，就變成用來確認老人能否持續領取年金的年度經濟資格審查。這些年度檢視是由合格的技術人員來執行，他們通常是受過訓的半專

業人員。他們只評估領取老年年金的財務合格性，所以未必能覺察出老年案主的社會情緒需求或對健康照顧需求的徵兆。成本控制的機制——如寄出資格表格——也會被使用。因此，如同評估案主需求的社會工作一樣，外展服務也大部分被刪除。

在七○年代中期，有關老人未來住宅的考量成為數個老人學學者研究的焦點（請參閱 Green, 1975; Smith, 1977; Struyk, 1977）。搬遷對美國老人產生衝擊的考量也出現（Bell, 1976）。此外，從七○年代的中期到晚期，有愈來愈多的人對單人房出租旅社（single room occupancy hotels, SROs）在提供住宅給美國老人上所扮演的角色感到興趣（請參閱 Eckert, 1979; Stephens, 1976; Tally, Black, Thorncock, & Hawkins, 1978）。

誠如，在由美國參議院老人特殊委員會所舉辦的聽證會上所指出的，出現在老人公共住宅中的社會工作和健康照顧服務之需求，對一些倡導者而言是個議題（1975a, 1975b）。由於，公共社會工作服務的提供逐漸減少，使得有聯邦補助的大型綜合大廈，以及由私部門提供給老人與老年人口的住宅，也全都沒有了社會工作服務。Lowy（1979）發現，全美有三萬個家務員與居家健康協助者，不過事實上是需要三十萬人。Lowy 也詳盡地描述從 1965 年到七○年代晚期，醫療服務的成長與社會服務的縮減和喪失。

在七○年代晚期與八○年代早期，住宅選擇的討論逐漸重視住宅與適當居家服務之間連接的需要。不幸地，這種重視幾乎完全是在健康照顧服務方面，而且在大部分的情境下只提供無法預知且不適當的社會工作服務。

在八○與九○年代期間，社會工作者的興趣與知識朝幾個與老人住宅有關的領域擴展。社會工作者已開始研究與明確表達：

(1)不同的老年選民人口群對住宅、健康照顧與社會服務間適當連結的需求；(2)現在和未來適合低收入老人居住的住宅狀況；以及(3)在各種住宅選擇的媒介變數中老年公民的生活型態。誠如老人學學者所發現的，住宅與居家服務在他們老年案主的晚年生活生存中是扮演重要的角色。因此，顯然需要權能激發取向的處遇，特別是那些強調教育方面的處遇。

現今政策議題與趨勢

目前，專業的老人學學者所感興趣的政策議題是集中在住宅方面，其中包括：

1. 現在是否有足夠的住宅提供給中低、低收入的老人，或是未來會有？
2. 老人如何才能找到與維持適合的社會工作服務、健康服務與家務員服務，以協助他們做住宅與鄰里的選擇？
3. 晚年生活的住宅選擇如何影響個人的獨立性與生活品質？
4. 年齡隔離對老人與其家庭的影響為何？
5. 區域劃分對適當的住宅選擇之設立或現況有何影響？
6. 老年公民對犯罪與鄰里生活環境的惡化能做什麼？
7. 老年消費者怎樣才能得知住宅與居家服務的選擇範圍已擴大，並且為他們自己與他人參與更多這類選擇的設立？
8. 與人同住、住在養護之家或其他公共社區，需要什麼樣的人際技巧？
9. 體弱或患有癡呆症的老人怎麼做，才能夠對晚年生活的住

宅與居家服務的選擇，保有最大的可能控制權？

10. 能力負擔得起的住宅與服務選擇？

11. 在做可能最好與可行的選擇過程中，家庭成員、朋友與社區可以扮演什麼角色？

本書雖然無法列出所有的考量，但已經強調出這些考量對老年案主與其家人日常生活工作的重要性，特別是在老年案主與其家庭逐漸了解他們問題的政治層面。在這些問題中，有許多是自顯性的，是它們最先使社會工作者與老年案主和其家庭有所接觸。實務者與他們的案主經常發現，一個或更多這些議題的有效解決方法，至少在一個有限的程度上，是老人避免或延後進住機構化住宅的關鍵。因為，機構化住宅通常花費比較多，而且幾乎比較不能被老年消費者所接受。

在八○年代，晚年生活的住宅選擇出現了各種不同的概念性發展──有些可能不是具體的。這些選擇是在考量與老人潛在的長期照顧需求的關係之後，被發展出來的。因此，有些特別是被建構來滿足體弱老人的社會與健康照顧需求，以取代密集的健康照顧選擇，如護理之家。所以，居家服務很明顯的是一個自然發展的結果。

住宅問題的社會和政治層面

現今與未來的住宅狀況，不僅與老人的需求有關，對所有的美國人而言，老人住宅也是一個複雜的問題。因為，有許多因素會影響這種情境。下列僅列舉一些做說明：

1. 相較於其他的人口群，美國老人的數目正逐漸增加。

2. 老年人口群中最貧窮的、最年老的、最體弱的、女性以及少數民族成員，是需要特別的考量。

3. 在雷根政府執政期間，政府對安置老年人口群中這些特別群體的參與度大大地降低，這種情形在九○年代初期仍然持續著。

4. 由私部門所提供的住宅，在設計與發展速度上，已嚴重的受到投資和利益的影響，而非需求與使用考量的影響。

5. 大部分的老人有自己的房子。

美國老人對住宅的需求與使用，需要不斷的被研究與分析，而那些處於最危險情況的人口群，則需要給予特別的關注（Atchley, 1991; Callahan, 1992; Lacayo, 1991）。由於，老人之中在收入與財富、種族與族群、生理與心理健康、家庭支持與房子產權上，有很大的差異。所以，需要提供他們許多不同的選擇，並且對他們的需求要經過謹慎考慮後再確定。就整體而言，老人的需求評估報告指出，西元 2000 年之前，美國老人還需要七百萬個以上的住宅單位（Hancock, 1987）。然而，這個預估是假定現有的住宅依然能使用的情境之下。

許多對住宅前景感興趣的研究者擔心，現有住宅所面臨的威脅。雖然，73% 以上的老人有自己的房子，不過許多屋齡已超過四十年，而且需要整修（Sherman, 1990）。一項由 AARP（1999a）所做的全國電話調查發現，大部分的美國老人大體上滿意他們的住宅。不過，那些有嚴重健康限制的人、獨居的人、女性與少數民族團體的成員，以及流動屋的屋主，皆表達對他們的住宅情況有一些擔憂與不滿。另外，在 AARP 1987 年的住宅政策聲明中，AARP 提出報告表示，住宅已完全從全國重點議程上消失了。因

此，對未來美國老人將缺乏住宅一事，表達了嚴重的關切（AARP, 1987）。

其他迫在眉梢的問題，包括居住在有租金補助單位的老人所面臨的兩難。現今的經濟誘因鼓勵許多有住宅與都市發展計畫抵押證明的私人持有者，去行使他們的預付選擇權，而這可能會使許多低收入的老人得從他們的公共住宅中搬走。逐漸提高的房租已使許多老年居民搬走，而房租的持續上揚，使得需要房屋租金補助的老人人數增加。而有錢人在經濟誘因之下，繼續破壞許多低收入的住宅單位。另外，對養護設施的需求增加也成為一個問題，因為它們通常是由低收入的住宅單位臨時稍作修改而成的，所以很難找到或辨識這類的設施或機構（McCoy & Conley, 1990）。最後，無家可歸的老人人數日益增加（Aging Health Policy Center, 1985）。這證實了，從九〇年代開始，老人住宅情況被控制的嚴重性與缺乏控制。

影響滿足老人公民住宅需求計畫的因素有很多，但只有一些事實被提及。當許多仍居住在安全堪慮房舍中的老人變得更老與更體弱時──原地安老──情況只會變得更可怕。大幅刪減用來取代現有的聯邦補助單位以及興建額外單位的經費，使得老人的未來住宅提供落在私人機構的手中。為了回應此問題逐漸升高的急迫性，許多人要求政府重新負起責任（NCOA, 1989），並且發起低收入戶住宅社會權的運動（AARP, 1990b）。在利益的誘導下，私人企業對此問題只提供有限的解決方法。許多窮困的老人正面臨的任務是，尋找與維持任何形式的棲身之處。所以，他們根本就不是選擇與他們的健康和社會需求相吻合的居住替代方案。然而，中等收入與中高收入的老人則較可能有機會選擇「適當的」住宅。

適當的晚年住宅

住宅的適當性係指個人所居住的房舍與個人全部需求之間的配合度。對老人而言,此種配合度的一個重要因素,是所需的健康與社會服務的可用性。社會工作者、健康照顧人員與家務員的服務通常是必要的。協助準備食物或交通,與許多其他個人化的服務,也是配合度中重要的成分(Golant, 1992)。

此外,有關無障礙結構或移走外在障礙物以達到自我照顧,亦是適當性的一個重要成分。因為,有不計其數的住宅情境對長期接受照顧服務的人造成許多不便。這類的例子如房舍的地點(如位在相當偏遠的郊區或高犯罪率的地區)、要求所有的住宅居民不假外援獨立生活的規定、失能者缺乏進出房舍的通道、擔心犯罪事件而行動力減低的恐懼,以及老年屋主無法提供房子足夠維護與修繕的能力。

簡言之,有許多警示的徵兆指出,老人學學者與所有關心老年公民福利的美國人,必須對老年公民(尤其是那些同時失能、體弱或貧窮的老人)的未來住宅投以更多的關注。然而,在這種住宅危機已逐漸升高的同時,創造多重住宅選擇以滿足住宅的適當性與服務的可用性的運動已展開。接下來的章節便會討論這類住宅選擇的發展,是如何回應老年人口群的住宅需求。

住宅選擇

在過去十五至二十年間,出現了一項國際性的運動,它創造與發展了許多滿足體弱老人需求的不同住宅形式,如房子與公

寓、活動屋設施（包括「女性老人的活動屋」）、獨自擁有產權的公寓、多人合住屋、附傢具的公寓與退休社區等。最近幾年，更發展出一些特別重視現有住宅基金使用的方案，如房屋稅金變更方案、租賃賣回方案、分租房屋方案（合住）、提供租金補助方案與提供經費來維修房屋和支付水電費的方案（*Aging Network News,* 1989; Hancock, 1990; Mutschler, 1992; Newcomer, Lawton, & Byerts, 1986）。

除了這些方案，與長期照顧需求有更明確關連的住宅替代方案，也已被設立與擴展，如集中式住宅、生活協助機構、養護機構、寄養照顧之家與護理之家。一些實務者把這些機構稱為居家照顧之家或生活照顧綜合中心。分辨這些不同選擇的主要變數是，老人們可用來協助他們維持獨立的支持服務之本質與數量。在這些選擇中，提供個人照顧的大多數選擇必須領有執照，並且需要接受某些程度的州監督；不過，關於這一點，養護機構所接受的監督就非常有限。

表12.1與表12.2提出許多可能的老人住宅選擇。這些住宅場所的設立與有用性是不能被否認的。不過，如何使這些替代方案成為真正的住宅選擇的議題，仍有待解決。相當重要性的議題包括可用單位的數量、住宅的所在地、消費者是否知道這些可替代方案，以及使用這些替代方案的心理障礙等。

居家照顧服務

如先前所指出，在八○年代與九○年代早期美國的居家照顧服務的成長，是被醫療模式所掌控，而且這些服務經費的主要來源是醫療經費保險與醫療補助。因此，老年案主居家社會工作服

表12.1 鼓勵老人搬遷的住宅選擇

選　　　　　擇	獨立的層次		
	獨立	略微獨立	依賴
年齡隔離的傳統住宅策略			
高活動力的成人退休社區	✕		
制式化房屋住宅區	✕		
財務策略			
租金低、政府補助的租賃住宿設備	✕		
單次房屋買賣本金所得稅扣除	✕		
提供州政府補助給住在養護之家中領取補充性　安全所得的居民		✕	
家庭策略			
住在子女或兄弟姊妹家的可行性	✕	✕	
住在多餘的房舍	✕	✕	
住在附有傢具的公寓或姻親的套房	✕	✕	
老人農莊住宅機會政策(ECHO)或女性老人　　平價公寓	✕	✕	
與沒有關係的房友同住	✕	✕	
團體住宅策略			
緊急庇護所	✕		
集體住宅	✕	✕	
合住住宅或小團體社區住宅（有機構協助或管　理）	✕	✕	
養護照顧或寄養照顧		✕	
生活協助或照顧協助的機構		✕	
終身照顧退休社區（CCRC）	✕	✕	✕
護理之家			✕

取自《安置美國老人：許多的可能性／沒有選擇》（*Housing America's Elderly: Many Possibilities/Few Choices* by S. M. Golant, p.6. Copyright © 1992 by Sage Publications. Reprinted by permission）。

表12.2　允許老人留在他們原來住處（原地安老）的住宅選擇

選　　　　擇	獨立	略微獨立	依賴
財務策略			
轉換抵押（有些計畫是由FHA來保險）	×		
租賃賣回方案	×		
房屋租金貸款	×		
抵押利息與財產稅減免	×		
財產稅減緩方案	×		
現今住宅租金補助	×		
住宅能源與修補協助方案	×	×	
家務策略			
家庭照顧協助		×	×
老人的住家分租給房客	×	×	
由老人發起的分攤安排	×	×	
機構協助提供的分擔配對	×	×	
將附傢具的公寓修改成適合合住狀況的房舍	×	×	
居家服務策略			
居家護理照顧		×	×
居家個人或監護（非醫療）照顧	×	×	×
居家改建與維護方案	×	×	
居家送餐服務	×	×	×
特殊交通與護送服務	×	×	
居家監督與警覺服務	×	×	
電話確認與友善訪視方案	×	×	
個人緊急回應系統	×	×	
諮詢與轉介	×	×	×
個案管理		×	×
社區服務策略			
在社區場所集體用餐	×	×	
喘息照顧		×	×
成人日間照顧		×	×
老人中心	×	×	
團體住宅策略			
對住在政府補助租金住宅中的居民提供集體與 　　個人照顧		×	
集體住宅機構中提供生活協助的房舍		×	
終身照顧退休社區（CCRC）中提供生活協助 　　的機構		×	

取自《安置美國老人：許多的可能性／沒有選擇》（*Housing America's Elderly: Many Possibilities/Few Choices* by S. M. Golant, p.9. Copyright © 1992 by Sage Publications. Reprinted by permission）。

務的政府經費遭刪減，但同時，健康照顧服務的提供卻增加了。

　　居家服務的成長是來自於使用者的需求日益增加（體弱的老人嘗試儘可能久待家中）、民營化社會福利系統的利益動機，以及在某種極小的部分上，是因為政府體認到有些需求沒有被私人單位滿足的回應。這種主要以利益為主的服務的偶然發展，引發了無數的問題，並且這些問題在文獻中可以找得到。下列居家服務的擴展結果已經在全國被詳細的記載，並透過公聽會與報章雜誌來引起社會的關注：

1. 將主要焦點放在健康照顧的需求上，意味著不對案主的社會、情感與經濟需求給予關注（Estes, 1989; Kane, 1989）。在醫療模式下，需要居家照顧的老年案主通常資格不符合。因此，獲取服務以便能維持某些程度的獨立，或用來預防失能或危機的機會就喪失了。

2. 人群服務的民營化造成政府提供的居家服務（包括社會工作服務）逐漸停擺，並且助長私部門營利與非營利機構的過度成長。

3. 與獲取途徑（包括服務的尋找、種族或文化的關連、服務成本）相關的問題已擴大。

4. 居家照顧服務的品質，包括不適切的服務與老人受虐的發生率，已成為關心的根源。

5. 有關居家照顧提供者的資格、薪資、福利、訓練與監督等事宜已被表達。

6. 案主已逐漸無法掌控他們所接受到的居家照顧。

7. 保險項目中自付部分的成本增加，結果造成志工服務的全面生產與志工投入的努力量減少。

8. 對家人、朋友、受僱的協助者與正式服務提供者的角色、權利與責任，產生困惑（Berger & Anderson, 1984）。

下列的摘要是來自美國參議院老人特殊委員會（1988）的一篇報告，描述三場有關居家照顧服務品質議題聽證會的發現：

> 在當今的法規系統中，幾乎沒有涵蓋案主權利的保護或認可。假使照顧的品質被提及，也經常是藉由法規，而不是透過實際所輸送的照顧品質。在決定照顧品質的組成時，實際上案主的意見或回饋並沒有被考慮進去。
>
> 此外，假如居家照顧的案主對照顧品質或對他們所接受到的照顧的任何層面有怨言，基本上也沒有地方投訴。而那些接受居家照顧服務的人，毫無疑問，都是生病且依賴他們的照顧者，因此，不論情況如何，通常不願意抱怨。假使真有人抱怨，倡導者也很難去訪視這位投訴的案主，因為服務輸送是在——家裡。（p.19）

在最近一份為集會行動而草擬的個人協助法案中，世界失能協會（World Institute on Disability）（1989）同樣強調品質事宜：

> 由於經費來源不同，而且行政與法規機構體系不同，使得輸送個人協助服務的當今「系統」功能不完備。因此，造成各州間的服務品質差距非常大，且分配也很不平均。所以，在所有的需求中，只有一小部分的個人協助服務得到滿足。（p.1）

Kapp（1990a, 1990b）是一位口才極佳的領導者，帶領著一群關心老年消費者的老人學學者，而且這群人的人數目前正在增

加中。他們擔憂老年消費者會因國內居家服務提供的「失控」，而可能遭受虐待。Kapp 分析老人面臨的相關風險後發現，當方案的主辦權由政府轉移到以利益為主的私人機構時，根本沒有機會控制服務的品質。有愈來愈多的倡導者強力主張，應關心居家服務的案主權利。除此，一群人數眾多的心智失能居家服務消費者，更增添了額外的複雜性。

價值觀與信念的角色

與老人住宅和居家服務皆有關的議題，明白地要求需要權能激發取向社會工作者的關注。首先，工作者必須提出已經被老人內化的信念與價值觀，因為這些可能阻礙他們找出與晚年住宅和居家服務相關問題的解決方法。

對因失能日益嚴重與財務狀況改變而需要適當住宅的老人來說，有一些價值觀與信念會強烈的影響他們的晚年生活選擇（Fogel, 1992）。事實上，這些價值觀與信念通常會被強烈地感受到，而且對老人在確定住宅選擇的滿意度上有深刻的影響。在美國，與住宅有關且最重要的價值觀之一便是選擇的概念。每個公民被認定有權利選擇他們偏愛的住宅地點與類型。隱私權也很被看重。舉例來說，Howell（1985）就指出，老年租戶不斷嘗試透過架起臨時用的牆，以便創造一個隱私的就寢空間，來改進未隔間的住房單位（efficiency units）。在丹佛，未隔間的住房單位的空房率非常高，即使價格相當便宜，而且有一些還位於「良好的」鄰里之中。

研究者花了許多心力，來辨認一些影響老人住宅選擇的其他

普遍性的價值觀。AARP（1990）的一項研究發現，在老人的其他考量中，「害怕失去自己的房子」居榜首。78％的受訪者想要留在他們現在居住的地方。AARP（1990c）的另一項研究發現，84％的受訪者偏愛留在他們自己的房子，直到去世。

　　與老年屋主接觸過的許多老人學學者辨認出，「房子的所有權」受到高度重視。因為，擁有自己的房子一直是美國文化中重要且不可或缺的部分。房子所有權不但是解決居住需求的一個方法，而且對大多數的中產階級美國人而言，也代表一項重大的投資。許多老人不僅把他們的房子看作是他們一生積蓄的表徵、一輩子努力的果實，更是他們留給子女的主要遺產。同時，房子所有權也是一個相較於其他較不幸者的一種身分地位的評價標準。另外，長期住在自己的房子更進一步表示，他們對熟悉的環境、鄰里、朋友與商業中心的重視。所以，許多老人拒絕離開他們的房子，即使當住家的環境已嚴重地惡化。

　　將合住（home sharing）視為一種住宅替代方案的主題時，很快地引導社會工作者與他們的案主討論價值偏好的議題。一項由AARP（1990c）所做的研究指出，82％的老年受訪者表示，他們不會考慮與他人合住，因為合住被界定為「與一個或更多不是親戚的人分享你的房子」。合住方案也提出報告，有更多的人願意與別人分享他們自己的房子，卻不願意搬到其他人的房子。然而，這些偏好可能嚴重的影響那些經濟情況不允許他們充裕的維修他們現有住家的老人之生活品質。在老年屋主的晚年生活考量中，財產稅與房子維修費用居高位。不過，對合住躊躇不前的原因並沒有被徹底地探索。根據社會工作實務經驗得知，對未知的懼怕與相信家庭是支持或資源唯一適當來源的強烈信念，都是影響與他人合住的重要障礙。

其他影響晚年住宅選擇的重要慨念包括，對現今住宅環境的心理依附。Howell（1985）在一項依附與住宅的探索中指出，控制的認知是決定留在或搬出長期居住房子的核心。O'Bryant（1982）辨認下列四點是決定老年屋主期望留在他／她自己房子中最重要的因素：(1)在熟悉環境中的能力；(2)傳統家庭的傾向與記憶；(3)房子所有權的地位價值；(4)一種成本 vs.舒適的交換。

其他對晚年住宅感興趣的研究者，藉由研究選擇遷移老人的情況來切入他們的主題。Golant（1984）發現，對地方的依附不一定會一直維持不變。Lawton（1986）與 Longino（1986）摘要了幾個研究的發現，然後加上他們自己對老人遷移到不同住宅環境現象的看法。Longino 指出，已經搬到服務強化環境的老人經常覺得因健康情況而「被迫」搬到這些環境中，但是許多搬到退休社區（可能甚至從大老遠搬來）的年輕老人卻覺得是「被吸引」而來的。截至目前為止，雖然在研究上花了許多心力，不過仍有許多有關晚年住宅偏好的內化層面需要了解。實務社會工作經驗揭露了，許多老年公民抗拒遷移，即使當個人的照顧需求有了改變；許多人不知道可以選擇；而有些人是沒有選擇的。

居家服務的使用引發另一系列的議題，而價值觀與信念對老人有效地使用這類服務的能力，也可能有很大的影響（這些議題中的一些已在第十章討論過了）。隱私權的認知、服務提供者不是親戚的恐懼，以及種族與民族偏見，都是阻礙充分使用居家服務的常見心理障礙。

解決住宅與居家服務問題的權能激發取向處遇

社會工作者的處遇可以再一次將焦點放在第三章所提出的實務模型的四個層次上。

層次一與層次二的處遇

權能激發取向的工作者希望協助老人對他們的住宅與居家服務的使用能獲得更多控制感,可是在這過程中他們面臨複雜且多變的挑戰。權能激發取向工作者的首要工作通常是協助立即的庇護需求,以及使案主參與有關價值觀與信念的意識提升過程。那些經常需要討論與分析(與個人或在小團體中)的價值觀與信念,包括:

1. 害怕因住宅的改變而喪失地位。
2. 假如子女或其他親屬不願繼承老人的房子,老人就會害怕失去他們的愛。
3. 害怕記憶中的與熟悉的環境會喪失與結束。
4. 抗拒離開朋友、鄰里,以及遷移到未知的地區。
5. 害怕因賣掉房子而產生的經濟損失。
6. 害怕因搬到一個提供支持性服務的機構而喪失獨立性。
7. 害怕與非家人或家人同住(請參照第十章有關害怕依賴的討論)。
8. 害怕應付當權者與法規(屋主或經理人、地區劃分法規、

影響活動屋的法規等）。

9. 極度害怕進住護理之家。

面對自己的偏好，然後改變它們，或是清楚辨認且接受它們
對生活品質所造成的後果，是考慮範圍更廣泛的晚年生活住宅替
代方案的先決條件。層次一與層次二的處遇，例如與住宅問題心
理層面有關的教育與意識提升的活動，對提出住宅選擇的議題是
重要的。假如可行，讓案主參與團體，則能有效的協助他們看清
自己的問題，而不增加他們「處於這個困境中」的自責。此外，
讓案主參與團體，也可以有效的協助他們意識到，其他處於相似
情況者已有人成功的處理這類問題；或是協助他們了解，要減輕
他們的困難，更多的社會改變是必要的。所以，老人在更能掌控
他們的環境之前，必須面對與釐清他們的恐懼，以及獲得更好的
替代方案知識。

表 12.3 列出的知識領域，是老人與社會工作者認為與晚年住
宅選擇有關的知識領域。

適時是個關鍵因素

提供有關住宅選擇訊息的教育性處遇，應該包括提供訪視不
同機構、觀察方案，以及與方案參與者談話的機會。另外，權能
激發取向的工作者必須強調要「趁早」考慮晚年的住宅選擇。因
為，在一個可能需要突然改變住宅的情境發生之前，知道與比較
這些選擇，以及參與價值觀的澄清，會讓涉及住宅選擇的老人能
有最大的參與。此外，學習如何因應因不同的選擇而產生的財務
要求，也是重要的。

表12.3　與老人各種住宅選擇有關的知識領域

住宅選擇	相關的知識領域
自己的房子	稅金
	修繕時機與方案
	地區劃分議題
	折舊方案
	轉換抵押的可能性
	鄰里的改變
	交通、健康照顧與社會服務的取得
	財產價值的改變
	聯邦、州與地方的相關法律與法規
租用的住宅	房東／租戶的法律與法規
	租戶的權利
	安全規定或法規
	維修的品質管制
	房東／租戶的溝通技巧
	搬遷服務
	租金補助服務
	年齡隔離與代間議題
	鄰里改變
	成本控制的替代方法（如租金控制法令）
	無障礙的選擇
	多人合住屋與規範多人合住屋的法律
	財務議題，包括稅金、所有權等
	參與式管理模式
	交通、健康照顧與社會服務的取得
	地區劃分議題
提供生活協助的單位	花費
	所提供服務的本質
	短期與長期的利益與風險
	工作人員的資格
	租戶的權利
	租戶參與影響他們生活的決定

（續）表12.3　與老人各種住宅選擇有關的知識領域

住宅選擇	相關的知識領域
	品質控管的機制
	管理租用期間的規定或法規（如繼續居住所需的能力層面）
	合住與可能的合住機構
	地區劃分議題
	合住安排所需的人際關係技巧
	用來改造房屋的低價貸款之可行性
	健康照顧與社會服務的取得
活動屋	州與當地的相關法律
	活動房屋場地的限制
	活動房屋所有者的權利
	修繕方案
	安全議題
	地區劃分法規（如有關將房屋安置靠近親屬的家）
其他選擇	合住的議題（成功的模式、參與者的訓練需求等）
	有關與子女或其他親戚同住的議題
	有關女性老人平價公寓、ECHO住宅，以及其他暫時性建築的規定與法規

　　關於合住的方案，老人通常需要重要的前置時間來決定是否參與。目前，一些完整的訓練方案已由全國的合住方案與全國銀豹合住中心發展出來了（請參閱Horne & Baldwin, 1988）。這些訓練方案的焦點放在與其他人同住而產生的特定議題上。有些也觸及搬入與家庭成員同住的議題。不過，合住選擇的成功與否，與老人是否有足夠的時間與資源來參與這些教育經驗，有很大的關係。

　　許多老人喪失有效參與決定晚年住宅的機會，是因為他們延宕了這類的決定，直到危機時刻到來。舉例來說，突然發生導致

臨時失能的疾病。所以，當一位老人被認為可以出院，但是沒有一個能夠提供個人照顧的地方可以去，而且其本身不覺得身心狀況康復到能積極地為他／她自己規劃或倡導時，專業人員與家庭成員則必須在幾乎沒有或完全沒有老人的參與下做出決定（Congdon, 1989; Huckstadt, 1990）。所以，在危機出現前所獲得的替代方案領域的知識，是決定住宅選擇時的重要因素，因為它可以使所做的決定與老人的個人偏好相符。

層次三與層次四的處遇

影響老人獲得適當的住宅與居家服務的真正外在障礙一直存在著，並且通常會助長老人無力感的產生。然而，要克服這種無力感則需要有組織的努力，而且至少要有五個目標。這些目標如下：

1. 支持興建更多適當的住宅單位。
2. 支持改善現有住宅單位的居住性。
3. 要求選擇的執行，如「女性老人平價公寓」的使用（通常是地區劃分的議題）。
4. 要求加強居家服務的品質控管。
5. 提出任何其他與適當的晚年住宅與居家服務有關的問題。

參與有組織的努力以便提出住宅與居家服務的議題，是有助於老人獲取環境的歸屬感與控制感，以及能對手邊問題的政治層次有更清楚的了解。再者，一個老人的掙扎通常是代表許多老人的情況。這類社會政治特徵的例子是，需要增加收入來維持住宅花費、需要免除有限制的地區劃分法規、需要保護自己免於鄰里犯

罪的威脅、需要在老人公寓大廈管理委員會上有更多的發言、需要增加能負擔得起的居家服務，以及需要使老年消費者參與監督和確保有關住宅與居家服務的權利。

透過共通的原因把團體的努力結合起來，可能是提出這些需求的一個重要策略。另外，將那些對他們問題的政治層面認識有增加的老人，轉介至從事倡導或遊說這些議題的全國或州組織，如第四章所建議的，是重要的。例如，一位需要安全、舒適且低租金住宅的老年女性，可能發現加入老年女性聯盟是非常值得的。因此，權能激發取向工作者的功能是，協助案主取得並分析提出這些議題所需的資料、使案主參與技巧訓練活動，以及鼓勵案主參與社會行動，如第四與第五章所建議（曾在第四章提及的許多活動，用在許多老人所面臨的晚年住宅兩難的政治面上，可能有效力）。當住宅議題成為一個主要的考量時，尋找與分享有關賦稅議題、地區劃分法規、租金補助等（請參照表12.1）資料，通常是權能激發取向團體的重要焦點。

消費者選擇與居家照顧

有關居家照顧的消費者選擇，是另一個需要關心的領域。Kapp（1990b）就此提出數個有關消費者責任的範疇，而這些範疇對掌控居家環境來說是重要的：

> 消費者必須徹底查詢、蒐集與研讀來自公部門與私部門健康
> 和社會服務機構的資料，以了解他們自己轄區內可行的替代
> 居家照顧輸送模式、這些模式實際運作模式，以及個人被指
> 派到一個特定模式的過程。

當某州的替代居家照顧輸送模式不足時，消費者應該遊說政府官員發展範圍更為廣泛的替代方案，來增加消費者選擇與控制的機會。

消費者必須積極查詢，然後樂意參與適當的訓練，來因應居家照顧方案中選擇者與管理者的困難角色。幾乎沒有消費者在進入居家照顧世界時，已備好足夠的能力來徵選、僱用、監督與可能解雇一個或更多的居家照顧工作者。因此，相關的政府與私人機構必須提供相關的方案，來滿足這些準備使用居家服務的需求。

消費者必須明確地表示，願意承擔一定數量的法律風險，以便取得權利來對他們的居家照顧服務行使選擇權與控制權。雖然，不應該期待消費者放棄他們的正當法律權，來尋求因提供者的惡行而受傷害的補償，不過把因消費者選擇而產生或加劇的風險之法律責任歸咎於居家照顧提供者，也同樣不合理。若要改善提供者對消費者選擇的支持與尊重，主要是消費者在消費者／提供者關係一開始時，即表明對居家照顧之不可避免風險要掌控多少選擇權與控制權，即願意負起同等的法律責任。（pp.15-16）

　　使老人參與，並且能夠了解和承擔這些挑戰的過程中，權能激發取向工作者的角色是重要的。對許多老人而言，發展徵選、管理與監督技巧的培養訓練，對晚年生活能力是絕對必要的。只有適當的知識與技巧能讓老年案主在監督他們自己的居家服務時，扮演一關鍵角色。由於大部分的居家服務消費者彼此被隔離，所以必須發展出創新的策略，使消費者不致面臨失去服務或其他形式的報復風險，如電話支持網絡與消費者回饋系統。有關

老人居家服務輸送的權能激發，給九〇年代的工作者與案主帶來愈來愈多的挑戰。（請參閱Sabationo, 1989.）

鄰里

　　另一個需要關注的領域是，協助老人使他們自己在鄰里方面能夠權能激發的處遇發展。鄰里的惡化通常涉及犯罪率的增加、因住宅單位遭破壞而導致朋友的喪失、購物地區的喪失、及許多其他負面的影響。這些大部分的負面影響在某些程度上，可以透過自助組織的活動來因應，例如守望相助、戶對戶電話網絡、購物護送服務，以及鄰里改善計畫，如社區花園或交通風險的減低。這類方案使鄰居彼此更加熟識。工作者發現，在有些鄰里中年輕人與老年人一起工作的代間方案，在年輕人的協助下，已減少許多老人的困擾。鄰里技巧銀行之成立，可以大大強化其他鄰里改善的策略。就整體來說，層次二與層次三的策略包括自助與服務輸送修改，這些策略可以有力的增強鄰里支持。

　　鄰里發展與變遷的政治（層次四）層面，是老年居民可以參與的另一個舞台。例如，將新的住宅選擇引進到一個地區，可能需要以鄰里為主的政治工作。要得到一個鄰里對發展一所養護之家、建造一棟老人公寓大廈，或安置或建造「女性老人平價公寓」的認可，可能很困難。所以，老年案主與工作者必須一起投入教育性與循循善誘的策略，以便獲得居民對這些選擇的支持。

　　在各種住所（護理之家、公寓大廈、養護之家）中介紹權能激發取向的方法，通常會引發影響鄰里的行動。居民間透過自助活動來提供社會情感的支持與彼此在日常生活中互相幫助，是朝實現自我權能激發邁向重要的一步。透過聯合行動來增加安全、

控制租金、確保立即與適當的修繕、確保應有服務的輸送與監視服務品質,也是權能激發取向團體在這些機構中的共同功能。居民在這些環境中所學得的倡導、調停與談判技巧,很快便能轉變成鄰里運動。舉例來說,通常有些機構在鼓勵之下,可以一同加入守望相助方案。

結　論

對許多老人而言,特別是那些失能者,適當的住宅與居家服務之間是互有關連。通常,環境中的改變會引起人們對住宅議題的注意,如雖然從未想過獨居,卻必須如此,或收入的改變而突然導致住宅的改變。有關住宅選擇的可行性、適當性、可負擔性與種類的知識,是決定晚年住宅選擇的關鍵。權能激發取向的工作者通常必須協助老年案主,重新評估他們對何謂適當的住宅所持有的價值觀與信仰。政治經濟系統對住宅與住宅選擇的影響,也是了解問題的關鍵,應該用來引導層次四的活動。

最近數十年間,居家服務的提供已經逐漸擴大。權能激發取向實務鼓勵案主評估美國的居家服務的本質、探索醫療模式的影響,以及審查影響這些服務的其他政治經濟因素。對必須在自己的家中監督協助者的老人而言,與消費者選擇有關的知識與技巧是非常重要的。有一些策略是權能激發取向工作者可以用來協助必須處理這些議題的案主的。

參考書目

AARP. (1987). 1987 housing policy statement. Unpublished policy manual.

AARP. (1990a). Understanding senior housing for the 1990s. Washington, DC: AARP.

AARP. (1990b). Social ownership would reduce cost of housing, says report. *Housing Report,* Winter, pp. 1-3.

AARP. (1990c). AARP's 1990 housing survey shows more older people want to age in place. *Housing Report,* Spring, pp. 1-3.

Aging Health Policy Center. (1985). *The homeless mentally ill elderly: Working paper.* San Francisco: University of California Press.

Aging Network News, 6(2), June 1989 (entire issue).

Atchley, R. C. (1991). *Social forces and aging* (6th ed.) Belmont, CA: Wadsworth.

Bell, B. D. (1976). The impact of housing relocation on the elderly: An alternative methodological approach. *International Journal of Aging and Human Development, 7*(1), pp. 27-28.

Berger, R. M., & Anderson, S. (1984). The in-home worker: Serving the frail elderly. *Social Work, 29*(5), pp. 456-460.

Callahan, J. I. (1992). Aging in place. *Generations, 16*(2), pp. 5-6.

Congdon, J. (1989). Analysis of discharge readiness and the use of nursing diagnosis in the hospitalized elderly. Unpublished doctoral dissertation, University of Denver, Denver, CO.

Eckert, K. I. (1979). The unseen community: Understanding the older hotel dweller. *Aging,* Jan./Feb., pp. 28-35.

Estes, C. L. (1989). The biomedicalization of aging dangers and dilemmas. *The Gerontologist, 29*(5), pp. 587-596.

Fogel, B. S. (1992). Psychological aspects of staying at home. *Generations, 16*(2), pp. 15-19.

Golant, S. M. (1992). *Housing America's elderly: Many possibilities/few choices.* Newbury Park, CA: Sage.

Golant, S. M. (1984). The effects of residential action behaviors on people's environmental experience. In M. P. Altman & I. Laughton, (Eds.), *Elderly people and the environment.* New York: Plenum Press.

Green, I. (1975). *Housing for the elderly: The development and design process.* New York: Van Nostrand Reinhold.

Hancock, B. L. (1987). *Social work with older people.* Englewood Cliffs, NJ: Prentice-Hall.

Hancock, B. L. (1990). *Social work with older people.* Englewood Cliffs, NJ: Prentice-Hall.

Horne, J., & Baldwin, L. (1988). *Home-sharing and other lifestyle options.* Washington, DC: AARP.

Howell, S. C. (1985). Home: A source of meaning in elders' lives. *Genera-*

tions, Spring, p. 58.

Huckstadt, A. A. (1990). *Enduring: The experience of hospitalized elderly patients.* Unpublished doctoral dissertation, University of Colorado School of Nursing, Denver, CO.

Kane, R. A. (1989). The biomedical blues. *The Gerontologist, 29*(5), pp. 583–586.

Kapp, M. B. (1990a). *Home care client-centered systems: Consumer choices vs. protection.* Unpublished manuscript.

Kapp, M. B. (1990b). *Consumer choice regarding home care services: Some legal issues.* Unpublished paper, based on research funded by Commonwealth Fund Grant 11177.

Lacayo, C. (1991). Living arrangements and social environments among ethnic minority elders. *Generations, 15*(4), pp. 43–46.

Lawton, M. P. (1986). Housing preferences and choices: Implications. In R. J. Newcomer, M. P. Newton, & T. Byerts (Eds.), *Housing in an aging society.* New York: Van Nostrand Reinhold.

Longino, C. F. (1986). Personal determinants and consequences of independent housing choices. In R. J. Newcomer, M. P. Newton, & T. Byerts (Eds.), *Housing in an aging society.* New York: Van Nostrand Reinhold.

Lowy, L. (1979). *Social work with the aging: The challenge and promise of the later years.* New York: Harper & Row.

McCoy, J. L., & Conley, R. W. (1990). Surveying board and care homes: Issues and data collection problems. *The Gerontologist, 30*(2), pp. 147–153.

Mutschler, P. (1992). Where elders live. *Generations, 16*(2), pp. 7–14.

National Council on Aging. (1989). Thursz asks partnership on housing. *Networks, 1*(1), p. 9.

Newcomer, R. J., Lawton, M. P., & Byerts, T. (Eds.). (1986). *Housing in an aging society.* New York: Van Nostrand Reinhold.

O'Bryant, S. L. (1982). The value of home to older persons. *Research on Aging, 4,* pp. 349–363.

Sabationo, C. (1989). Homecare quality. *Generations, 18*(1), pp. 12–16.

Sherman, S. R. (1990). Housing. In A. Monk, *Handbook of Gerontological Services* (2nd ed.). New York: Columbia University Press.

Smith, B. K. (1977). *The pursuit of dignity: New living alternatives for the elderly.* Boston: Beacon Press.

Stephens, J. (1976). *Loners, losers, and lovers: Elderly tenants in a slum hotel.* Washington, DC: University of Washington Press.

Struyk, R. J. (1977). The housing situation of elderly Americans. *Gerontologist, 17*(2), pp. 130–139.

Tally, M., Black, E., Thorncock, M., & Hawkins, I. (1978). Older women single-room-occupant (SRO) hotels: A Seattle profile. *Gerontology, 19,* pp. 67–73.

United States Senate Special Committee on Aging, Subcommittee on Housing for the Elderly. (1975a). *Adequacy of federal response to housing needs of older Americans.* (Response to the severe needs of the elderly residents in public housing.) Hearing, part 13, October 7 (94th

Congress, 1st Session).

United States Senate Special Committee on Aging, Subcommittee on Housing for the Elderly. (1975b). *Adequacy of federal response to housing needs of older Americans.* (Concerning delivery of supportive services to elderly residents of public housing projects.) Hearing, part 14, October 8 (94th Congress, 1st Session).

United States Senate Special Committee on Aging. (1988). *Home care at the crossroads: An information paper.* Washington, DC: U.S. Government Printing Office.

World Institute on Disability. (1989). The Personal Assistance for Independent Living Act of 1989: A draft. Berkeley, CA.

後　記

　　本書描述了一個運用在老人與其家庭的社會工作實務模型。
此模型重視老人在情況允許下要充分的參與他們自己的生活選擇
與照顧，以及對社會的貢獻。權能激發取向的方法認同 Moody
（1988）的短評，認爲日益增加的老年人必須被視爲「成長快速
的全國資源而不是問題」來動員（p.10）。權能激發取向非常重視
預防（有關生理與心理的衰退）以及案主一起參與改善生活品質
的努力。

　　如同多數的老人社會工作者的現今實務情境，本書將焦點放
在反映長期照顧與生存議題的問題範圍上。只有少許的注意力直
接放在許多影響老人生活品質的重要問題與議題，或是影響人數
不斷在成長的老年人口在現在和未來融入於社會的許多重要問題
與議題上。許多老人重新評估生活意義與目的的共同奮鬥，對權
能激發取向社會工作者構成了一個持續不斷的挑戰。在未來數十
年，參與有關創造與維持有意義的晚年生活角色的議題，會以許
多不同的形式呈現。

　　權能激發取向工作者需要與老人及其他相關的人，形成伙伴
關係，以便確保老人都有充分的機會來：

　1. 再次擔任有價值的舊角色，並且形成有價值的新角色。

2. 依照選擇，繼續投身職場或當有價值的志工。

3. 獲取滿足新角色與老化過程中發展性任務所需的知識與技巧。

4. 充分的探索精神層面。

5. 探索有關「死得有尊嚴的權利」的議題，包括安樂死與相關意見。

6. 參與範圍廣泛的晚年生活教育經驗，包括具有實用性與有藝術／哲學價值的教育經驗。

7. 透過藝術，以有創意的方式表達他們自己（有創意的表達方式，如透過戲劇、繪畫、寫作和其他媒介，已證實對許多老人生活品質的改善極具價值）。

8. 盡可能與親戚和其他人分享有意義的關係。

9. 參加範圍廣泛的代間方案，以減少年齡團體間的疏離感和驅散貶抑老人的迷思。

10. 努力爭取社會公正，並且為人類創造一個較好的環境。

　　質疑先前對「適當的」晚年生活角色認知的意識提升過程，可能是達成上述這類目標的先決條件。以開放的心態來改變先前的生活方式，通常是老年人順利參與增加生活品質與生命意義活動的一個重要因素。

　　從本書對長期照顧與其他生存問題的討論中可發現，許多影響老人生活的議題，它們彼此之間並沒有清楚的分界線。生活品質與角色意義的議題，是體弱與失能老人的關心重點，並且是權能激發取向實務中不可或缺的部分。不過，大多數的老人、他們的家庭以及其他對老人學議題感興趣的人，他們關心的是老年期間促使生活品質提升與扮演有意義角色的機會，並且認為這些機

會對有不同長期照顧需求的老人或是不同失能層次的老人而言，都是重要的。

著重個人問題之政治層次的權能激發取向實務模型，提供老人一種工具，使他們能有意義的參與創造一個更能回應他們需求的環境。能使權能激發取向社會工作者與老年案主一同解決問題的方法，大部分要視社會工作者在策略環境中的能耐而定。事實上，社會工作專業在回應「滿足美國老人需求」此挑戰時所做的各項反應，是與社會工作者在人群服務領域中所創造的角色，有著密切的關連。

一個極為重要的議題是，社會工作專業本身的權能激發，因為它與老人社會工作特別有關。對整體社會工作專業領域來說，尋找與創造能讓社會工作者促進權能激發取向實務的實務身分，是當務之急。

在八○年代保守主義抬頭期間，社會工作專業喪失了地位與來自政府單位的支持。九○年代社會工作在所有的實務領域中都面臨了挑戰。美國社會對所有公民的社會公正與生活品質的承諾，包括對貧窮的與受壓迫的人口，必須被質疑與再次確認。如此，社會工作實務才能有適當的擴展（Hefferman, Shuttlesworth, & Ambrosino, 1988）。必須被提出來討論的議題為：(1)政府單位對社會服務支持的減少；(2)老年人口日益增加的需求；(3)老年人口群希望能更融入主要的社交活動之需求；(4)專業社會工作者現在與潛在角色的澄清。還有，權能激發取向實務的特別貢獻也必須被重視。九○年代將為社會工作服務開啟許多可能性，如將社會工作服務引介至新的環境與舞台，以及改善在現有環境中實務的地位與機會。

社會工作專業必須清楚的表達，權能激發取向工作者在所有

環境中必須去提供的服務。這種表達必須包括列舉出權能激發取向工作者的貢獻會改善老人、他們的家庭與整個社會的生活品質，以及這些服務的實際效用或成本效益。除此之外，Morales與Shaefor（1989）建議，未來社會工作專業必須證明且讓大家知道，心智健康預防服務的重要性。權能激發取向處遇的預期結果，是老年人與其家人的社會支持網絡變得更堅固，增加更多的能力。因此，老人與其家人更可以自我照顧、增加對社會的貢獻和參與社會的改變，而使得整個社會更能與人群需求相配合。這些結果將會符合實用的成本效益與生活品質的標準。

　　此外，權能激發取向社會工作者還要面對尋找贊助單位的任務，因為有了贊助單位，他們才可能有所貢獻。為了有效發展權能激發取向的策略，然後將他們整合至現有的服務結構中，權能激發取向社會工作者必須發展強而有力的專業人士網絡。在社區中擔任各種不同重要職位的權能激發取向工作者，可以透過合作來提升他們自己的工作。

　　社會工作的民營化已使得必須把這些服務「賣」給各式各樣的可能支持者。首先，權能激發取向工作者必須繼續從事遊說以及主動參與工作，以便重新引發政府的支持，來滿足人群的需求，並且重新確認所有公民的社會公正與生活品質的價值觀。第二，工作者必須辨認哪些私人營利與非營利組織的決策者能被說服，來支持與他們主要利益相關的社會工作服務。最後，老人學社會工作者必須教育老人與他們的家庭來了解社會工作服務的價值。因為，此案主人口群通常被迫自掏腰包來支付這些服務。因此，基於這些服務的可用性，他們有可能成為愈來愈活躍的遊說團。

　　權能激發取向社會工作者面臨兩項重要的專業挑戰：(1)增加

他們能把知識與技巧貢獻給老人學領域的工作與環境；以及(2)繼續增加專業知識與技巧的適當性與效力，尤其是透過合併的方式，將權能激發取向方法併到社會工作者的所有工作層面。

參考書目

Hefferman, J., Shuttlesworth, G., & Ambrosino, R. (1988). *Social work and social welfare: An introduction*. St. Paul, MN: West Publishing.

Moody, H. (1988). *Abundance of life: Human development policies for an aging society*. New York: Columbia University Press.

Morales, A., & Shaefor, B. (1986). *Social work: A profession of many faces*. Boston: Allyn and Bacon.

附錄：頭字語

AAA   Area Agencies on Aging   區域性老人機構

AARP   American Association of Retired Persons   美國退休者
           協會

ADA   Age Discrimination Act   年齡歧視法案

ADC   Aid to Dependent Children   失依兒童補助

ADR   Alternative dispute resolution   替代性的紛爭解決

AOA   Administration on Aging   老人行政

CCSO   Citywide Council of Senior Organization   全市老人組
           織協會

EOA   Economic Opportunity Act   經濟機會法案

HUD   Department of Housing and Urban Development   住宅
           與都市發展部

LIFE   Living In For the Elderly   爲老人進駐

NARFE   National Association of Retired Federal Employees   全
           國退休聯邦員工協進會

NCCNHR   National Citizens' Coalition for Nursing Home Reform
           全國公民護理之家改革聯盟

NCOA   National Council on Aging   全國老人會議

NCSC   National Council of Senior Citizens   全國老人會

OAA	Older Americans Act	美國老人法案
OWL	Older Women's League	老年女性聯盟
RSVP	Retired Senior Volunteer Program	退休老人志工方案
SRO	Single Room Occupancy	單人房出租
SSA	Social Security Act	社會安全法案
SSI	Supplemental Security Income	補充安全所得
VISTA	Volunteers in Service to America	美國服務志工

國家圖書館出版品預行編目資料

老人社會工作：權能激發取向 / Enid O. Cox, Ruth J.
  Parsons 著；趙善如, 趙仁愛譯. -- 初版. -- 台北
市：揚智文化, 2001[民90]
    面； 公分. -- （社工叢書；13）
  譯自：Empowerment-oriented social work practice
with the elderly
  ISBN 957-818-255-4 （平裝）

  1. 老人　2. 社會工作

544.85   90001871

老人社會工作——權能激發取向　　　　社工叢書13

著　　　者／Enid O. Cox & Ruth J. Parsons
譯　　　者／趙善如・趙仁愛
出 版 者／揚智文化事業股份有限公司
發 行 人／葉忠賢
執行編輯／晏華璞
登 記 證／局版北市業字第1117號
地　　　址／台北市新生南路三段88號5樓之6
電　　　話／(02)2366-0309　2366-0313
傳　　　眞／(02)2366-0310
E-mail／tn605547@ms6.tisnet.net.tw
網　　　址／http://www.ycrc.com.tw
郵撥帳號／14534976
戶　　　名／揚智文化事業股份有限公司
印　　　刷／偉勵彩色印刷股份有限公司
法律顧問／北辰著作權事務所　蕭雄淋律師
初版一刷／2001年5月
定　　　價／新台幣350元
ＩＳＢＮ／957-818-255-4
原著書名／Empowerment-Oriented Social Work Practice with the
　　　　　Elderly
Copyright © 1996 by Brooks/Cole, A Division of International
Thomson Publishing Inc.
Chinese Copyright © 2001 by Yang-Chih Book Co., Ltd.
for sale in worldwide